元華文創
頂尖文庫 EA022

易經 i 科學

─ 上帝也擲骰子 ─

昨夜西風凋碧樹，獨上高樓，
望盡天涯路。

志於學

衣帶漸寬終不悔，為伊消得
人憔悴。

儒學、科學

眾裡尋他千百度，驀然回首，
那人卻在燈火闌珊處。

易學

黃克寧 著

謹以本書敬獻 先祖

黃榦

黃榦，字直卿號勉齋諡文肅，南宋閩縣人（今福州），受業朱熹。熹語人曰：「直卿志堅思苦，與之處甚有益。」遂以其子妻之。熹作竹林精舍成，遺榦書，有「他時，可請直卿代即講席」之語。病革，以深衣及所著書授榦，手書與訣曰：「吾道有託，可無憾矣。」

錄自《黃勉齋先生文集》

（康熙四十八年己丑冬長至日 榕城正誼堂 張伯行選刊）

序

　　《易經》作為「華夏文明」的群經之首、大道之源，是世界文明中首部「科學」與「生活」的經典，薈萃了華夏先人思想的精華，為後世綻放出「理性」的曙光。人類「物質文明」無疑首先發軔於西亞兩河流域與北非尼羅河流域，然而「天人合一」的「精神文明」卻不遑多讓地在華夏土地上開花結果。《易經》結合「物理」與「倫理」，在反映近代科學上，也有古今相通的意義。「易學」作為華夏「國學」的「根」與「魂」，與西方的「科學」同為人類文明的有機活泉。本書將對《易經》的組織結構，以及其所包含的「科學思想」，作多方面的推敲與探索。

　　特此感謝蕭閔仁與鄭序根，協助排版及精心製作圖表，而書名題字為作者臨書聖王羲之行書。

黃克寧

四川大學　原子與分子物理研究所　特聘教授

福州大學　物理與信息工程學院　　講座教授

公元二〇一七年十二月六日

目次

序

第一章　導論

第二章　易學入門

第三章　伏羲先天八卦

第一章　導論

一・一　　易學思想

　　中國古代的天文、數學、物理、醫學、地理、政治、經濟、農業以及人文皆發展得相當均衡且完備，尤其是在天文氣象方面的觀測記錄，在計算朔望、二十四節氣，以及曆譜的制作，更為先進，為世界古文明中的一支獨秀。中華「易學」的形成，與先民生活息息相關的知識，有密不可分的相互回饋關係。例如，古聖先賢們獨沽「陰陽二分法」，一年先分「春」與「秋」，再細分「春夏」與「秋冬」，有所謂「四象」。此外，在分門別類、制定綱目上，尚有「三才」、「五行」、「七曜」、「八卦」、「天干」、「地支」等。尤其是中國的「文」與「字」以至「詞」，更是以部首分門別類，可說是「科學方法」的最早實踐。

　　「易學」是「道（TAO, Theory of All Objects）」的雛形，相當是現代所謂的「萬事理」或「頭（TOE, Theory of Everything）」，可說是「頭頭是道」。《易傳・繫辭下》第二章曰：

> 古者包犧氏之王天下也，仰則觀象於天，俯則觀法於地，觀鳥獸之文與地之宜。近取諸身，遠取諸物，於是始作八卦，以通神明之德，以類萬物之情。

古聖先賢代代相傳，觀象於天、觀法於地，遠取諸物、近取諸身，更憑藉著「情」的「類比（analogy 或 metaphor）」，而得萬物萬事之「道」———「陰陽」。此外，更體會到宇宙萬物萬事的「整實性（global reality）」；這與近代物理的哲理「整體相干（global coherence）」，有不謀而合之處。

　　隨著人類社會進步，尤其是現代人們對「微觀」與「宏觀」宇宙的深入

探討，「西方科學」著重的「數比」或「量化」，應可借助「東方易學」著重的「類比」或「隱喻」，從「情理法」全方位且更有效地「歸納」與「演繹」，以增進人類社會「道德倫理」的建立與「科技實業」的發展。

　　以隱喻方式談人生哲學，在西方有古希臘的《伊索寓言（Aesop Fable）》，不過較零碎淺顯。然而《易學》不但深邃而且遍及「物理」、「倫理」，以及一切「事理」，更含其發展過程，有組織有系統且面面俱到。

　　以往「易學」研究，多著重在「考據」與「釋經」，也就是重視探討易學「是什麼」，而較少深究「為什麼」。本書將《易學》視為一源遠流長的「活泉」，特別針對「易學」的結構與原理，並嘗試作初步的分析。希望能夠透過拋磚引玉，逐步將易學的「道理」，講清楚、說明白。

　　在研究「易學」時，年輕學子們以及熟悉西方文化的人，請特別注意，中華傳統文化的思維方式，與一般西方文化的思維方式，是大相逕庭、迥然有別的：「中華」是「天人感應」，萬事萬物彼此糾纏不可分割，而「西方」是「約化近似」，將事物剝離運作、深入探究。「中華」是宏觀「整體思維」、針對「功能性」，是「情觀」，與近世數學研究裏的「直觀主義（intuitionism）」有異曲同工之妙。而「西方」是微觀「局域思維」、針對「本體性」，是「理觀」，與近世數學研究裏的「形式主義（formalism）」較相近。

　　例如：中醫所謂的「心」，不僅指「心臟（heart）」，也論及整個人體的氣血功能，還包括抽象及精神的層面。易學裏的「天」，不僅是「天空（sky）」、更不僅是「天堂（heaven）」。除開代表「主體（subject）」的「人」，也除開「人」所處「靜態環境」的「地」，其他的一切東西，皆概括稱之為「天」，包含整個「宇宙萬物」，甚至形而上的「祖先魂魄」與「鬼神」。有所謂〝法天之用，不法天之體〞，只需仿效「天」的精神與規律，有所謂〝天行健，君子以自強不息〞。

　　在中華傳統文化裏，最早探索宇宙萬物「本質」與「規律」的經典為《易經（I-Ching 或 Yi-Jing）》，在科學語言裏可歸其為「假說（hypothesis）」，屬於「哲學（philosophy）」範疇。其描述對象，不但包括一切「物體（objects）」、

更包括有關「生命（life）」的一切「事件（events）」。因此，《易經》抽象歸納一切「東西」或「事件」的「演變（evolution）」，以探討「宇宙萬事萬物」的「事理」，可謂是「命運學（biodynamics）」。總之，「易學」以「陰陽」為道，利用「類比」的方法，推論應用到生活與社會各個層面，當然，其中有許多結論，需要以「科學」來做嚴謹「驗證」。

　　本書更嘗試將「易學」與物理學的基礎「量子熱物理（quantum thermal physics）」，作概念上的「類比（analogy 或 metaphor）」，並賦予「太極八卦圖（taiji-bagua diagram）」的「物理詮釋（physical interpretation）」。所謂「太極八卦圖」，依據傳統的說法，有主「物理現象」的天南地北「伏羲先天八卦圖」，以及主「倫理現象」的乾男坤女「文王後天八卦圖」，如下所示：

伏羲先天八卦圖

文王後天八卦圖

一・二　科學與易學

　　以蘇格拉底、普拉圖、阿里士多德、伽利略、倍根、笛卡兒、牛頓為代表的傳統西方「科學思想」，在二十世紀受到三項巨大的衝擊：

　　首先是「相對論（theory of relativity）」的提出，「時間（temperal interval）」與「距離（spatial distance）」不再是絕對一成不變的。隨著兩個不同「觀察者（observers）」本身速度之間的差異，觀測到的「時間久暫」與「距離長短」會有差異，因此，甚至觀測同一個「物體（physical system）」的「質量（material mass）」也會有所不同。這裏請特別注意到，根據近代科學的結論，人們的「觀測結果」是由「觀察者」與「被觀察者」共同決定的。這對「觀測（measurement）」

的當今哲學意義，有深遠的影響。

其次是「量子力學（quantum mechanics）」又稱「波動力學（wave mechanics）」的建立，認定「物體」的「波粒二相性（wave-particle duality）」，其更深層的「哲學寓意（philosophical implication）」是「整實性（global reality）」。這與「易學」裏「天人合一」的思想有不謀而合之處。在量子物理學的認知裏，物體會呈現不容易察知的「整體相干性（global coherence）」。在數學上，則呈現為「複函（complex functions）」的「線性組合（linear superposition）」，這可與「易學」裏由「陰陽消長」發展出的「元氣論」，有相當微妙的「類比」。

關於「整實性」與「天人合一」思想，也可由二十世紀的一項重要科技發明──「立像術（holography）」，得到深切的啟示：經由利用單一雷射光照射「立體實物」所得之干涉條紋，以製作成「像版（photographic plate）」；如此，可再利用雷射光，重新投射出「立體實像」的技術，稱為「立像術」。因為雷射光會經由「立體實物」表面的漫射，所以「立像術」製作出的「像版」，在分割成數小塊後，每一小塊「像版」皆可各自投射出完整的「立體實像」，僅僅較模糊而已。因此，「立像術」有「全體性（global）」寓於「局域性（local）」的象徵意義，也實現「由一粒沙見宇宙」的概念。

類比於「立像術」，人腦「記憶（memory）」的「儲存（storage）」和「拮取（retrieve）」，在「認知科學」上有所謂的「立像腦模式（holographic-brain model）」，認為人腦的「記憶體」，並非如微觀的「圖書庫」，每本書編列在不同位置，而是許多本書以干涉條紋型式，瀰散儲存於腦的某共同區塊。因此，腦部動過切除手術的病患，甚少有不分親疏遠近，僅記得部份親戚的；對熟識的一本小說或一首歌曲，在手術後僅可能整體變模糊，而非某章節或段落完全喪失記憶。

顛覆「傳統西方科學」的最後一記衝擊，則是「哥德爾不完備定理（Gödel incompleteness theorem）」。此「定理」以數學嚴謹地證明，任何有限的「公理系統（formal system 或 axiom system）」皆缺乏「完備性（completeness）」。簡單地說，任何有限的「道」，都可趨近但不可能完美地描述我們的世界，這

又與「易學」裏「無極」與「太極」的概念相呼應。然而有些近似的「公理系統」可不受「哥德不完備定理」規範。尤其是「易學」所採用的「邏輯」方法是「類比」，與「科學」所採用的「數比」不同；因此，以「陰陽」為「道」，可不受其「規範」。

二十世紀的這三大新概念與思維，顛覆了「傳統西方科學」的根基；一方面打醒了二十世紀科學家的美夢，但另一方面也解除了「科學家」的終極失業危機：

真理的追求永無止境。

西方「科學（sciences）」探討宇宙萬物的「本質（nature）」與「規律（law）」，而「物理（physics）」為科學的基礎。「物理科學（physical science）」探討的對象稱為「物理系統（physical system）」，簡稱「系統」，俗稱「東西（thing）」，而英文字「physics」，源自希臘語，原意為「東西的本質（nature of a thing）」。

「系統」可抽象、也可具象，可簡易、也可複雜。就描述系統的「數學模式（mathematical model）」而言，系統在「時空（space-time）」裡最小的極限為一個「點（point）」，稱為一個「事件（event）」，其「空間體積（spatial volume）」為趨近於零的點，稱為「質點（material point）」或「粒（particle）」。反而言之，系統在時空裡最大的極限，充滿整個「宇宙」，簡稱為「氣（energy）」或「波（wave）」或「場（field）」。

「波」與「粒」，為近似描述「系統」的兩個極端的數學模式。以目前物理上的認知，一切系統皆具有「波粒二相性（wave-particle duality）」，即一切「東西」，在「本質上」呈現為「粒」、在「規律上」遵循如「波」。換而言之，針對任何東西，具體觀測到的皆為「粒子」，其運動規律皆為「波動」。

就物理科學而言，探討最簡單系統───粒子───的課題是「量子力學」；探討最複雜系統───「熱力系統（thermodynamic system）」───的課題是「量子場論（quantum field theory）」，細分為「量子多體動力學（quantum many-body dynamics）」與「量子統計熱力學（quantum statistical thermodynamics）」，而我們將以「量子熱物理（quantum thermal physics）」概括稱之。

西方「科學」主要的著眼點，在於簡單系統隨時間的「物理演化」，而中華「易學」主要的著眼點，在於複雜系統之間的綿密「倫理關係」。一個是「經」、是東方思想的精髓，另一個是「緯」、是西方思想的精髓；東西南北「經緯」的交織，可更仔細地勾勒出人類文明的未來。因此，人類文明在二十一世紀的任務，是東西文化的交流與融合，也就是「科學」與「易學」的融合，稱為「易科學」。

「易科學（Yiscience）」為「情理法」並重的科學，而西方傳統科學的「局域約化（local reduction）」，太強調「客觀」剝離分析，且僅靠「理」的「量比（digital）」，缺乏「整體相干（global coherence）」的主客一體思維，也缺乏「主觀」融入「情」的「類比（analogue）」邏輯。其實，在「量子力學」的建立上，就是靠德布羅意（de Broglie）將「光」與「電子」做「類比」，才有後來薛定諤（Schrödinger）的「波動方程式（wave equation）」，以及狄拉克（Dirac）將「經典力學」裏的「泊松括弧（Poisson bracket）」與「矩陣力學（matrix mechanics）」裏的「對易關係（commutation relation）」做「類比」，才更確認海森伯（Heisenberg）「矩陣力學」的理論架構。這些皆驗證了「類比邏輯」不可小覷的「前瞻性（foresight）」。

就實際內涵而言，「易學」分析「人」與「事」的「倫理關係」，其實還隱含「格物致知」的「科學精神」；而「科學」注重「地」與「物」的「物理演化」，也具有深究「萬物變遷」的「易學精神」。「易學」廣為「陰」，「科學」深為「陽」，陰中有陽、陽中有陰，陰陽互濟、相輔相成。其實「日本民族」在近代世上的崛起，人才輩出，學者多出自東方傳統哲學思想深厚的家庭，這就是「中西合璧」成功的很好案例。

在「量子力學」的基本「觀測理論（measure theory）」裏，「觀察者（the observer）」Ω 與「被觀察者（the observed）」ρ 結合為一體，而「觀測結果」在數學上表達為 $\mathrm{tr}\{\Omega\rho\}$，是由兩者共同決定的。例如，被觀察者為「馬鈴

薯」，觀察者為「刨刀」，由刨刀與馬鈴薯共同決定最後「產品」是「薯片」還是「薯條」。因此，「易科學」也可說是一種「意科學（conscious-science）」，包含「意識（consciousness）」與「物質（matter）」的科學，或「天人合一學」。

　　順便提到一個有趣的巧合：　《易（I）》是「易經」早期在西方的譯名，許多現代學者仍然沿用。大寫的「I」在英文裏的意思是「我」，法國思想家笛卡兒說：「cogito ergo sum」。此句「拉丁語」，為笛卡兒在論證「心」是獨立於「物」的「存在」時所抒發的，一般翻譯為「我思故我在（I think, therefore I am）」。然而《荀子・王制》有曰：

> 水火有氣而無生，草木有生而無知，禽獸有知而無義；
> 人有氣、有生、有知且有義，故為天下貴也。

「有義」應該是泛指「有思想」，而拉丁語「cogito」相當是「有思想」、「有義」，「ergo」相當是「因此」、「故」，「sum」相當是「尊貴」。因此，笛卡兒這句拉丁語的直接意譯，可略為「人有義故為天下貴也」。由英文翻譯轉譯來的「我思故我在」，雖然簡潔雋永，但並不十分貼切，僅為其延伸的意義。或許笛卡兒在其前世，聽荀子說：「文明（civilization）」源於「思想（thought）」、源於《I》。

　　為概括說明傳統「中西文化」在「思維」與「論證」上的差異，我們利用以下「易學科學對照簡表」來展示双方重點：

思想 (歸納演繹)	學說	思維	邏輯	對象	關係	命題	模式	呈現
中華	易學 (占卜)	情 (圖)	類比 $A \leftrightarrow B$ $A \nleftrightarrow B$	倫理 (人、事)	序 (幾何方位)	陰陽 (中庸含糊)	總體 (波)	連續 (分布)
西方	科學 (占星)	理 (數)	量比 $A = B$ $A \neq B$	物理 (地、物)	數 (代數大小)	是非 (兩極分明)	局域 (粒)	分立 (定點)

　　總之「易學」憑藉「直覺（intuition）」的「類比（analogue）」，往往能預

先認知結果「是什麼（what）」，但無法解釋「為什麼（why）」，有如「畫家」或「音樂家」；而「科學」依據「感官（sense）」的「量比（digital）」，通常能逐步嚴謹推導出結果，但很難預知結果「是什麼」。因此「易學者」知道「問題」但不懂「答案」，而「科學者」懂得「答案」但不知「問題」。說得明白點，「易學者」能出「命題（proposition）」但不能「證明（prove）」，而「科學者」能「解題」但不會「出題」。這就是為什麼我們說，一者為「陰」一者為「陽」，而「陰陽互補」、「陰陽互濟」。

無可諱言地，「科學」與「易學」皆有甚多可發展與改進的空間。尤其《易經》源遠流長，為歷代聖賢的彙編，早期必然有許多迷信與不合邏輯之處。本書大膽推測，古今中外有不少人「會易經」，但甚少人真「懂易經」、更遑論「易學」。正如就「科學」而言，現今的「物理學」僅及「可測宇宙（observable universe 或 visible universe）」之物理的「皮毛」而已，離「終極理論（The Final Theory）」還差得遠哪！如今的「易學者」正在一磚一瓦地搭建與整理「易學大廈」。當然有建設、就必須有破壞，掃除數千年來「易學中的糟粕」，更抱著「知之為知之，不知為不知，是知也」的心態，「大胆假設、小心求證」，願共勉之。

最後借用王國維在《人間詞話》裏，談到古今之成大事業、大學問者必經歷三個階段時，所引述的「詩句」，來比喻「儒學」、「科學」與「易學」的境界：

一、「昨夜西風凋碧樹，獨上高樓，望盡天涯路。」————志於學。
　　〈北宋晏殊・蝶戀花〉

二、「衣帶漸寬終不悔，為伊消得人憔悴。」————————儒學。
　　〈北宋柳永・蝶戀花〉　　　　　　　　　　　　　　科學。

三、「眾裡尋他千百度，驀然回首，那人卻在燈火闌珊處。」—易學。
　　〈南宋辛棄疾・青玉案〉

　　(謎面)　　　　　　　　　　　　　　　　　　　　(謎底)

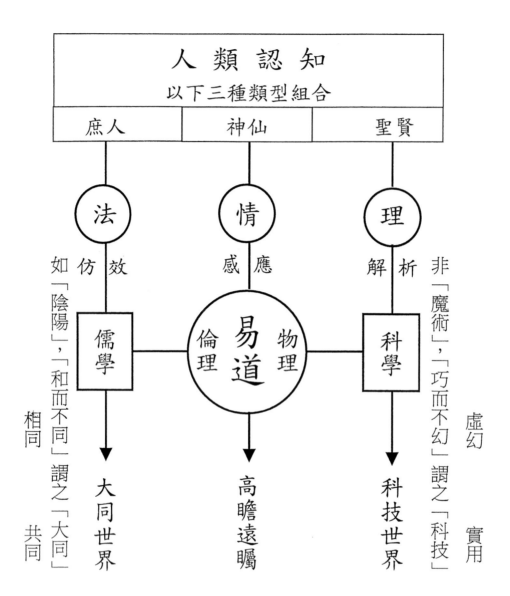

一‧三　天地人歷程

A. 宇宙觀

「科學」裏的「宇宙」，也就是「易學」裏的「太虛」——陰，再加上「太極」——陽，指的是人所處的「天地（時間、位置）」，以及包含人在內的一

切「東西」，我們以所謂「三才（Trinity）」的「天地人」稱之。

　　首先提一下，我們宇宙裏一個類比「尺度（scale）」，「億」$\equiv 10^8$：

（一）將一般「骰子」，每邊切「一億」份，可切出億$^3\equiv$兆$^2\equiv 10^{24}$個非常小的立方體，相當於一個「原子（atom）」的大小。這數字10^{24}與「阿弗伽德羅常數（Avogadro constant）」$N_A = 6.023\times 10^{23}$的「數量級（order of magnitude）」相當。

（二）將10^{24}顆「骰子」疊合起來，就大約是地球的大小。

（三）我們的「可測宇宙」約含一兆個「星系（galaxies）」，而一個「星系」約含一兆個「太陽系（solar systems）」。因此，「可測宇宙」裏約有兆兆$\equiv 10^{24}$個「太陽」。

（四）人類「心跳」一億次的時間，約為一年，而心臟約一秒跳一次。

（五）如果無意外或病痛，假設「人」能活一百五十歲，我們「宇宙」目前的年齡，就約為這人瑞壽命的一億倍。

（六）「光」每「秒」走的距離，略等於兩個「人」身長的一億倍。

（七）「原子」尺寸放大一億倍，或「原子核」放大一兆倍，約為「彈珠」的尺寸。

（八）目前地球上「生物」的「物種」約略近一億種，實際約三千萬。

　　為敘述方便，我們稱日常生活裏，人類視力可分辨的東西的尺寸為「宏觀（macroscopic）」；將此尺寸縮小一億倍的東西為「微觀（microscopic）」，如「原子」的大小。介於「宏觀」與「微觀」尺寸之間的東西，屬於「介觀（mesoscopic）」，如「紅血球（red blood cell）」、「細菌（germ）」，以及一般生物的「染色體（chromosome）」、「病毒（virus）」等，約為「可見光波長（wavelengths of visible light）」尺寸大小十倍的東西。此外，較日常生活所見尺寸增大一億倍以上的東西，如「地球」、「月亮」，或更大如「太陽」、「星系」等，姑且總稱其為「巨觀（giganscopic）」。而較「微觀」尺寸更小一億倍以上的，不妨稱之為「普觀（planckscopic）」。

　　根據現有「物理理論」再加上合理「臆想（hypothesis）」，姑且假設

「宇宙」始於 150 億年前的（也有 137 億年前的說法）一種極其濃縮、溫度極高的「東西」，在極短的時間內，甚小於「宇宙初創」後 10^{-35} 秒內，極速地「均勻（homogeneous）」膨脹離散，我們稱之為「宇宙暴脹（Inflation of the Universe）」。然而，沒人知道是什麼原因造成的，但只有這樣才能解決膨脹引起的「破曉問題（horizon problem）」，這就是所謂修正後的「霹靂論（Big Bang Theory）」。

在最初幾十億年間，由於已知「物質」間的「引力（gravitation）」，使離散速率逐漸緩慢下來。但也沒人知道為什麼，在最近五十億年間，大約就是我們的「太陽系」開始孕育的時候，此膨脹又開始加速。物理學家推測此時加速膨脹現象，可能是由一種前所未知的「能量」造成，姑且稱之為「暗能量（dark energy）」。也許萌芽中的「量子宇宙學（quantum cosmology）」或者「易學思維」，能嘗試找到探索的方向，以改進目前「頭痛醫頭、腳痛醫腳」的「修修補補宇宙論」。

在此之前，由天文觀測到的某些「異常引力現象」來推論，宇宙間有前所未知、但「看」不到的「物質」存在，稱為「暗物質（dark matter）」，而依據「相對論（theory of relativity）」，「物質」就是緊緻凝聚在一起的「能量」。因此，依據現有「物理理論」推測，在宇宙所有的「總能量」裏，「暗能量」約佔其中的 73%、「暗物質」約佔 23%。剩下不到 4% 的「能量」為日常「看」到的一切東西，包括地球、月亮、太陽、火星、…、銀河系、以及天上的一切星斗，再加上「看不到」的「黑洞（black hole）」。也就是說，這些我們原則上能「看」到的加上「黑洞」，在「總能量」裏只佔不到二十五分之一。

我們的「太陽」與其「行星」，以及其周遭一切較小的天體，合稱為「太陽系（solar system）」。在「宇宙」裏，與我們太陽系類似的、有發光星體在其中心的「行星系（planetary system）」，也都通稱為「太陽系」。在「可測宇宙」裏，一共約有 10^{24} 個「太陽系」。其中與我們「太陽系」聚集在一起的「太陽系」，共約有一兆個，而由這一兆個「太陽系」構成的集

團，稱為「銀河系（Milky Way）」。整個「銀河系」，更繞著自己的中心「黑洞」旋轉。或多或少，約每一兆個「太陽系」構成一個集團，像我們的「銀河系」這樣的「星球集團」，通稱為「星系（galaxy）」。

為了讓大家有個「數量級（order of magnitude）」的感覺： 首先提到，「光」在空間裏穿梭得飛快，一秒鐘可以繞「地球」七圈半；但一般的「太陽系」更是遼闊，「光」也得走上一、兩年才能飛越過去，而一年約一億秒。由一個「太陽系」到鄰近的「太陽系」，「光」約要走十年。「星系」，如「銀河系」，就更大了，「光」要穿過，得花數萬年的時間。「星系」間的距離，可更是我們難以想像的遙遠，「光」要走數百萬年才能越過。也就是說，我們的祖先「直立人」出生的時候，我們「銀河系」鄰居「星系」裏的「外星人」放的「煙火」，我們要到現在才能看到。

總而言之，在「地球」周遭可觀測到的一切宇宙星體，構成了「可測宇宙」。在「可測宇宙」之外，我們推測，應該還是如「可測宇宙」內部的模樣，也是一望無涯。由於「光速」雖極大但究竟有限，「宇宙」開始時，「可測宇宙」之外發出的光，迄今尚未到達「地球」。因此，我們的「可測宇宙」有限，且約含一兆個「星系」，而每個「星系」，又約含一兆個「太陽系」；於是「可測宇宙」含兆兆$=10^{24}$個「太陽系」。如果我們假想「可測宇宙」是一顆「彈珠」，那末這顆「彈珠」含 10^{24} 個「原子」，而每個「原子」有如一個小小的「太陽系」，有許多電子如「行星」般地環繞著其原子核「太陽」運行。當然，這僅是一個「非常粗略」、而方便想像的描述。

為何我們「宇宙」距離的「類比」尺度為一億$=10^8$倍？這是個非常有趣的問題，但沒人能提出一個合理的解釋。

B. 世界觀

宇宙形成後約 100 億年，我們的「太陽系」誕生，而我們的「太陽系」可能是第二代「行星系」，算是「宇宙」裏的孫輩。更明確地說，我們的「太陽」約在 45.67 億年前誕生，「地球」約在 45.43 億年前誕生，比「太陽」晚

約 2400 萬年，而「月亮」又比「地球」晚 3300 萬年。據推測，「月亮」可能是「地球」早年被眾多「彗星」先後撞擊後的碎塊凝聚而成的。

「地球」誕生後約八億年，原始海洋與地殼形成，這時發現有如病毒、細菌般的「原生命體」，但新近卻發現地球誕生後僅約 2.6 億年，就已經有了「有機化合物（organic compound）」。之後再過十三億年，逐漸演化出有如變形蟲、草履蟲般的「原始生物」，這「原始生物」要再經過十九億年才逐漸演化成宏觀的「初等生物」。在「地質年代」的劃分上，這些過程發生的時候，皆屬於「前寒武代（Precambrian Era）」。換句話說，地球上出現「原生命體」後，經過漫長的三十二億年，才演化出有較複雜結構的初等「動植物」，這就標記著「古生代（Paleozoic Era）」的第一個紀，「寒武紀（Cambrian Period）」的開始。

換而言之，六億年前的「古生代」是以「初等生物」出現的「寒武紀」起算的。之後物換星移、再過三億七千萬年，原始「大陸板塊」形成，是為「中生代（Mesozoic Era）」第一紀「三疊紀（Triassic period）」的開始。緊接著輪到「恐龍」出場，來到「侏儸紀（Jurassic period）」與「白堊紀（Cretaceous period）」，這是各類「恐龍」統領地球的漫長時期，共約一億二千萬年。

「白堊紀」期間，花草果樹及昆蟲大規模繁殖。不久之後，約在六千五百萬年前，發生「大彗星撞地球」事件，使體型壯碩的「恐龍」幾近滅絕，只留下小個頭的「飛禽」，見證不久之後，由「哺乳」走獸主導的改朝換代，這就是「新生代（Cenozoic Era）」的第一個紀「三紀（Tertiary Period）」的開始。

在「彗星撞地球」的大浩劫、大滅絕之後，萬物復甦，因此稱為「新生代」，這也可說是「哺乳時代」，因為「新生代」的動物以「哺乳綱」主導。「新生代」約於六千三百萬年前開始，共分為七個「世（Epoch）」。前五個世依次為「古新世（Paleocence）」、「始新世（Eocene）」、「漸新世（Oligocene）」、「中新世（Miocene）」、「鮮新世（Pliocene）」，統稱為「三紀」。後兩個世為「洪積世（Pleistocene）」與「現世（Holocene）」，統稱為「四紀（Quaternary）」。

換句話說，「新生代」的第一個紀稱為「三紀」，這時的優勢物種為「靈長科」。之後來到了「新生代」的第二個紀，稱為「四紀」。

在此，我們不妨將「植物界」與「動物界」做個類比：如果把「小草」與「灌木」當作是「哺乳綱」，那麼高大的「喬木」，如「紅木」、「檜木」、「松樹」等，就是「植物界」的恐龍了，它們一直留存到現在。似乎「植物」適應環境的能力比「動物」強多了，當環境改變，「植物」是泰山崩於頂，依然不動如「山」、面不改色，而「動物」就必須逃跑了。何況，常見數千、數百年的樹木，而僅有傳說中的千年鶴，既使百年龜也少見。

由「四紀」開始，地球進入一次次約略規則的「冰河（glacier）」循環，「人類（homo）」憑藉「智力（intelligence）」終於成為地球上最優勢的主導物種，並逐漸開始遍佈全球各大洲。「四紀」的第二個「世」，即「現世」，由一萬一千年前開始，這時脫離上次「冰盛期（glacial maximum）」後約七千年，全球緩緩暖化。此時「人類」中的「智人（homo sapiens）」，也或許是將其他的「人類」趕盡殺絕，而成為主宰全球的唯一「人類」。「智人」的優勢，此時除了靠「智力」外，比其他「人類」更多的看家本領，應該就是更完善的「語言溝通」與「文字傳承」了。因此，「智人」借助「語言」與「文字」的優勢，除了擁有「群智慧（swarm intelligence）」外，尚能匯集古聖先賢千錘百鍊所得的經驗。有了傳統文化裏「敬老尊賢」與「尊師重道」的特質，才能夠使渺小的一個「智人」，可具有千古以來全人類的「大智慧（grand intelligence）」。

當然，最容易適應環境的「昆蟲」，卻以「配角」的身分，從「恐龍時代」一直留存到「現世」。更別說「病毒」和「細菌」了，他們可是地球上甚至宇宙裏真正的、最古老的「原住民」。

用「類比」的方式，我們可以戲稱四十六億年前地球形成時為「混沌時代」，是在「盤古」開天地之前。「盤古」應是「萬有引力」的代稱，將「混沌」的碎石冰土凝聚成「球」。而「古生代」為「初生時代」，僅有「初等生物」。之後的「中生代」才開始有「宏觀生物」，是為「禽獸時代」，歷經「三

皇」：「爬蟲皇」、「恐龍皇」、「花樹皇」。「彗星撞地球」大浩劫之後「新生代」的寵兒為體型較小的「哺乳動物」，是為「哺乳時代」，又分「靈長紀」與「人紀」。「靈長紀」，或可戲稱為「悟空紀」，有「五帝」，前後有五個化身，為「古帝」、「始帝」、「漸帝」、「中帝」、「鮮帝」。然後「新生代」的「人紀」分「冰河世」以及「現世」。於「冰河世」期間，其他「種（species）」的「人類（homo）」，由於不明原因全都滅絕了，只留存下「現代人（modern man）」的祖先「智人（homo sapiens）」。

　　整體說來，地球上生物生生息息，許多由初現到滅絕，地球上曾出現的「物種」，據估算超過三十億種，至今尚存百分之一，約三千萬種。換句話說，一個新出現的「物種」，能否留存一段時間，全看其「造化」。然而，「人類」太聰明，能估算預知未來，甚至可能「先發制人」，造成許多原來皆優勢的「競爭者」──人類，彼此自相殘殺。原本的「物競天擇」，或許將來會變成「人擇」！

　　關於過去宇宙──「天」的形成，世界──「地」的變遷，以及「人」類的演化可參考以下附圖表。

宇宙地球演化簡表

0	1億	100億	112億	144億	148億	149.35億	149.99億
30萬	3億	104億	125億	147.7億	148.6億	149.98億	150億

霹靂論：宇宙形成

原子出現

原恆星、原星雲誕生

銀河系（星系）誕生

原始太陽系誕生

太陽地球月球形成

原始海洋地殼形成

原始原始生命體出現

原始生物出現

初等生物出現

原始大陸形成

恐龍出現

陸塊飄移

恐龍滅絕，哺乳類湧現

冰河時期開始

氣候暖化，人類統領地球

現世

地質年表 (Geological Time Table)			
代 (Era)	紀 (Period)	世 (Epoch)	年前
哺乳時代	四紀 (Quaternary) (人紀)	現，今 (Holocene, Recent)	1.1 萬
	人類 (homos) 遠祖	更新 (洪積，冰河) (Pleistocene, Glacial)	50~200 萬
新生代 Cenozoic	三紀 (Tertiary) (靈長紀)	鮮新 (Pliocene)	1300 萬
		中新 (Miocene)	2500 萬
		漸新 (Oligocene)	3600 萬
		始新 (Eocene)	5800 萬
哺乳綱 (Mammals)	靈長目 (Primates) 遠祖	古新 (Paleocene)	6300 萬
禽獸時代 中生代 Mesozoic 恐龍 (Dinosaurs)	白堊紀 (Cretaceous)	(花樹紀)	1.35 億
	侏羅紀 (Jurassic)	(恐龍紀)	1.80 億
	三疊紀 (Triassic)	(爬蟲紀)	2.30 億
初生時代	二疊紀 (Permian)	(盤陸紀)	2.80 億
	石炭紀 (Carboniferous) 上 (Upper)	(泥炭紀)	3.10 億
	下 (Lower)	(沼澤紀)	3.45 億
古生代 Paleozoic	泥盆紀 (Devonian)	(蟲樹紀)	4.05 億
	志留紀 (Silurian)	(魚蕨紀)	4.25 億
	奧陶紀 (Ordovician)	(藻苔紀)	5.00 億
初等生物 (Lives)	寒武紀 (Cambrian)	(初生紀)	6.00 億
原生代 Proterozoic	海洋、陸地、原物、植物、動物初分。	(海陸紀)	25.00 億
始生代 Archeozoic	地殼凝結、原生命體初現。	(生命紀)	46.00 億

生物分類表（Taxonomic Classification）				
現代人	西伯利亞虎	界（Kingdom）		
動物	動物	動物 （Animalia）	植物 （Plantae）	原物 （Protista）
脊索	脊索	門（Phylum）	門（Division）	
脊椎	脊椎	次門（Subphylum）	綱（Class）	
哺乳	哺乳	綱（Class）	次綱（Subclass）	
靈長	食肉	目（Order）	目（Order）	
猿	貓	科（Family）	科（Family）	
人 （homo）	豹 （Panthera）	屬（Genus）	屬（Genus）	
智人 （homo sapiens）	虎 （Panthera tigris）	種（Species） 同種間可生育繁衍	種（Species）	
現代人 （homo sapiens sapiens）	西伯利亞虎 （Panthera tigris longipilis）	次種（Subspecies）	品（Variety）	

人類演化歷程——考古與臆想

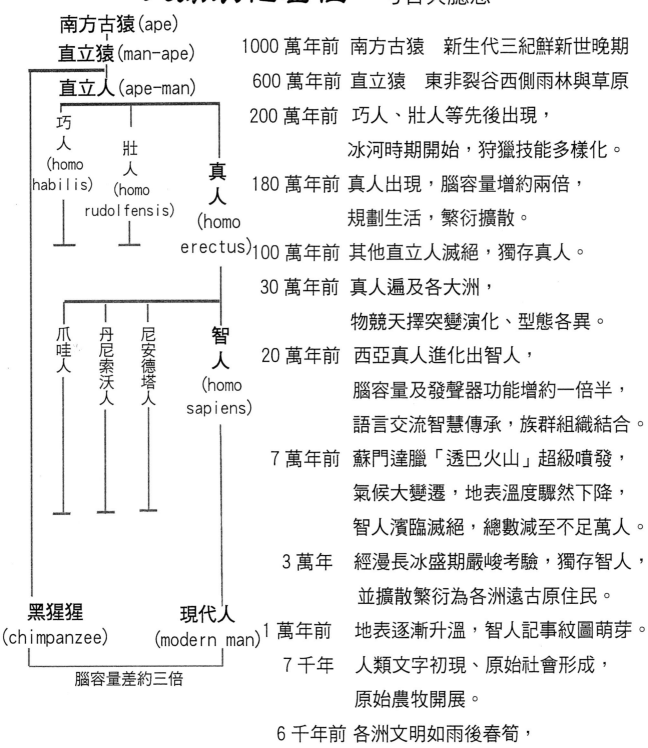

1000 萬年前	南方古猿　新生代三紀鮮新世晚期
600 萬年前	直立猿　東非裂谷西側雨林與草原
200 萬年前	巧人、壯人等先後出現， 冰河時期開始，狩獵技能多樣化。
180 萬年前	真人出現，腦容量增約兩倍， 規劃生活，繁衍擴散。
100 萬年前	其他直立人滅絕，獨存真人。
30 萬年前	真人遍及各大洲， 物競天擇突變演化、型態各異。
20 萬年前	西亞真人進化出智人， 腦容量及發聲器功能增約一倍半， 語言交流智慧傳承，族群組織結合。
7 萬年前	蘇門達臘「透巴火山」超級噴發， 氣候大變遷，地表溫度驟然下降， 智人瀕臨滅絕，總數減至不足萬人。
3 萬年	經漫長冰盛期嚴峻考驗，獨存智人， 並擴散繁衍為各洲遠古原住民。
1 萬年前	地表逐漸升溫，智人記事紋圖萌芽。
7 千年	人類文字初現、原始社會形成， 原始農牧開展。
6 千年前	各洲文明如雨後春筍， 華夏文明累積天文節氣紀錄。

圖中文字：
南方古猿(ape)
直立猿(man-ape)
直立人(ape-man)
巧人(homo habilis)
壯人(homo rudolfensis)
真人(homo erectus)
爪哇人
丹尼索沃人
尼安德塔人
智人(homo sapiens)
黑猩猩(chimpanzee)
現代人(modern man)
腦容量差約三倍

人類擴散與滅絕表

<table>
<tr>
<td>

600～200 萬年前

直立猿(東非裂谷)
　黑猩猩遠祖
　人類遠祖
　…

人類起源進化

</td>
<td>

200～100 萬年前

直立人(東非)
　巧人
　壯人
　真人
　…
冰河期開始，物競天擇
獨存真人

</td>
<td>

30～20 萬年前
尼安德塔人　　丹尼索沃人
(歐洲)　…　智人　　(北亞)
　　　　　　　(西亞)

真人
(非洲)　　　　…

　　　　　　爪哇人
　　　　　　(南亞)
真人分化擴散

</td>
</tr>
<tr>
<td colspan="2">

7 萬年前(透巴火山超級噴發)

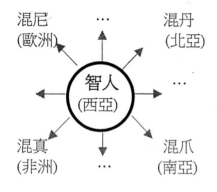

混尼　　…　　混丹
(歐洲)　　　　(北亞)

　　智人
　　(西亞)　…

混真　　　　　混爪
(非洲)　…　　(南亞)

智人擴散分化

</td>
<td colspan="2">

3 萬年前(最近冰盛後期)

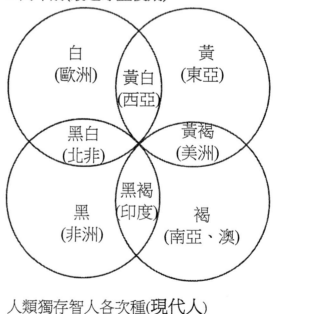

人類獨存智人各次種(現代人)

</td>
</tr>
</table>

C. 華夏民族簡史

　　由人類基因的科學證據顯示，如今世界各地「現代人（modern man）」的

遠祖，可能是來自一百八十萬年前於「非洲」進化出，並於約三十萬年前逐漸散居各大洲的「真人（homo erectus）」。而這些「真人」於各大洲，又分化出許多不同種群，包括歐亞的高大尼安德塔人、北亞的丹尼索沃人、南亞的矮黑爪哇人、以及西亞的「智人」。據推測，所有這些「真人」，應該都有較複雜的原始語言溝通能力，有別於當時也存在的「直立猿（man-ape）」，例如「黑猩猩」的遠祖等等。當時「直立猿」的腦容量已比「猿（ape）」約多出百分之五十，最早約在六百萬年前出現。華夏境內最早的「直立猿」化石，發現於雲南 元謀，距今約一百七十萬年。隨後的陝西「藍田人」，約為八十萬年前，以及稍晚的「北京人」。

　　一百萬年前開始遷徙到各洲的那些「真人」，逐漸繁衍為世界各地極遠古的「原住民（aborigine）」。據學者推測，約二十萬年前，其中某個「真人」族群，腦容量再增大 1.5 倍，並演化出更複雜的發聲器官，稱為「智人(homo sapiens)」。之後約在七萬年前，現代人的祖先「智人」，曾經瀕臨絕滅，甚至曾少到不及萬人。所以有這樣的推斷，是因為目前世界各地現代人的遺傳「基因」差別非常小，因此，當年應有同一群祖先，叫「盤古」與「女媧」、或「亞當」與「夏娃」。對照來看，目前上百隻「黑猩猩（chimpanzee）」本身族群間的「基因」差異，就比目前全世界「現代人」的「基因」差異還要大。或者只要比較現代「狗」的體形、毛髮、膚色等差異有多大，就能體會，我們「現代人」應由曾經是非常小的同一個族群分化出來的。

　　「智人」仰賴他們的高度「智慧」，才能團結起來，挨過當年極其險峻的環境，緩緩強盛壯大，而其他的「真人」則約於二萬八千年前逐漸衰亡。這緩慢的演變過程或可用「中華漢族」發源於崑崙山南支脈，逐漸壯大於東亞中原大地來比擬。也可用「白人」由「歐洲」遠渡大西洋，到「北美洲」擴散繁衍，而當地的原住民「印第安人」急速削弱來想像。

　　甚為意外的是，新近在湖南地區發現「現代人」的四十七顆牙齒化石，而年代推斷為八萬到十二萬年前，遠比非洲以外地區，如歐洲等地發現的現代人化石要早。若這屬實，或將改寫「現代人」來自非洲的主流說法。或許，現代人的祖先「真人」早在三、四十萬年前就已經遷出非洲，且在「西亞」演化為「智人」，再逐漸遍及世界各大洲，包括回到非洲。而約在十幾萬年前，遷徙到華夏地區的那些「智人」，與當地的真人「原住民」混血，演化為「黃種現代人」。遷徙到歐亞高加索地區的那些「智人」則與當地的真人「原住民」混血，演化為「白種現代人」。回到非洲的「智人」也與非洲當地的真人「原住民」混血，演化為「黑種現代人」，而其他居間區域的現代人為黃白黑膚色的混血族群。

　　原先主流說法為，「真人」先在非洲南部演化為「現代人」後，才逐漸遍佈於各大洲；然後再分化為各種膚色的「現代人」。換句話說，原來主流說法為，「各膚色現代人」有共同的非洲南部「現代人」祖先；而新的考古證據顯示，或許「各膚色現代人」僅有共同的西亞「智人」祖先。

　　華夏境內最早的「智人」考古遺跡，發現於山西　襄汾的丁村，估計大約為十萬年前、屬於舊石器時代。而後有北京　周口店　龍骨山的山頂洞人，屬「智人」，距今約一萬八千年。

　　談到「華夏文明」的起源，就得由遠古時代，距今約二萬年，散居在崑崙山以東，祁連山、河西走廊、以至黃河與長江流域的「現代人」說起。可以想像，在遠古時代，華夏這一大片沃土上，當時散居著許多「現代人」，基本上，都過著血緣家族式的群聚生活。有些族群偶而出現一些智者，發明了一些優異的生活技巧，由於有原始語言，得以再經傳承與累積，而發展出有利於族人生存的技能與知識，逐漸茁壯。

　　這些散居世界各地的「文明族群」，彼此間不一定有聯繫或交流。當然，

有接觸就有利害或生存上的衝突與兼併。此外，大型瘟疫與自然澇旱等災害，也會造成文明的斷層、甚至文明的消失。只有足夠團結強盛壯大的族群、或聖賢夠多的聚落，才能適當地傳承並保留下珍貴的早期文明。對早期文明而言，沒有地緣關係，彼此交流是可望而不可及的。不過，世界各地「現代人」在遺傳基因上的交融與擴散，卻應該會藉由偶然的個別遠距往來，而自然發生。

遠古文明，在文字發明以前，不容易傳承或留下記錄，如今只能靠考古文物與遺跡來鑑定。舞蹈、音樂、與溝通「語言」逐漸發達後，靠「口耳相傳」，或許能保存下祖先的歷史與傳統。就算「文字」發明以後，上古記錄在天候與歲月的摧殘下，也不容易留存。因此，華夏遠古文明與歷史，主要是靠考古、傳說、與零碎的文字記錄，銜接拼湊而得。已發現的重要考古遺跡有「彭頭山文化」、「半坡文化」、「仰韶文化」、「大汶口文化」、「良渚文化」、「大地灣文化」、「河姆渡文化」等，距今約五千年，以及「紅山文化」、「大溪文化」、「龍山文化」等，距今約四千年以降。華夏遠古文明，應該是在黃河與長江流域這片土地上，獨立發展出來的。並無考古跡象顯示，華夏文明與當時的「尼羅河流域」、「兩河流域」、「印度河流域」等的其他三大古文明，有過密切的接觸與交流。

遠古傳說「盤古開天地」，應該是憑豐富的想像力所創作出的古老神話故事。華夏遠古文明，據推測發源於崑崙山麓。崑崙山脈為中國境內最大山脈系，西起帕米爾高原的葱嶺，由新疆、西藏間經青海往東分北、中、南三大支脈，遍及中國全境。在遠古時代的「三皇」，有云為「燧人氏」、「伏羲氏」、「神農氏」，在時間上分前、中、後，在地域上應是由山區逐漸向華夏中原地區遷移。

據傳說，「燧人氏」的部落族群聚居在崑崙山麓，為古羌戎的一支，約在

一萬年前，由漁獵採集，逐漸進入遊牧而「火灶火食」的時期。據推測，當時應以「結繩記事」、「圭表觀日」，有簡單的「太陽曆」。一萬兩千多年前，正北的極星為現在的「織女星」。遠古華夏文明為「母系氏族」社會，搓製繩索的婦女稱為「織女」，而將當時天上眾星環繞的「恆星」，以人間社會中心的「織女」稱之，應是視「天上」星斗有如「人間」社會。因此，也可見天文觀測與紀錄，或許在一萬兩千多年前就已開始。傳說「弇茲聖母」初創「八索准繩」，紀事結繩的形象，應已發展為複雜的圖案，為「八卦」及後來「文字」的先河。

在這裡談到「華夏民族」文明曙光初現時，不妨來一段有趣的「過場」小插曲：在生物奇妙複雜「蛋白質（protein）」結構形成裏，最重要的「決策者」，主席，是 DNA，扮演「陽」的角色；最重要的「執行者」，總理，是 RNA，扮演「陰」的角色。他們製造的原物料是「蛋白質」，由長長一串「各色各樣」的「胺基酸」串聯而成。最開始的過程有如搓製花麻繩，緊接著「結繩記事」、「繅絲製綢」、「縫衣結網」，最後成品就是「蛋白質分子（protein molecule）」。「DNA」是「牛郎」、「RNA」是「織女」，「華夏文明」於是開展。

古代「牛郎織女」的故事，或許標誌著陰陽互補互濟、以及後世由「母系」往「父系」的過渡，在華語裏「姓」表「父族」，而「氏」表「母族」。「圭表」以測「日影」，由橫置的「圭尺」或「圭盤」與直立的「旄表」構成。「圭表」不但可定一年約 365 日、推算四時，還可確定方位、丈量長遠距離。這時應該有初步的天文與氣象觀測，記錄的留存累積也應相當豐富，但由於在內陸山區，不易察覺土地是圓球面的。到了約六千年前，由於「農業」的需求，華夏文明中心逐漸向平原、向東南遷移，擴散至整個黃河及長江流域，並且進入「伏羲氏」時期。

順帶提起，中國遠古時期所謂「天圓地方」的說法。一般人都誤會以為

古人說:「天是圓鍋蓋,而地像四方桌。」這由於華夏古時語言文字書寫不易,力求簡潔。「圓」應該是表達「上下左右前後」的「三維圓球」概念,而「方」表達「四面八方」的「二維平面」概念。絕非是指「圓拱」與「方形」,兩個不相契合搭配的觀念。

可能屬於河南「仰韶文化」前期的「伏羲時期」,應有簡單的「書契」以代替「結繩」,種植穀物、馴養家畜。人們過著半農半牧的生活,甚至架構了早期的「八卦」,初現華夏文明的曙光。在古老傳說裏,有伏羲氏得「龍馬獻〈河圖〉、神龜獻〈洛書〉」的說法。「伏羲時期」或許略在西亞的「蘇末文明」後,都可算是「人類文明」的曙光。

華夏文明約於五千年前,進入「神農時期」,並發展為母系氏族的定居社會。由於畜牧與農耕的繁榮,人們於溫飽之外,文化活動更迅速地蓬勃發展開來。有學者推論,早期農耕器具的發明、醫藥的啟蒙、含「二十四節氣」的曆書、建築風水的準則、以及最早較完整的「易學」——「連山易」,或許開創於「神農時期」。這可能就是由考古遺跡標誌的「仰韶文化」與「大汶口文化」。由考古文物推論,華夏文明在人類四大古文明中,農業技術應是最為先進。

此外還流傳有,關於四千五百年前「五帝」的故事,包括黃帝與蚩尤「逐鹿中原」、指南車的發明、以及倉頡造字、嫘祖養蠶。而後,更有關於「唐堯」、「虞舜」、「夏禹」的「禪讓傳說」。

「夏禹」距今約四千二百年,有關的傳說,已相當具體且合邏輯。考古學者在河南偃師的二里頭,發現疑似夏朝的宮殿遺跡以及青銅器皿,惜未發現文字記錄。華夏地區在四千多年前,其實有甚多區域性的半獨立古「文明」遺址。

據《尚書・禹貢》,遠古華夏地區分為「九州」,後世總稱為「中土」或

「赤縣神州」，各州的地理位置示意如下簡圖：

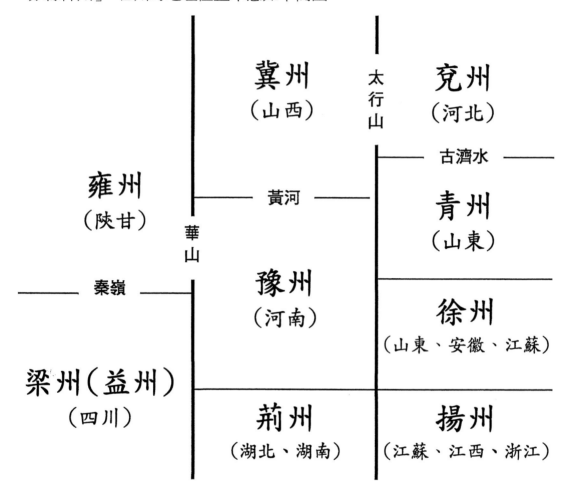

赤縣神州圖

　　另依據《爾雅・釋水》對遠古華夏地區「水系」描述，「江、淮、河、濟為四瀆」，河川獨流入海者謂之「瀆」。江指「長江」、淮指「淮河」、河指「黃河」、濟指「濟水」，並稱「四瀆」，為古代四條入海之大河川。「濟水」古代源於河南　王屋山，其下游而後為「黃河」所奪。「淮河」古代源於河南　桐柏山，經安徽　江蘇入海。由於隋代南北運河的開鑿，各水系聯通，今「淮河」經洪澤湖高郵湖入「長江」。再配合其他古籍的記載，現將遠古華夏地區在夏禹時期的地理區分，約略依現代行政區示意如下圖：

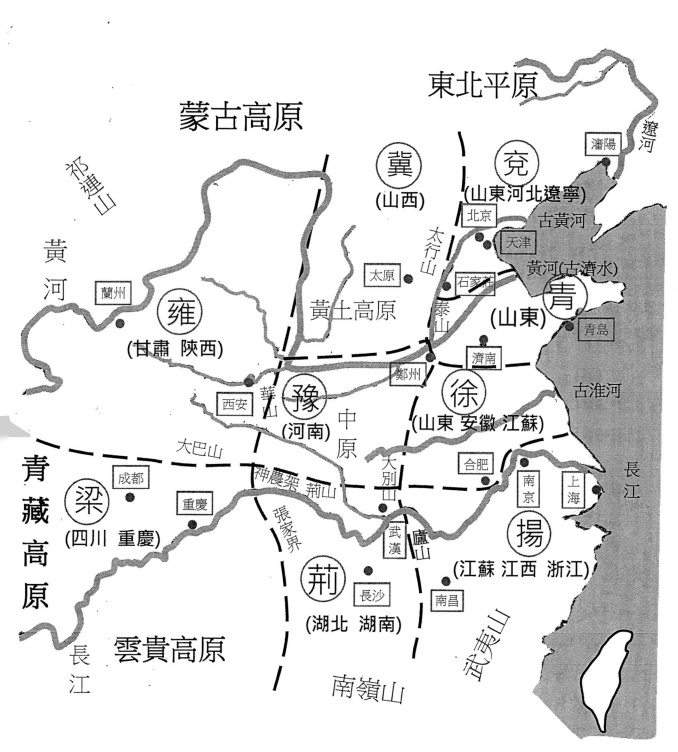

遠古華夏地理圖

戰國時，<u>鄒衍</u>更提出「大九州」的臆想，而前述「九州」居中為「冀州」：

台州 （肥土）	濟州 （成土）	薄州 （隱土）
弇州 （并土）	冀州 （中土）	陽州 （申土）
戎州 （滔土）	次州 （沃土）	神州 （農土）

　　根據殷商時期巫師占卜留下的簡約記錄：「甲骨文」，來溯源推論，「華夏語言」早在約四、五千年前，就已經相當進化。當然，巫師間相傳使用的、方便雕刻的簡約文字，或者專業術語與暗語，未必就是一般貴族及百姓們使用的「文字」，而一般百姓生活上的語言，應該更龐雜而豐富。因此，當時由遠古「口耳相傳」留下的故事，大體可信其主要脈絡，然而關於細節，無法釐清也不必深究。「歸藏易」或許始於夏朝。當時除了中原的「炎黃子孫」外，尚有周邊的「東夷」、「西戎」、「南蠻」、「北狄」。現代的「漢族」應是這五大族群的大融和，而當初沒參于融合的族群，大約就是現代中國少數民族的先祖。

　　客觀而言，不論是「東方」或「西方」的遠古「歷史」、「傳說」、或「神話」，在一般情況下，都經不起或無法做「科學」的嚴格認證，既使所謂的「正史」，都只是某一小群人輾轉「道聽途說」的「筆述」，僅見諸「官方」文字而已。更別說「神話」，根本就是「以訛傳訛」的「傳說」，甚至是後人「杜撰」的「故事」。考古學家就經常是「按圖索驥」、「看骨頭瞎掰故事」，離「事實」有可能天差地遠。尤其是「西方」，雖然「蘇末文明」、「巴比倫文明」、「埃及文明」、「印度河文明」甚早，但文明滅絕，且沒有後繼一脈相傳的文字與語言，連遠古的「傳說」都付之闕如。

　　學者推斷，當時的「原住民」，古蘇末人、古埃及人、古印度河人，在創造遠古文明後，不肖子孫早已消散甚或滅絕，無跡可尋。現居於兩河流域、尼羅河流域、印度河流域的族群都是後來的入侵者，或許保留了部分「原住民」的血統，其實是「鵲占鳩巢」，有如現今美國的「白人」之於當年的「印地安紅人」。因此，除了「華夏文明」一脈相傳五千年至今，其他甚多古文明，有如中南美洲的「馬雅文明」以及中南半島的「吳哥窟文明」，只能靠「浮雕」與「文物」說「故事」，何況「浮雕」僅僅是根據當年「官方」認可或杜撰的簡化「傳說」而已。只消看看現在世界各國的「官方」報導，就知道很多是「謊話連篇」、「歌功頌德」、或「公說公有理」。有如現在的「新聞」或將來「官方歸納」的「歷史」，其可靠性有多少，必然不能當作「科學驗証」過的「事實」。反過來說，現在的許多「新聞」，大家都信以為真，那為什麼不能相信「伏羲、神農、炎黃、唐堯、虞舜、夏禹」的真實性。因此，可信其大體梗概。

　　「商湯」距今約三千八百年，有占卜遺留下的「甲骨文」為佐證，「華夏文明」於此時逐漸發展為文化上的大一統，並正式進入有考古上的文字記錄階段。此後由於天文曆法裏「天干」與「地支」的運用，在年代考証上，相當精確。木星運行一周天約十二年，土星約三十年，兩行星約六十年交會一次，也就歷時約一「甲子」。或許這就是以「天干」與「地支」搭配紀年的原由。華夏文化與思想，也正式進入穩定發展的階段，《尚書》、《周禮》、與《詩經》上的傳說記載，當能反應部分史實。

　　周武王姬發在鎬（約今陝西　西安附近）建立史上的西周（公元前 1111－前 771 年），武王之弟，周公姬旦，對「華夏文化」進一步的發展與傳承，有相當大的貢獻。《周易》應是周朝開國時期，作為思想統一與宣傳的「易學」。三百四十年後，西周亡於周幽王。周平王於鎬京東方的雒邑（今河南　洛陽），重新建立政權，史上稱為東周（公元前 770 年－前 221 年）。

　　東周前期，就是史稱的「春秋時代（公元前 770 年－前 476 年）」。由於諸侯各據一方發展，並紛紛兼併周遭小諸侯國、爭奪霸主地位，先後有所謂

「春秋五霸」：齊桓公、宋襄公、晉文公、秦穆公、楚莊王。更由於群雄分立、相爭抗衡，各供養許多文武謀士，華夏思想得以自由地蓬勃發展，堪稱「百家爭鳴」、「百花齊放」。

　　東周後期，經歷兼併，餘下秦、楚、燕、韓、趙、魏、齊，史稱「戰國七雄」。此時各封建國為了富國強兵、爭霸諸侯，彼此征戰不休，是所謂的「戰國時代（公元前 476 年－前 221 年）」。封建群雄為加強戰力，積極施行經濟與社會改革，再加上各地新興小地主的崛起、社會生產力的提昇，出現了新的「封建生產關係」。而隨著社會關係與制度的變遷、更激盪出了新意識、新思潮，春秋時代的各家思想，因而得到了沉澱與轉化，從此也開啟了後世的「中華傳統文化與思想」。

D. 中國朝代簡表

　　若將中國近約五千年的歷史，濃縮為兩天，也就是一小時相當一百年，我們可以從「巨觀」的角度來體會華夏民族的朝代變遷。

　　「昨天」凌晨，公元前二千四百年，是史前的「五帝時代」，黎明前為「夏朝」，約持續四小時十九分鐘。清晨開始的「商朝」一直延續到下午一點，約六小時二十四分鐘。而後約下午一點開始的「西周」到下午四點多，約三小時二十四分鐘。接著是東周，分「春秋時代」，以及黃昏後晚上的「戰國時代」，共約六小時。「昨天」晚上十點左右「秦始皇」統一中國，政權持續約九分鐘。十五年後緊接著短暫的「楚漢相爭」，之後「西漢」延續到昨天結束。

　　「今天」凌晨，公元一年，傳至西漢平帝。五年後兩歲的劉嬰繼位，由王莽攝政，三年後篡漢，改國號「新」，得十四年，公元二十三年由劉玄接替，為西漢最後一朝皇帝。今天「凌晨」十五分，劉秀稱帝，為「東漢」的開始。西漢、新、東漢共約四小時十六分鐘。之後經過「魏晉南北朝」，由「今天」黎明時的「隋」統一。天亮後的「唐」到「今天」早晨九點，約二小時五十四分鐘，而後「五代十國」延續約三十二分鐘，到早晨九點半。「北宋」再統一後，接著「南宋」一直到將近「今天」下午一點，北南宋共約三小時十二

分鐘。「元朝」持續不到一小時，「明朝」持續近二小時四十五分鐘，由今天下午約一點四十到約四點半。隨著「清朝」，約二小時四十分鐘由「今天」下午四點半一直到七點天黑。然後「中華民國」不到半個鐘頭，「中華人民共和國」約於「今晚」七點半開始，到現在約是晚上八點十分。

　　值得深思的是，由於積極維新變革，以致在各朝代中歷時最短的秦朝十五年與隋朝三十七年，反而因修築「長城」與統一「文字」、「度量衡」，以及推行「科舉」與開鑿「運河」，對華夏文化有最深遠的正面影響。這中國朝代變遷可參考以下的圖表。

中國朝代年表

一小時 ≡ 100 年

一　日 ≡ 2400 年

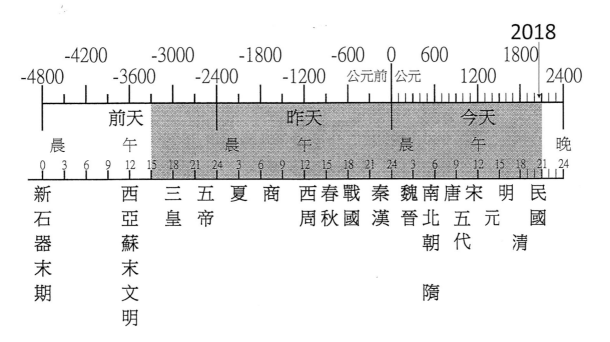

中國朝代鐘

（前天下午 ～ 今天晚上）
（一小時≡ 100 年；一日≡ 2400 年）

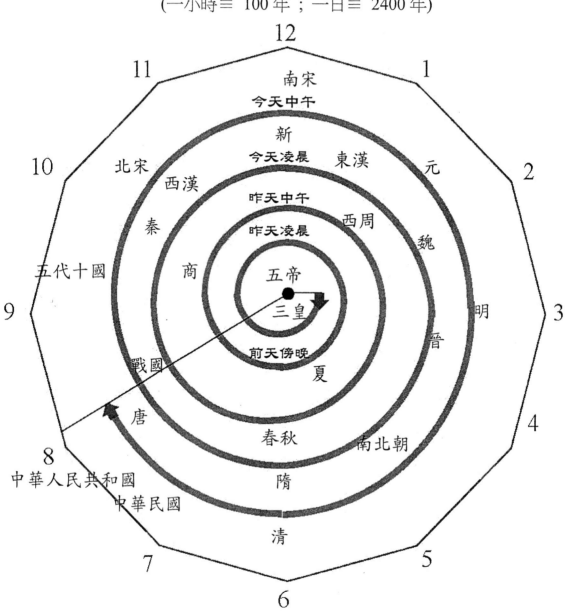

中國朝代鐘

公元 -3600 ～ -2400

（前天下午 ～ 昨天凌晨）

（一小時≡ 100 年；一日≡ 2400 年）

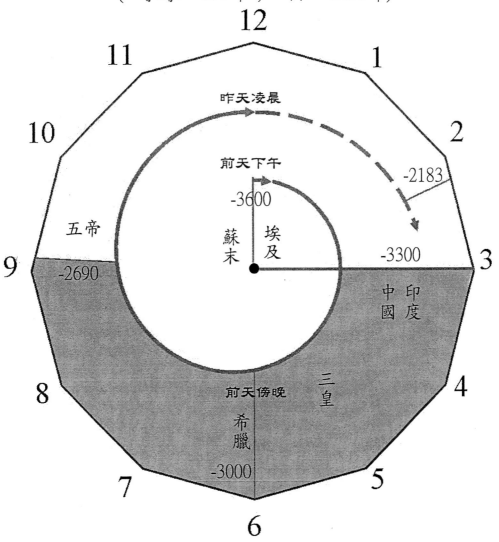

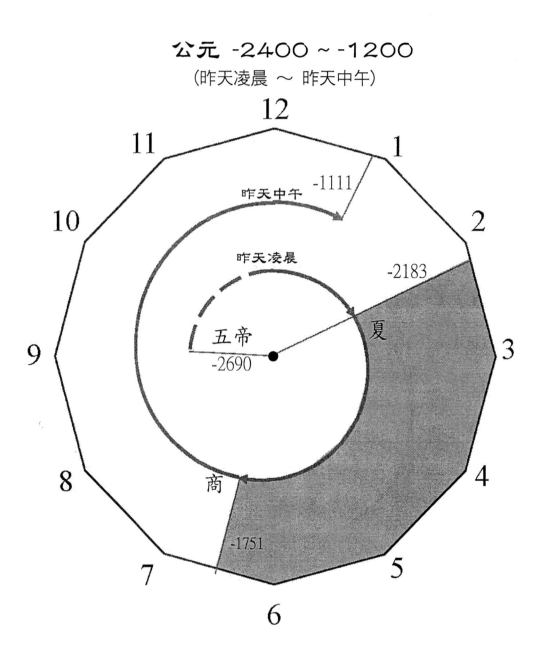

公元 -2400 ~ -1200
（昨天凌晨 ～ 昨天中午）

公元 -1200 ~ 0
(昨天中午 ～ 昨天晚上)

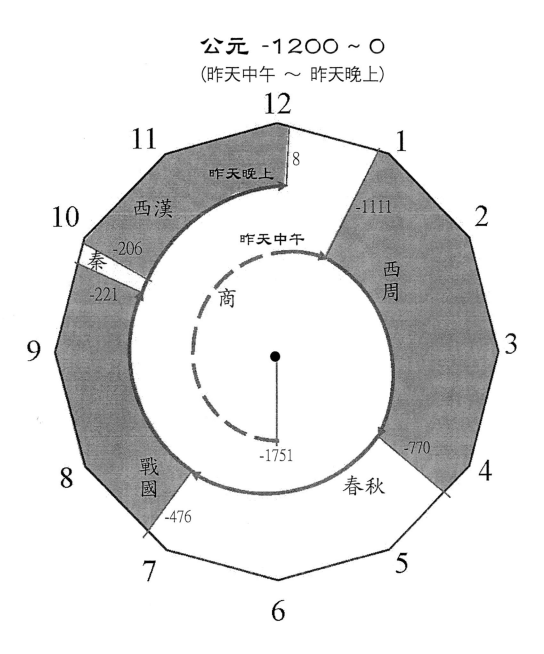

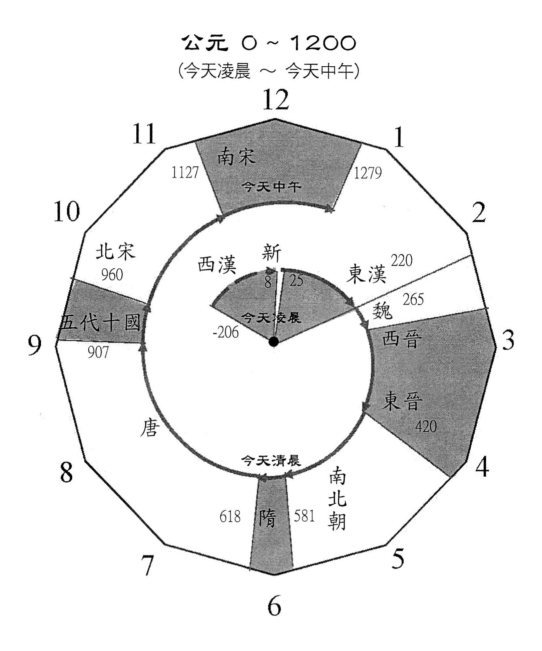

公元 0 ~ 1200
(今天凌晨 ～ 今天中午)

公元 1200 ~ 2017
（今天中午 ～ 今天晚上）

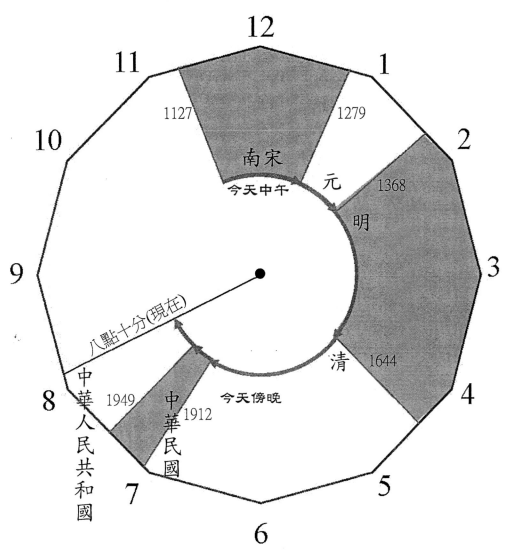

一・四　易學濫觴

　　在上節的遠古華夏歷史脈絡裏，傳說在「三皇時代」，伏羲「一畫開天」，開創「是、否；有、無；動、靜；陽、陰；奇、偶」的二分法，以至發明八卦，開創了華夏文明。為了適應遠古的漁獵、遊牧，以及早期的農業發展，天文氣象的觀測至關緊要。春秋季節循環更替，天文氣象變化規律的發現，與四時二十四節氣曆法的制定，攸關族群的興盛與衰亡。當時單純是人與自然環境的鬥爭，最早「易學」的「單卦」，稱「八卦」，就是有關「自然現象」：

乾天、兌澤、離火、震雷、巽風、坎水、艮山、坤地

　　而後族群蓬勃繁衍發展，各氏族衝突頻仍，社會關係層次漸行複雜，描述自然現象的「八卦」，轉變推衍為描述「事物」以及其中「錯綜」複雜關係，因此，有了八八六十四「重卦」的出現。我們相信，有了氏族間的融合與征伐，「重卦」也當應運而生，且在各階段有不同的隱含內容。

　　雖然，「易學」最早是有關八卦的「卜筮」方法與理論，但其思想源遠流長，並不因在不同時代不同情境下，對「重卦」的詮釋改變，而智慧光輝稍減，反而使其應用更多樣化。當然，掌握「易學」知識及其真諦，並不容易。因為一般人們慣於將不可知或難以理解的事，歸於「神怪」，於是似懂非懂「易學」的人，就經常誇大其辭、賣弄術語、故弄玄虛，刻意將「易學」披上神秘色彩，以方便裝神弄鬼、自抬身價。另有一些江湖術士，不懂裝懂，利用《周易》詩文隱晦艱澀，便根據字面、加上察言觀色，信口開河，好壞各有分說，使「易經占卜」，淪為文字遊戲。在這些人中間，當然也不乏古時知名的「易學家」，也許他們是很專業的「一方」之家：邏輯學家、歷史學家、文學家、小說家、倫理家、醫藥家、堪輿師、甚至於科學家，其實他們並不全然了解「易學」的真諦。因此，有識之士才會強調「善易者不卜」。

　　最初含六十四卦的「易學」，有學者推論是《連山易》，應該早在「黃帝時代」就已初具雛形，且多由皇親貴族們使用與參考。將「自然環境」的「卦」

與「卦象」，衍伸擴張後，加入了「社會環境」內涵，之後更為了適於統治管理，又加入「政治環境」內涵。因此，到了「夏禹時代」以及之後的「商湯時代」，對「易學」的詮釋應皆有配合更新，這就出現了隨後的「歸藏易」。

　　殷商時，確實有「甲骨文」，為何不見甲骨文的《歸藏易》出土？難道當時巫師們視為「秘笈」，為一己之利而「藏私」，缺乏保存文物以流傳千古的意識？或許周武王滅商紂後，為了宣揚改朝換代的正當性，更為了一統「易學」理論，而頒佈《周易》為唯一正統，並大力推行。總之，《連山易》與《歸藏易》早已失傳，只見斷簡殘篇流傳於其他古籍之中。為方便讀者在概念上有個簡單說法，今將「易學道統」的脈絡，簡述如次：

易學道統表	
伏羲 神農（約公元前 3000） 黃帝 夏禹	連山易（約 5000 年前）
商湯（公元前 1751）	歸藏易（約 4000 年前）
周朝（公元前 1111）	周易　　（約 3000 年前）
漢朝（公元前 206）	儒易　　（約 2000 年前）
宋朝（公元 960）	宋易　　（約 1000 年前）
今朝	科易

一‧五　易學經典

　　「易」可拆解為「日」與「月」，代表宇宙萬事萬物的變化、運轉，以及「陰陽（yin-yang）」互濟、交替、演化。又有所謂「易學三原則（three principles of I）」：「不易（invariance）」、「簡易（abstraction）」、「變易（variation）」。就

物理學而言,「不易」例如「能量不滅（energy conservation）」、「簡易」例如「不可約張量（irreducible tensor）」、「變易」例如「表象（representations）」等。

　　「易學」為中華文化流傳至今最古老的「卜筮」哲理,然而在其神秘形式中,卻蘊藏著極其豐富而深邃的智慧。而「易學」的成書,又以《易經》為源頭,有所謂「三易」,即連山易、歸藏易、周易:

　　（一）連山易:連山者,「山出云,連連不絕」。相傳源自約五千年前的上古時期,伏羲、神農、黃帝、以至夏朝。《連山易》以「艮卦」為首,重「人」道。據推測,當時為定居的母系「氏族社會」,但人口較少,且與山野、漁獵、農耕生活皆有密切關係。

　　（二）歸藏易:「歸藏者,萬物莫不歸藏其中」,或許源自夏朝,殷代則以「歸藏」稱易,而《歸藏易》以「坤卦」為首,重「地」道。殷代社會已逐漸轉以農耕為主,而萬物生存仰仗土地,故以「坤卦」為首。此外,殷代「尊母」觀念還相當濃厚,「坤」為「陰」、為「母」。殷代社會已進入「族群奴隸制」,為單一族群統治其他族群的奴隸制國家。伴隨著時代的進化、人們生活型態的演變,「易學」的內容也定當有所發展,於是逐漸由《連山易》變革為《歸藏易》。

　　（三）周　易:據說為周文王於羑里獄中,依當時易書之內容,加以整理、推演所得。周代的「父系傳統」已完全確立,有所謂「母,親而不尊;父,尊而不親」。此外,周人可謂是商朝時的西陲蠻族,雖然承襲殷人文化,但為了政治目的,也刻意有所變異與增益,作意識型態上的革新。《周易》以「乾卦」為首,尊天道、親地道、重人道。如今三易之中,僅《周易》得以傳世,《連山易》與《歸藏易》皆迭失,雖殘簡散見於史篇,但甚少有豐富的具體內容。

　　關於「易學」的淵源與流傳,眾說紛紜,莫衷一是。但可以確定的是,

「易學」作為中華文化的泉源而代代相傳，其間且有所發展與更新。歷代以來不但作為「待人處世」的原則，甚至為「經世治國」的綱領。此外，「易學」更逐漸推廣至養身、醫藥、堪輿、軍事、經濟等各層面，當然也還包含「卜筮、算命」的原始功能。

在中華文化的歷史變遷中，「易學」的流派此起彼落，各執己說。據清代紀曉嵐主編的《四庫全書》所述，「易學」可歸為「兩派六宗」，有以「象數」為主的「漢易派」，與以「義理」為主的「儒易派」。當時復古的「漢易派」又可細分為占卜、災祥、讖緯等三宗，其中迷信成份居多。「儒易派」則含老莊、儒理、史學等三宗。

有人主張，關於「象數」的「易學」，為《連山易》與《歸藏易》的餘續，代表漢儒中復古的一派。而「儒易派」延續傳統儒家思想，更引進老莊哲理，是所謂「儒易」。到了宋朱熹融合「象數」與「義理」，可謂「宋易」，後世尚有「借古規今」、「寓教於易」、「學易致用」的「史學派」等新血的注入，如此林林總總，皆益加豐富了後世「易學」的內容。

一·六　周易

《易經》是群經之首，華夏文明的代表，為中華文化道統的精髓與淵源。「易學」的含義，包羅萬象，至廣至大、至精至微。「易道（I-Tao）」不離體、不離用，不執體、不執用，非體、非用，是體是用，體用合一。這裡「體」相當於萬事萬物的「本質」、相當於「懂、知」、相當於「粒子（particle）」或「粒」；而「用」相當於萬事萬物的「規律」、相當於「會、行」、相當於「波動（wave）」或「波」。這種「知行合一」的說法，有如物理學裏對宇宙萬物「波粒二相性」的認定。然而遺憾的是，有少數江湖術士，怪誕迷信、誤解易理、誤導大眾，抹殺了易道的奧秘。

今人所謂的「易」或「易經」，特指《周易》。而《周易》由「經」與「傳」兩部份組成：

（一）「經」：分為上下兩部份，「上經」含三十卦，「下經」含三十四卦，共六十四卦。各由卦名、卦圖、卦辭、以及爻名、爻辭等五大內容組合而成。

　　由三個「爻」上下排列而成的「三爻卦」，又稱「單卦」，因總共可構成八個不同的「單卦」，故統稱「八卦」。將兩個「單卦」上下相重疊，分稱「上卦」與「下卦」，或「外卦」與「內卦」或「末卦」與「初卦」，由此組合成一個「六爻卦」，又稱「別卦」或「重卦」。由於八八六十四，因此「重卦」有六十四個，並各有「卦名」。

　　「卦辭」用來說明特定「卦名」的涵意，也是此卦的要義；而「爻辭」旨在說明每一卦中的六個「爻」，在整個卦裡所扮演的角色與意義。

　　六十四個「重卦」共含三百八十四個「爻」。另外加上「用九」與「用六」，以說明「陽」與「陰」兩爻分別在乾坤兩卦，以及其他六十二卦裏的整體意義。因此，總共有三百八十六個「爻名」與其「爻辭」。

（二）「傳」：約成書於戰國時代，應為「儒家學派」為了闡述周易「經文」的哲理而撰的七種十篇論述，合稱「十翼」。「十翼」含〈彖辭（上下）〉、〈象辭（上下）〉、〈繫辭（上下）〉、〈文言〉、〈說卦〉、〈序卦〉、〈雜卦〉等十個「傳」。

　　〈彖辭〉分上下篇，用以注釋經文的「卦名」與「卦圖」中所衍伸的「卦辭」。〈象辭〉分上下篇，內容又細分「大象辭」與「小象辭」：「大象辭」對「卦象」做整體的廣義說明，而「小象辭」解說卦裏各「爻辭」的「象義」，即「象數」與其「義理」。

　　〈繫辭〉也分上下篇，各十二章，是對《易經》所作的整體評注。其對「易經」的哲學思想、產生原理、卦象

義理、以及易卦占筮等，皆作了全面系統性的解說與發揮，是為「十翼」的靈魂，又稱〈大傳〉。

〈文言〉特別針對「乾」、「坤」二卦作進一步補充解釋。〈說卦〉分十一章，說明八卦的基本取象及其原由。〈序卦〉含上下兩篇，分別解釋六十四重卦，在上下經裏的排列順序。〈雜卦〉將互「錯」或互「綜」的兩卦，成對分類比照說明，是為六十四卦的簡義。

第二章　易學入門

二・一　易學範疇

A. 易

「易」的涵義有多種說法：有說「易」是象形字，形似天上的飛鳥，援引「遠取諸物」的原則；有說「易」形似「蜥蜴」，有變色的功能，代表變化多端的涵義；然而，還有「日月易」的說法。「日」與「月」是人類生而認知的天象，相對而言，在遠古居住環境的局限下，變色的蜥蜴或許並不普遍。「日」象徵「白晝」為「陽」，「月」象徵「黑夜」為「陰」，黑夜白晝的交替循環，也是天象「陰陽二元論」的呈現。就邏輯與普遍性而言，似乎「日月易」的說法更原始、更貼切。

B. 易經

現今所謂的《易經》，特指儒家尊為群經之首的《周易》，而《周易》內容分兩大部份，一為本文，稱「經」，一為解說，稱「傳」。

「經文」即狹義的《易經》，包含六十四個卦的「卦名」、「卦圖」、「卦辭」與「爻辭」。「卦辭」對各卦作概括解釋。每一卦含六個「爻」，而「爻辭」闡述這些個別的「爻」所扮演的角色。有關前三十個卦的經文，特稱「上經」，而有關後三十四個卦的經文，特稱「下經」。

用來解說「經文」以利傳播的論述，稱為此經的「傳」，共含七種十篇，有《彖》上下篇、《象》上下篇、《繫辭》上下篇、《文言》、《說卦》、《序卦》與《雜卦》。這十篇「傳」，即一般所謂的「十翼」，基本上為「儒家」對《易經》「經文」所作的輔助解說。其中《繫辭》為「十翼」的靈魂，特稱《大傳》。

三國曹魏時的王弼，將《周易》的「經文」與「經傳」合併，編定為《周

易》，也是如今傳世的標準版本。

C. 易學

中國歷代以來，學者對《周易》以及相關古籍的諸多考證、解釋、與義理闡發，由此形成的一套理論學說，稱為「易學」，為中華文化思想的代表。

D. 易學史

研究「易學」相關典籍的演變與傳承歷史，內容包括（一）傳授世系，（二）解經學派，（三）經典注疏與辨偽，（四）文字訓詁考證等。

E. 易哲學

歷代中外學者，對「易學」的「義理解釋」與「理論思維」作深入的綜合探討，而由此所形成的哲學體系，稱為「易哲學」。其內容涉及宇宙、人生、社會、政治、醫藥等範疇，更包括基本哲學問題，以及事物發展的一般規律。

F. 四書五經

「儒家」奉為經典的古籍有六：《詩》、《書》、《易》、《禮》、《樂》、《春秋》，并稱「六經」，亦為「六藝」。《莊子·天下》有云：

> 詩以道志、書以道事、禮以道行、樂以道和、易以通陰陽、
> 春秋以道名份。

後世由於《樂》已佚失，「六經」減為「五經」。此「五經」連同稍晚的《大學》、《中庸》、《論語》、《孟子》四部書，合稱為「四書五經」。

G. 十三經

流傳後世的先秦古籍：《易經》、《詩經》、《尚書》、《儀禮》、《春秋》、《周禮》、《禮記》、《公羊傳》、《穀梁傳》、《孝經》、《論語》、《爾雅》、《孟子》，并

稱為「十三經」。

　　西漢以《易》、《詩》、《書》、《禮》、《春秋》立於「學官」，名為「五經」。唐時合《周禮》、《禮記》、《公羊》、《穀梁》，稱「九經」。後增《孝經》、《論語》、《爾雅》，稱「十二經」。宋代再增《孟子》，至明代合稱「十三經」。

　　現針對有關「禮」的經典，在此稍作說明：漢初「五經」中之《禮》，泛指春秋戰國時代禮制的彙編，為了與而後學者的「記言」作區分，特稱為「禮經」或「儀禮」。西漢戴德有「記」八十五篇，通稱「大戴禮」，之後戴聖編定四十九篇，稱「小戴記」。後世合「經」與「記言」，併稱為《禮記》。而所謂的《周禮》，原名《周官》，亦稱《周官經》，有學者疑為西漢劉歆所著。

H. 三玄

　　三冊古籍《易經》、《道德經》（老子）、《南華經》（莊子）皆甚為玄妙，故並稱「三玄」。

I. 詩經

　　為華夏民族最早的詩詞總集，先秦時稱為《詩》，漢尊為經典，稱作《詩經》，收錄西周初年至春秋中葉的民間「歌謠」以及宗廟「頌詩」，共三百十一篇，現僅存三百零五篇，而各篇作者多不可考。《詩經》內容按性質和樂調，分「風」、「雅」、「頌」。其中「風」指十五「國風」，為當時各諸侯國的「地方歌謠」，共一百六十篇，大部份為「民歌」。「雅」指周「京畿歌謠」，又分「大雅」與「小雅」，共一百零五篇。「頌」為祭神祭祖用的「頌詩」，共四十篇。《詩經》中的詩詞，多為「四言」格律，當初應配有「音樂」與「舞蹈」，然而樂譜與舞姿皆付之闕如，只留存歌詞。

J. 楚辭

　　為西漢劉向所輯戰國楚人屈原、宋玉、景差詩賦的總集，另附以漢初同

類型詩賦十六篇。因皆具有楚地歌詞樣式、方言詞匯、風土民情，故名《楚辭》，也代表當時較《詩經》句法參差靈活的一種新詩體。

　　《詩經》的「風」與《楚辭》的「騷」，分別為華夏民族詩歌的「現實」與「浪漫」傳統的源頭。

K. 漢賦

　　「漢賦」由《楚辭》發展而來、為漢代文學代表。其特色為「因物造端，敷弘體理」，重視「引申」使「文極美」、強調「觸類」致「辭盡麗」，因而兼具「詩歌」與「散文」的性質，不歌而誦。學界更有「漢賦」四大家之說：<u>司馬相如</u>、<u>揚雄</u>、<u>班固</u>、<u>張衡</u>。

L. 樂府詩

　　「樂府」原指漢武帝時創立的官署，掌管宮廷、巡行、祭祀所用「頌樂」、兼採集民歌配以樂曲。東漢時，樂府民歌盛行五言，文人仿作句法整飭之「五言古詩」，至「建安時期」，更發展出「七言古詩」。從此四言、五言、七言「古詩」以及「漢賦」，逐漸成為獨立於「經學」、「歷史」、與「思想」之外的文藝形式。於是文學體裁由《詩經》早期純樸押韻「鼓節奏」的四言「詩歌」，進而發展為抑揚頓挫有「旋律感」的「樂章」，更為後世的「唐詩」、「宋詞」、「元曲」奠定了基礎。在詩歌裏含的「比興隱喻」以及賦作中的「觸類比附」，可說與《易經》裏的「圖象寓意」、「感性類比」等跳躍式的「邏輯」，相映成趣、如出一轍。

M. 象術

　　古時的「象術」包括「天文、曆譜、五行、蓍龜、雜占、形法」六類。「天文」與「曆譜」為「序四時之位，分正至之節，會日月五星之辰，以考寒暑殺生之實」，主要是探討日月星辰運行軌道，掌握節氣，以利漁牧農業生產。「五行」為自然原素的「土金木火水」，有「五行相剋」、「五行相生」等

說法。此外，更衍伸至人事與社會，有所謂的五德「仁義禮智信」、五事「貌思視言聽」、五音「宮商角徵羽」、五聲「歌笑哭呻呼」、五色「紅黃藍白黑」、五情「喜怒恐擾思」、五臟「心肝脾肺腎」、五味「酸甜苦辣鹹」等，且有不同的觀點、不同的說法。「蓍龜」即卜筮之學，「雜占」包括「物占、事占、夢占」，而「形法」指「相地、相宅、相人、相物」等術。

N. 數術

「數術」，又稱為「術數」，為中華文化的重要組成部分；「數」就是「數字」、「術」就是方法或規律；簡單地說，「數術」就是借「數字推衍」所得到的規律。相對而言，「象術」主要是由「圖象推衍」或「意象推衍」所得到的規律。

廣義的「數術」應用範疇，與「象術」相當，含「天文、曆譜、數學、星占、太乙、奇門、運氣、占候、卜筮、命理、相法、擇吉、養生術、房中術等」，遍及先民的生活各層面。狹義的「數術」則專指預測吉凶的方法，以及趨吉避凶的步驟。

「象術」與「數術」，可統稱為「象數」，應該都源於遠古時代的「巫術」，一則「形象化」而一則「數字化」。

O. 周易本義

南宋時期的朱熹，將「易學」的源頭，「河圖」、「洛書」、先後天「八卦」與六十四「重卦」等九圖象，列於《周易》前，集成《周易本義》。並另輔以《朱子易論》、《八卦取象歌》、《分宮卦象次序歌》、《上下經卦名次序歌》等、以及《易學啟蒙》。自此成為後世「易學」之基本教材。

P. 易學古籍

「易學」除現存最早的《周易》即《易經》外，歷代傳世的相關重要古籍檢如下表：

易學後世古籍表		
書名	作者	重要內容
《京氏易傳》	西漢 京房	以陰陽五行說，將「自然災變」類比為「人事禍福」的徵兆。後世金錢卦出於此書。
《易緯》	東漢 鄭玄	含八卦用事、爻辰、序卦、九宮、七十二候、卦氣、二十四節氣等。
《周易正義》	唐 孔穎達	為朝廷頒行之易經講義，依魏王弼《周易注》整理刪定。
《康節說易全書》	北宋 邵雍	以義理解易。
《程氏易傳》或《伊川易傳》	北宋 程頤	以《周易》卦爻辭闡明義理。
《周易本義》	南宋 朱熹	以呂祖謙所定《古周易》為基礎，詮釋《周易》。
《周易折中》	清 李光地等	參酌群言、兼收並蓄。

二‧二　易學概念

A.　道

　　老子《道德經》第一章曰：「道，可道，非常道」，意思約為：此「道」可說是道，但不是一般人心中認知的「道」。

　　這裏的「道」，可以是一個抽象的意念。所謂「人同此心，心同此理」。「道」也就是「心」的共同想法，也可以是「物」的共同點。天下的「心」，總有其共同點，天下的「物」，也有其共同點。「道」的意念，可指「形而上」，也可指「形而下」。

　　「道」可以是大家全都同意遵行的「原則（principle）」，相當是數學裏的

「公理（axiom）」、物理裏的「公設（postulate）」。一般語言裏的「道理」這個詞，原本應該是指「道」與「理」的綜合。由一組「道（axiom）」或「公理」，經由大家同意的「邏輯（logics）」，可以推導出許多個「定理」。有如在「幾何學」裏，由一組「公理」，可以推導出許多個「定理」。換句話說，幾何學的「道理」指的是幾何學裏的「公理」與「定理」。

　　總而言之，「道」是「原則」是「天理」是「公理」；「理」是特定的規章或「定理（theorem）」或「理論（theory）」。講「道理」就是，服膺原則或「憲章（charter）」，且遵守在此原則下制定的具體規章或「法律（law）」。在「物理」理論裏，通常以在「數學」上的「微分方程（differential equation）」來總結其「道」。

　　此處論及的「道理」可說是道理，但與時下一般人心目中「道理」的涵義不同。「一道行千理，一理通萬事」，此「道理」可以應用於「心」或「生命」，也可以應用於「物」。這就是為什麼《道德經》第四十二章曰：「道生一、一生二、二生三、三生萬物」，「一」就是「太極」或「太一」。「上帝」施一個「法術」，創造出宇宙萬物；這裡所謂的「上帝」，就是「道」，「法術」就是「邏輯」。

　　是故《朱子易論》曰：「散之在理，則有萬殊；統之在道，則無二致。所以易有太極，是生兩儀。太極者，道也；兩儀者，陰陽也。」例如，物理裏「相對量子力學（relativistic quantum mechanics）」的「狄拉克方程（Dirac equation）」可以應用於各種系統及自然現象，而有無數個不同的「解（solution）」。

B.　太虛

　　「太虛（tai-xu）」為中華哲學思想裏的一個重要範疇。見於《莊子‧知北游》、《黃帝內經‧素問》、《列子‧湯問（晉張湛注）》等古籍。北宋時的張載在前賢的基礎下，曾提出「太虛即氣」的學說，而「氣」有兩種形式：「凝聚」與「消散」。「凝聚」則成萬物，是暫時的狀態，又稱「客」，相當是現代物理

「場論」裏的「共振態（resonance）」或有一定「生命期（lifetime）」的「粒子（particle）」。「消散」則為均勻虛空，雖然存在但無法感知。

但依「現代物理學」的說法，「太虛」更好的詮釋是能量完全均勻的「閔可夫斯基時空（Minkowski space）」$\{x, ict\}$，簡稱「閔空間」，為「相對論（theory of relativity）」的時空座標系，是「能量（energy）」或「氣」所寄存的「背景時空」。在「量子場論」的描述下，「太虛」就是處於「基態（ground state）」的「場（field）」。

換句話說，以下〈第二・二・F小節〉將定義的「太極」，其所寄存的時空，稱為「太虛」。而「太虛」裏的「位置」x為「陽」，「時間」ct為「陰」，兩者合為「閔空間」。在現代物理學有關「黑洞（black hole）」的理論裏，「時（time）」與「位（position）」確實可角色互換，這著實體現了「太虛」裏的陰陽消長關係。又例如，在「閔空間」裏的「距離（distance）」$S^2 \equiv x^2 + y^2 + z^2 + (ict)^2$，對「慣性觀察者」保持不變，是為「太虛」的「道」。

C.　無極

「無極」者，無形、無名，至極、至靜，至虛、至靈，寂兮、寥兮，獨立而不改，杳兮、冥兮，萬劫而不壞，貫乎太極之中、超乎太極之外，包羅萬象，無窮、無盡，無邊、無涯，無內、無外。「無極」，在哲學上，屬於「無定義詞（word without definition）」，如「時（time, instant）」，如「空（space, position）」，你我皆知，無可名狀、不言而喻，是所謂「無名」也。當然，「無極」或「無窮（infinity）」的概念，可以在數學的「集合論」裏，作適切的定義，這在談到「太極」時，會再提及。

「無極」也可稱「太虛」，虛懷若谷、如海納百川，可說是物理學裏稱為「時位座標（time-position space）」的概念。當下「物理學」裏，一切已知「物質」與「能量」以及目前尚無法解釋的、構成「宇宙總能量」約百分之九十五的「暗物質（dark matter）」與「暗能量（dark energy）」，其「總載體」或可差比擬為「太虛」。

D.　陰陽兩儀

　　「陰陽（yin-yang）」應為華夏文明裏最古老的哲學概念之一。遠古先民於日常生活中，首先體驗到寒暑、晝夜、明暗、清濁、剛柔、男女等，因而在日常用語中，以白晝陽光被擋著的、或背日的「陰」，與被陽光照著的、或向日的「陽」，來概括稱之。總而言之，「陰陽」概括指「兩儀（liang-yi）」，俗話稱「成對（pair）」的兩者。然而，如何成「兩儀」？

　　就物理或數學抽象而言，「兩儀」是呈「共軛（conjugation）」的兩者，而「軛（conjugate）」又隨個人觀點或事物而定義、各有不同。如呈「負軛（negative conjugation）」的$(3, -3)$、如呈「複軛（complex conjugation）」的 $(z, z^*) \equiv (x+iy, x-iy)$。又如量子力學的「符（operators）」之間，呈「反軛（inverse conjugation）」的(Ω, Ω^{-1})，以及呈「伴軛（adjoint conjugation）」的$(\Omega, \Omega^{\dagger})$。

　　被許多一般人，也包括一些物理學家，誤稱為「測不準原理（uncertainty principle）」的「不確定原理（indeterminacy principle）」裏，「位符（position operator）」X與「動符（momentum operator）」P，滿足「對易關係（commutation relation）」：$[X, P] = i\hbar$。因此，我們也可用「陰陽」稱「對易軛（commutation conjugation）」的兩算符(X, P)。此外，在最普遍的「性軛（sex conjugation）」說法上，「陰陽」就是「女男」。

　　由此可見，針對每一種不同的「共軛」，就得到不同的類比「兩儀」，我們皆以「陰陽（yin-yang）」概括稱之。於是，見仁見智，陰陽可以衍生出許多不同的說法，全由選擇不同「軛」的定義而得。也因此《易經》可以包括一切事物。近世莎士比亞的名言：“To be, or not to be！”可算是「陰陽」的體現。

　　廣義而言，「兩儀」也可說是個「一維（one-dimensional）」量，而一維的量可具有兩個方向：若「陰」定為某個方向，則「陽」為其反方向，有如一條「直線座標」的兩個方向。

　　具體而言，何謂「陰陽」？這是個極為「簡單」又極為「複雜」的問題。「陰陽」不言而喻，是每個人心裏都自然而然有的感覺，故謂「簡單」，但要以言語表達，卻總覺得「言不盡意」，故謂「複雜」。

　　如前所言，「陰陽」是「互補」或「共軛」的兩個極端「概念」或「物件」，全依其「共軛關係（conjugation）」而定。例如，以「性」共軛，陰陽指「女男」；以「天色」共軛，則指「黑夜白晝」；以「天體」共軛，指「月日」；以「對象」共軛，指「客主」；以「位移」共軛，指「靜動」；以「宇宙」共軛，指「地天」；以「方位」共軛，指「西東」或「南北」或「下上」或「後前」或「左右」；以「溫度」共軛，指「冷熱」；以「德行」共軛，指「惡善」等，可謂不勝枚舉。

　　總而言之，「陰陽」好比座標軸的兩端，先選定要探討的「共軛性」，也就是「座標」，才可決定座標軸兩端為何，而此座標軸可為「連續的（continuous）」或「離散的（discrete）」。

　　因此，「0、1」、「正、負」、「奇、偶」、「除、乘」、「無、有」、「波動、粒子」、「零、無限大」、「潛意識、意識」、「客、主」、「坤、乾」等，都可算是「陰陽」的「表象（representations）」。這有如一個代數公式，可應用到無限多種情況。而且所謂「陰」或「陽」的指稱，也只能算是「定則（convention）」而非「定律（law）」，就像「開車靠右前行」只是個「約定」，不是必然的；也像「禮儀」非必然，但「品德」則是待人處世該有的「道理」。因此，「陰陽」、「無有」、「裏外」、「內聖外王」是個方便的規定或定義。只要合乎大多數「人們」的直覺即可。

　　除此之外，「陰陽」還有一個更重要的「動態」意義：陰陽循環消長；陰勝則陽衰，陽勝則陰衰。例如，晝夜更替、四季變遷、冰河間歇、彗星撞地等週期，甚至地球約每隔二千六百萬年，會有原因不明的生物大滅絕，更別提「大宇宙循環論」，以及億億萬萬年極為久遠的「龐卡瑞循環（Poincaré cycle）」假說。總之，生生不息、陰陽輪迴，這就是萬物萬事的「道」。

　　這裏還要再強調「陰陽一體」、「陰陽互補」的和而不同、相輔相成概念，

有如磁鐵的兩極。兩者如果不能「互補」，則不成其為「陰陽」。除了前文裏提到的「陰陽」，這裡再具體列舉一些「陰陽隱喻（Yin-Yang Metaphor）」：

陰陽隱喻表

陰	易學	直覺(intuition)	問題(question, problem)	含糊(ambiguity)
陽	科學	感覺(sense)	答案(answer, result)	確定(certainty)

陰	天擇	民主	社會主義	中國	民粹政治	英美法制（案例）
陽	人擇	君主	資本主義	美國	菁英政治	法德法制（原則）

陰	倍根 (Bacon)	克羅內克 (Kronecker)	波盎格萊 (Poincare)	若瑟福 (Rutherford)	玻爾 (Bohr)
陽	笛卡兒 (Descartes)	康脫 (Cantor)	希爾伯特 (Hilbert)	愛因斯坦 (Einstein)	愛因斯坦 (Einstein)

陰	多樣	抽象	未來	模糊	情	心靈	有機	生物
陽	簡約	具體	過去	確實	理	物質	無機	礦物

陰	量子力學	時間	波動	應用	直觀	月	暗夜
陽	經典力學	位置	粒子	原理	形式	日	白晝

陰	虛	0	偶	無序	散漫	運	用	佛家
陽	實	1	奇	有序	統一	命	體	道家

陰	死	惡	異	非	俗	慾望	韻	七音階	三分益
陽	生	善	同	是	雅	節制	聲	五音階	三分損

陰	地	海	水蒸氣	無生物	植物	畜	雌	女	母	暗物質
陽	天	陸	水	生物	動物	牲	雄	男	父	明物質

陰	理論	思維	哲學	哲學	數學	生理	生理學	宋學
陽	實驗	經驗	物理	數學	物理	物理	宇宙學	漢學

陰	頻率	和弦	管絃樂	旋律	歌曲	編曲
陽	節奏	旋律	打擊樂	歌詞	歌手	作曲

陰	多樣化 diversify	直觀論 intuitionism	協變張量 covariant tensor	包矢 bra vector	無理數 irrational number
陽	統一化 unify	形式論 formalism	反變張量 contravariant tensor	括矢 ket vector	有理數 rational number

陰	被動 passive	觀眾 spectator	定性 qualify	混雜 heterogeneity	暗能量 dark energy
陽	主動 active	演員 actor	定量 quantify	均勻 homogeneity	能量 energy

陰	螺帽 nut	核醣核酸 RNA	玻子 boson	非平衡 inequilibrium	非平行 not parallel
陽	螺釘 bolt	去氧核醣核酸 DNA	費子 fermion	平衡 equilibrium	平行 parallel

陰	暗	食	隱蔽	吃喝	伏	地殼	吸入	退守	協同迎合	濕潦
陽	明	藥	顯露	拉撒	出	地心	呼出	進攻	尖端挺進	乾旱

陰	治	吏	入相	內聖	道家	仁	商店	普通話	閩南話
陽	政	官	出將	外王	儒家	智	商行	官話	福州話

陰	能量 energy	電子 electron	反粒子 anti-particle	時刻 instant	輻角 azimuthal angle
陽	質量 mass	正子 positron	粒子 particle	位置 position	極角 polar angle

陰	知	學	學	思	情	理	體	靜	禁	容	訂	儉	就
陽	行	習	做	學	理	法	用	動	止	包	製	勤	推

E.　卦爻

「符號（symbol）」或「圖（diagram）」，是人類推演邏輯思維裏，最直接、最方便的不二法門。中國古代一些數學家，甚至將《河圖》與《洛書》看作是數學的源頭。在西方科學裏，利用 a、b、c、…、x、y、z 等「符號」的「代數（algebra）」，以及利用「圖形」的「幾何（geometry）」，早已成為推展科學的利器。尤其是量子力學與量子場論裏的「費曼圖（Feynman diagram）」、「狄拉克符記（Dirac bra-ket notations）」、以及「角動量圖（angular-momentum diagram）」，更可見證符號與圖形，在直觀上賦予人們「情」的共鳴，遠超過由文字敘述所得到「理」的體會。正如諺語所說：「百聞不如一見（A picture worths a thousand words.）」。

《易經》可說是人類文明史上，相當早熟的「符號學」。也許正因為「早熟」，當人類對自然現象與事理發展的體會，處於尚未能完全適當掌握的年代，也就未能延續發展出，更細緻、更貼近自然與人事的符號系統，也就未能直接成就現代科學「方法論」。然而，在深究下，仍可發現，《易經》不僅具有神秘的魅力，更能「高瞻遠矚」，似乎像「燈塔」般，可指引我們現代的「科學船」，航向未來。

「爻」，讀音一ㄠˊ（yao），語音ㄒㄧㄠˊ（xiao），閩南口語中聽到的「講什爻？（說什麼？）」即為「爻」的古語音。利用最簡單的符號，可以將整部《易經》建構在「陰爻（ ▬▬ ）」與「陽爻（ ▬▬▬ ）」兩個符號的基礎上。這有如目前的電子計算機邏輯及儲存，完全架構在 0 與 1 二進位算術之上。

「四象」由兩個爻上下排列而成。不同陰陽組合成的兩爻，分別稱為「老陰（ ▬▬ ）」、「少陰（ ▬▬ ）」、「少陽（ ▬▬ ）」、「老陽（ ▬▬▬ ）」。根據易學傳統上的「序則（order convention）」，爻的順序由下而上，例如，在「四象」中，「少陰」的第一爻為陽爻（ ▬▬▬ ）、第二爻為陰爻（ ▬▬ ）。

如前文所提到的，「陰陽兩儀」是個一維的概念，陰陽可代表一維直線的兩個相對方向。因此，「一個爻」就是一維，而「兩個爻」就是「二維（two-dimensional）」。在如此的「對應（correspondence）」下，「四象」或「四向」就代表四個「方向（directions）」：

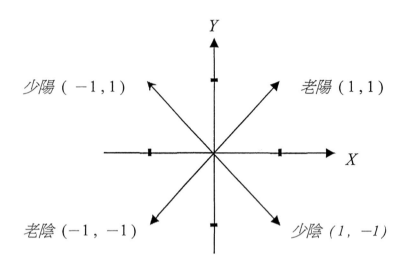

此處為了製圖美觀、對稱起見，我們作如下對應：

少陰（ **▬▬** ）：▬ ▬　第二爻 Y（第二座標軸）

▬▬　第一爻 X（第一座標軸）

且兩座標軸組成「右座標系（right-hand coordinate system）」。而各爻對應的座標值如：(▬▬ , ▬ ▬) ＝ (1 , −1)。

因此，「少陰」在二維平面上代表的點為 $(x, y) = (1, -1)$，同理，可得其他三點。這裡爻的「序則」決定「四象」的明確方位。如此，「四象」也就是「四向（four directions）」的意思。

三個爻可構成「三維座標系（three-dimensional coordinate system）」，以描述三維的立體位置空間 $\{x, y, z\}$。由此而得的代表點有八個，代表一個「立方體」的八個角、八個不同的三維方向，也象徵「八卦」。

然而此處要強調一個概念：「爻」在書面或平面二維的排列順序上，分第

一、第二、第三爻，在三維空間裏，「三爻」代表互相垂直的三個方向。至於「何爻為 x」，「何爻為 y」，「何爻為 z」，僅是一個約定的「定則（convention）」，有如「右座標系（right-hand system）」與「左座標系（left-hand system）」的選擇，而且可任意約定。因此，在談論「卦序」時，不可拘泥於「二進位」的對應順序。這由於就「二進數」而言，有數量上的不同，例如「二進數 01」=1，而「二進數 10」=2。在三維的幾何相對位置上，三個點「001」、「010」、「100」，與原點「000」的距離是相等的，而以「二進數」的數值來說，卻是「001」=1，「010」=2，「100」=4。也因此，在談到「卦」與「卦」之間的「親疏遠近」時，是以「爻變」數來計算，而與「二進數」無關。例如，單卦「乾」與「兌」、「離」、「巽」各有「一爻變」，緊鄰而等距，而單卦「坤」與「震」、「坎」、「艮」也各有「一爻變」，緊鄰而等距。這個道理，在「八卦」的立體圖裏，很容易體會。

　　易學家經常參考宋代道士陳摶所傳的「伏羲六十四卦次序圖」，或稱「伏羲八卦大橫圖」，以講解六十四成卦的原理。此圖的卦序，由左到右，與相應「二進數」的大小順序是相同的。此圖也就是西元 1701 年 10 月，德國傳教士鮑威特從北京帶回德國，送給自然哲學家萊布尼茲（Leibnitz, 1646-1716）的兩張易圖之一。當然，「二進卦序」可用，但不可拘泥，相信這也應該是中國歷代以來，除宋代外，易學家並不全依「二進卦序」的原因。

F.　太極

　　就字面解釋，太者大也、極者至也。乾卦，象曰：「大哉乾元」。坤卦，象曰：「至哉坤元」。「象」，音ㄊㄨㄢˋ（tuan`），為易經斷卦之辭，稱「象辭」，解釋、斷定、判別各卦的辭。「大」者無所不包、無所不含，以「二進數（binary numbers）」而言，就是 "1"；「至」則為端始、為根底，也就是 "0"。好比磁鐵的正負兩極、成對呈現，或比擬為「日」與「月」，以「陰」與「陽」概括稱之。在物理「熱力學（thermodynamics）」裏，也可表達處於「熱力極限（thermodynamic limit）」下，系統某「物理量（physical quantity）」的「盈

（full）」與「缺（absence）」、或「動（dynamic, variant）」與「靜（static, constant）」、
或「是（yes），有」與「否（no），無」。

　　「太極（tai-ji）」也可說是老子《道德經》裏所謂的「道（tao）」，「道可
道、非常道」，極端「抽象（abstract）」，不可話語、無可言喻。可利用陰陽魚
的「太極圖」來抽象展示：

此圖形似「印阿數字（Indo-Arabic numerals）」的「九（9）」與「六（6）」
的合體。在「量子場論」裏，「狄拉克－費米真空（Dirac-Fermi vacuum）」的
「粒子」與「反粒子」的概念，也可由此圖表達：在充滿「電子（electrons）」
的「費米海（Fermi sea）」中的空洞，呈現為感官上的「反電子」──稱為「正
子（positron）」。「陰陽魚」的介面稱為「費米面（Fermi surface）」。「太極圖」
顯示費米海中的一個「電子」躍出海面，呈現為感官上的「電子」，而所騰出
的海中「空洞（hole）」為「正子」。

　　「太極」最簡單的圖示，就是「陰爻（━ ━）」與「陽爻（━━）」，或「●」
與「○」。以「二進數」表示，「陰」就是（0），「陽」就是（1）。由於任何整
數，非「偶數（even number）」，即「奇數（odd number）」，而且數值大小一
一相鄰、成雙成對。因此，傳統上，以「陰」為「偶」，以「陽」為「奇」；陰
陽合一而得一切整數。此外，「陰」也可代表「靜、濁、地」；而「陽」相對地
代表「動、清、天」。

　　「太極」可「定性（qualify）」為象徵宇宙的「總能量（total energy）」，
在物理上經「定量（quantify）」後，是數學上的一個「純量（scalar）」，可以
利用「連續無窮（continuum infinity）」Ω表達，而連續無窮Ω，在數學的「集
合論（set theory）」裏，可作嚴格的數學定義。「太極」又稱「精氣（jing-qi）」，
簡稱「氣（qi, energy）」，寄存於「太虛」。

一般「無窮數（infinite numbers）」所滿足的「公理（axioms）」，與「有窮數（finite numbers）」的公理迥然有別。例如，無窮數 Ω 滿足如下的公理：

$$\Omega + \alpha = \Omega$$
$$\Omega^{\alpha} = \Omega$$

而 α 代表任意有窮數。只有在數學裏「無窮數」的概念下，才能真正體會，什麼是「無極」或什麼是「太極」。

此外，在物理學裏，「純量（scalar）」又稱「標量」，僅僅是一個簡單的「數量（quantity）」，不像「向量（vector）」。「向量」具有「方向性（direction）」；兩個長短相同的向量，若其方向不同，則為兩個不同的「向量」。

在「量子力學（quantum mechanics）」裡「陽」與「陰」也可代表宇宙「波函（wave function）」 ψ 的「實部（real part）」 ψ_R 與「虛部（imaginary part）」 ψ_I ：

$$\psi(\boldsymbol{x},t) \equiv \left\langle \boldsymbol{x} \,\middle|\, \psi(t) \right\rangle$$
$$= \psi_R(\boldsymbol{x},t) + i\psi_I(\boldsymbol{x},t)$$

陰陽兩儀合而為一，表達「宇宙」在時空點 $(\boldsymbol{x},t)$ 〝鄰域（neighborhood）〞處的「概率密度振幅（probability-density amplitude）」 $\psi(\boldsymbol{x},t)$ ，簡稱「概密幅」。若以「概密（probability density）」 $\rho(\boldsymbol{x},t)$ 表示，則為

$$\rho(\boldsymbol{x},t) \equiv \left| \psi(\boldsymbol{x},t) \right|^2 \equiv \psi^{\dagger}(\boldsymbol{x},t)\,\psi(\boldsymbol{x},t)$$

$$= \psi_R(\boldsymbol{x},t)^2 + \psi_I(\boldsymbol{x},t)^2$$

簡單地說，在某種特定意義下，我們若以「宇宙（universe）」，來代表「時位座標」以及其中的一切「東西（things, energy）」，則目前「宇宙」的現狀可稱為「太極」，而將一切「東西」絕對「均勻（homogeneous）」分佈的狀態，可稱為「太虛」。

春秋戰國時已有遠古流傳下來的「精氣說」，認為萬物由「氣」變化而成，而「氣」又充塞於天地之間。此「氣」也就是荀況所指稱的「元氣」。《周易‧

繫辭》有云：「是故易有太極，是生兩儀、兩儀生四象、四象生八卦」。認為「太極」是天地萬物的本源，且「太極」生陰陽二氣，由此可說，「太極」就是「元氣」的別名。

現今在物理裏「熱力學（thermodynamics）」的論述下，「太極」可代表在「熱力極限（thermodynamic limit）」下的「物理系統（physical system）」。簡而言之，任何有限的「物理系統」，都無法以「數學（mathematics）」來精確而且有效地描述。只有將任何要探討的「物理系統」，在理想情況下，做理論上無限大地延伸。也就是，令其「廣量（extensive parameters）」趨近無窮大，而保持特定「強量（intensive parameters）」不變，所達到的「熱力極限」。

在「熱力極限」下的「物理系統」，就可利用三組「參量對（parameter pairs）」來描述。這三組參量對，就是「溫度（temperature）」t 與「混度（randomness, entropy）」S、「壓強（pressure）」p 與「體積（volume）」V、「化能（chemical potential）」μ 與「粒數（particle number）」N，而這三組參量對，分別構成「熱能（heat energy）」$Q \equiv tS$、「機能（mechanical energy）」$W \equiv pV$、與「質能（material energy）」$M \equiv \mu N$。

這三組參量對，可以對應於「八卦自然表象」裏的三個「爻」。更確切地說：在數學裏「偏微（partial derivative）」的概念下，若分別令 $\{Q, W, M\}$ 為「變數（variables）」與否，並以此定義三個「爻」的「陰」或「陽」，如此則可得「物理系統」的八種「情境（scenarios）」或「態函（state functions）」，即「伏羲先天八卦」。我們將在〈第三章〉，對此作詳細說明。

有趣的是，在「量子力學（quantum mechanics）」描述下的「黑洞（black hole）」，也滿足「熱力律（laws of thermodynamics）」，有「熱力學（thermodynamics）」上的對應，例如「黑洞」的「臨界面（horizon surface）」的「面積（area）」對應「混度（entropy）」，而「引力場（gravitational）」對應於「溫度」。臨界面外能定義「黑洞」的物理量只有三個：能量、電量、角動量。就此而言，在「普觀」裏，或許「基本粒子（elementary particles）」，如「電子（electron）」等等，都是一個個極小型的特殊「黑洞」。「多黑洞動力學

（many-blackhole dynamics）」值得探討，或許能解釋「核裂（nuclear fission）」與「核融（nuclear fusion）」的「機制（mechanism）」。

G.　宇宙本源

中華傳統文化對宇宙本源的主流觀點，可以《列子‧天瑞》篇為代表：

> 太易者，未見氣也。太初者，氣之始也；
> 太始者，形之始也；太素者，質之始也。

以現代物理學的術語對照而言：「太初」相當「能量」，「太始」相當「質量」，「太素」相當「元素」即「原子」或「分子」。這與古希臘時代阿里士多德的「形質論」有類似之處；不過，在中華道統裏多了個「氣」的階段。「氣」就是「易學」裏所指稱的「太極」，也對應於「熱力極限」下的「物理系統」。「氣」又分陰陽，若以物理「量子場論（quantum field theory）」裏的「場（field）」來代表「氣」，則「陰」「陽」二氣，可分別代表「場」的「虛部（imaginary part）」與「實部（real part）」。「場」的「相位（phase）」改變，就呈現為陰陽二氣間的轉化。現試將《列子‧天瑞》篇那段話，解說如次：

　　「氣」就是「場」，就是「物理系統」的「本質」。當「場」處於最低「能量」的狀態時，一切都未能感知，也就無法感知「場」的存在，稱之為「太易」或「太虛」。如果將「場」想像成「湖水」，它在最低能量時，風平浪靜，湖面如鏡，無一絲漣漪，有如「太虛」。當「場」的「能量」超過最低能量時，就可感知，稱之為「太極」。因此，「太虛」與「太極」皆是「場」，祇是處於不同能量狀態的「場」。換句話說，「太虛」可當成是「時空架構」，其數學性質為「閔空間」。當「太虛」有了多餘的「能量」，可感知，就成為「太極」。「太易」指最低能量，於是感覺不到「場」，故曰「太易者，未見氣也。」

　　若一開始，「氣」，或稱「場」，有多餘可感知的能量，這多出的能量，稱之為「太初」。「場」一初始有這「能量」，故曰：「太初者，氣之始也。」

　　「能量」E可凝聚為「粒子」M，根據愛因斯坦的轉換公式 $E = Mc^2$，而 c

為「光速」。當「能量」凝聚成「粒子」，有如「水氣」凝結成有形狀的「冰」，這有形狀的「粒子」稱之為「太始」。換句話說，有「形」的「東西」是由粒子開始的，故曰：「太始者，形之始也。」

「粒子」可以組合成「原子」或「分子」，是構成一切東西的「元素」，稱之為「太素」，為「物質」的開始，故曰「太素者，質之始也。」

H.　五行

「五行」指以「金木水火土」為代表的五種類別，或「五分法」。例如，宇宙裏的一切「東西」可分「有形」與「無形」，而「形體」分「有生命的」與「無生命的」。有生命的形體，包括人，以「木」為代表。無生命的形體分金屬與非金屬，金屬以「金」為代表，非金屬以「土」為代表。

無固定形體的「東西」分「雜亂」與「有序」的，或分「氣體」與「液體」，較輕飄雜亂的「氣體」以「火」為代表，較沉重有序的「液體」以「水」為代表。

當然，「五行」可有許多其他不同的說法或「類比」，此處的論點，可作為「五行」的「原始取象」或「定義象（defining representation）」。其他有關「五行」的主流說法，請參閱本書的〈延伸閱讀書目〉。

二・三　卦爻結構與表象

A.　兩儀與爻

「兩儀」相當是一般哲學或邏輯思維裏的「二分法（dichotomy）」，為兩個對立或互補的性質，可抽象、可具體，並以「陰陽」來概括表達。在易學裏，兩儀通常利用「爻」來圖示：陰爻為「━ ━」、陽爻為「━━」。或以點「●」與圈「○」來圖示。或以數字「六」與「九」代表，甚至在無方便書寫工具的地方或年代，以其讀音短促「*liu*　╲」的「六」與弛緩「*jiu*　✓」的「九」來指稱。或許電報用的「摩斯碼（Morse code）」的「點（・）」與「線（━）」，

也曾由《易經》的「陰陽碼」得到靈感。

B.　四象

　　一次切分為二、二次切分為四，太極、兩儀、四象，此「二分法」為最樸素的「分析（analysis）」或「分類（catalogue 或 classification）」法。而四象代表何物，全要看欲分類的特性為何。因此，「四象」可以引申為「四時」、「四方」等，有無數種「表象」，例如，「東南西北」、「春夏秋冬」、「老陽、少陰、少陽、老陰」等，以及「五行」中的「金木水火」。

　　此外，由於「華夏大地」位處北半球，「北回歸線」經過古代「赤縣神州」的南邊，給先人們有「天南地北」的感覺，於是有「南天門」的說法。天上有朱雀鶉、地上有玄武龜、東海有蛟龍、西山有猛虎，因此，飛禽猛獸的「四象」，就是「前南朱雀（鶉），後北玄武（龜），左東青龍，右西白虎」。

C.　單卦與八卦

　　「太極兩儀四象八卦」，可由二分法延伸而得。二分法每作「一次」，就可用一個「爻」圖示，二分「三次」，就用三個「爻」上下重疊來圖示，是為「三爻卦」，又稱「單卦」或「經卦」。此處的「經」字的含意，應是「經緯」的「經」而非「經典」的「經」。在「易學」裏，「八卦」是個專有名詞，特指「乾、兌、離、震、巽、坎、艮、坤」八個「單卦」。其「人倫表象」為：父、少女、中女、長男、長女、中男、少男、母。其「自然表象」為：天、澤、火、雷、風、水、山、地。

八卦人倫與自然表象

卦名	天乾 父	澤兌 少女	火離 中女	雷震 長男	風巽 長女	水坎 中男	山艮 少男	地坤 母
八卦	☰	☱	☲	☳	☴	☵	☶	☷
四象	老陽 ⚌		少陰 ⚍		少陽 ⚎		老陰 ⚏	
兩儀	陽 ▬				陰 ▬▬			
字母	Heaven H	Lake L	Fire F	Thunder T	Storm S	Water W	Mountain M	Earth E

現代「元素週期表（Periodic Table of Elements）」的基本架構，也是先分「八大類別」後，再做二分 A 與 B「屬（group）」等細分。

D. 重卦與六十四卦

將兩個「三爻卦」上下重疊，可構成一個「六爻卦」，稱為「重卦」，在沒有混淆顧慮下，也可簡稱為「卦」。依據考古資料顯示，殷商時期或更早的夏朝，應該已有「重卦」出現。

由於兩個「三爻卦」上下重疊，可構成六十四個不同的「六爻卦」，故直呼此六十四個卦的組合為「六十四卦」。兩個相同「三爻卦」疊成的「六爻卦」，有時特稱為「純卦」或「經卦」，且與「三爻卦」有相同的「卦名」。例如，「乾卦」可指「三爻乾卦」或「六爻乾卦」，端視論述時的前言後語而定。

在一般文獻裏，以「經卦」特指八個「純卦」，而以「別卦」或「複卦」指稱其他五十六個「重卦」。這六十四個「六爻卦」，本文一概以「重卦」稱之，而「經卦」特指「六爻」的「純卦」，「別卦」則指六十四個「六爻卦」中，除八個「經卦」外的五十六個卦。因為若將六十四個「重卦」排列成由上而下、由左而右的方陣，則對角線上的卦為「純卦」、是為「經卦（diagonal gua）」，而對角線之外的卦，也就是「別卦（off-diagonal gua）」。

　　此外，「三爻卦」與「六爻卦」也可類比於「單字詞」與「雙字詞」。在先秦時期，華語多單字詞，由於過於簡潔，有語焉不詳的缺點。漢朝以後，「雙字詞」逐漸增多，還有「參字詞」、「肆字詞」，甚至後世的四字「成語」。

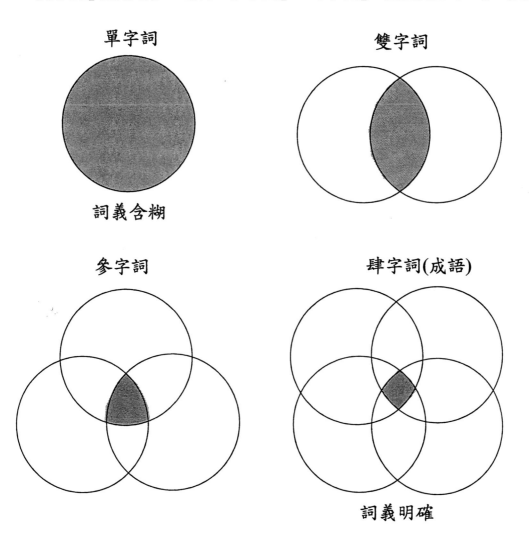

　　「成語」往往代表一段「故事」或象徵特殊「情境」，有如「卦象」。這段「原始故事」就相當是這成語的「取象（defining representation）」，而這成語可用於其他類似的情境，這類似的情境可稱為這成語的另一種「表象（representation）」。

　　華語裏的「字」可非常靈活地組合成新「詞」，這是華語在進化上，遠比

世界上的其他語言優越之處。就此而論，華語裏的「文」，即「字」的基本組成單元，可算是「圖紋」，如字典裏的「部首」，是屬於「文」類。「文」可結合成「字」，有「單文字」、「双文字」、「參文字」、「肆文字」等，而「字」再組合成「詞」。華語裏的「文」，相當於英文裏的「字母（alphabet）」，華語裏的「字」，相當於英語裏的「字根（root）」、「字首（prefix）」、或「字尾（suffix）」，而華語的「詞」相當是英文的「word」。

　　總之，六十四「重卦」就相當是六十四個「成語」，而每個「成語」代表所「卜筮」或「貞問」事物，在未來可能的「發展形態」或遇到的「情境」。六十四個重卦的「卦圖」，在原則上以「圖象」的方式，表達「所有可能」發生的「情境」，稱為「卦象」。

E.　爻位

　　在六爻卦裏，最下端的為第一爻，特稱「初爻」，再由下而上，依次為二爻、三爻、四爻、五爻、以及最上端的六爻，特稱為「上爻」，以免與陰爻之通稱「六」混淆。在傳統上，初、三、五稱為「陽位」或「剛位」，而二、四、上稱為「陰位」或「柔位」。初、二爻屬「地道」；三、四爻屬「人道」；五、上爻屬「天道」。

　　在「動態表象」的觀點下，「初、二、三爻」為「初卦」，「四、五、上爻」為「末卦」。因為「重卦」可比擬為，「情境」由「初卦」轉為「末卦」的過程，所以由下到上六個爻，也可視為兩組「地、人、天」的先後重疊。

F.　爻名

　　陰爻以「六」稱之，讀音「短促」。陽爻以「九」稱之，讀音「弛緩」。或許在「易學」裏，以「六九」來稱「陰陽」的部分原因，是由於在口語上較易分辨。初爻為陰爻，稱「初六」，初爻為陽爻，稱「初九」。上爻為陰爻，稱為「上六」，上爻為陽爻，稱「上九」。其餘各「爻位」的爻，陰爻分別稱「六二、六三、六四、六五」，陽爻分別稱「九二、九三、九四、九五」。

例如，各「爻位」的爻若皆為「陰爻」，分別稱為「初六、六二、六三、六四、六五、上六」；若皆為「陽爻」，則分別稱為「初九、九二、九三、九四、九五、上九」。

G. 當位

若陽爻在陽位，或陰爻在陰位，就稱「當位」，否則為「不當位」。注意，「爻位」並無任何神秘之處，它純然是一種分類上的「定則（convention）」，約定俗成，以方便而後的分類討論，但不應拘泥，而在當不當位上硬作文章。

H. 二體

由於六十四個「重卦」為六爻卦，均由兩個「三爻卦」兩兩重疊而成，而所謂「爻序」或「爻位」均由下而上。在下的三爻合稱「下體」、在上的三爻合稱「上體」。下上兩體合稱「二體」。

「下、上體」又稱「內、外卦」，《左傳》謂之為「貞卦」與「悔卦」，象徵「下上」、「低高」、「內外」、「近遠」、「先後」、「初末」等。

I. 八卦卦象

八個「三爻卦」所象徵的事物，稱為八卦的「卦象」。反而言之，也可以先將宇宙的某些事物分門別類，並簡化為八類，使其各歸於八個「卦」，且以此定各「卦」的屬性及其「卦象」；例如，近代科學裏的「元素週期表」。

一般而言，「卦象」可指「單卦」或「重卦」所表徵事物的具體「形象」，或依形象思維所得的「意象」，甚或是由「卦圖」聯想所得的「圖象」。因此，各卦的「卦象」並非唯一且必然的。在許多情況下，「卦象」更屬一種約定的「定則（convention）」。

八卦的表象，在《說卦傳》裏有詳細列舉。例如，將人的體形外觀分為「首、口、目、足、股、耳、手、腹」八個部位，並分屬「乾、兌、離、震、巽、坎、艮、坤」，此即針對「人身」的卦象，特稱「人身象」。另將動物分八

類，並以「馬、羊、鳳、龍、雞、豬、狗、牛」為八類的代表，而分屬八卦。此針對「動物」的卦象特稱「動物象」。

地面上的「四面八方」：「南、東南、東、東北、西南、西、西北、北」，令其分屬「乾、兌、離、震、巽、坎、艮、坤」，並稱之為「伏羲先天方位象」。若令其分屬「離、巽、震、艮、坤、兌、乾、坎」則稱為「文王後天方位象」。

請特別注意，各卦所象徵「卦象」的選定，以「約定俗成」為首要指標，也就是說，以歷來「易學家」的共識為依歸。這有如為子女取名，在選定前，可多方推敲斟酌，訂下後不輕易更改。總之，「卦象」可算是「卦」的「暱稱」或「小名」。

J. 八卦自然取象

八卦的「取象（defining representation）」，據「傳說」始於約六千年前遠古時代的伏羲氏。《繫辭下傳》第二章曰：「古者包犧氏之王天下也，仰則觀象於天，俯則觀法於地」。《繫辭上傳》第一章有曰：「天尊地卑，乾坤定矣」，「在天成象、在地成形，變化見矣」，「鼓之以雷霆，潤之以風雨」。《說卦傳》第三章有曰：「天地定位、山澤通氣、雷風相薄、水火不相射，八卦相錯。」第十一章更明言：「乾為天」、「坤為地」、「震為雷」、「巽為木、為風」、「坎為水」、「離為火」、「艮為山」、「兌為澤」。基本上，將「乾坤艮兌巽震坎離」八卦，取象為以「天地山澤風雷水火」為代表的自然現象，為八卦之「自然象」或稱「大象」，此為易之本。

「八卦」的八個「圖象」一開始所代表的八個「現象」，稱為「取象」，也就是以此八個「現象」來定義「八卦」的八個「圖象」。由此「取象」做「類比（analogy）」所得到的「現象」或「事物」，皆為「八卦」的「表象」。當然，「取象」也是一種「表象」，但「取象」有其特殊地位，因為「取象」是最原始的「表象」，其他「表象」皆由其衍生而得。然而針對不同的事物，也可重新「取象」，例如，在人體外觀體形上，就另有「取象」。因此，以「自然現象」所得到的「取象」，可稱為「自然取象」或「自然象」。

　　一般易學者，更藉八卦的「自然象」來稱呼「重卦」，並將「重卦」的卦象以此定調。例如，「屯卦」由三爻「坎」疊在三爻「震」上而成，則明確稱「屯卦」為「水雷屯」，且以「水雷」為「屯卦」的基本「卦象」。又如，將三爻「坤」疊在三爻「乾」上所成的「泰卦」，稱為「地天泰」。注意，在稱呼「重卦」時，先稱「上卦」再稱「下卦」。

　　如前所述，「八卦」也可以用來象徵其他的事或物，這些都算是「八卦」的不同「表象」。然而，「八卦」的「自然象」，與其他「表象」地位不同。當初之所以有「八卦」，更是因它而來，可以說，它是八卦的「取象」或「原象（original representation）」或「定義象（defining representation）」。此後將八卦作推廣應用時，新「表象」的合適性，也要看它與「定義象」的「類比（analogy）」是否恰當，但也無須苛求。只要各「卦」表徵的「情境」，儘量減少重疊或含糊不清既可。據遠古的傳說，「伏羲先天八卦」的「定義象」就是「自然象」。

K.　卦時

　　在六十四重卦裏，每一卦皆象徵，在特定氛圍或情境下，事件或現象的發展與變化。這外在特殊「情境」稱為此卦的「卦時」。

L.　卦氣

　　一年有春夏秋冬「四時」、十二個「月」。十二個月為「十二節」，可分為「二十四氣」、「七十二候」；每五日為一「候」、三候為一「氣」、兩氣為一「節」。漢代以後，易學家將六十四卦三百八十四爻與時辰、節氣相配，因此，「以曆釋易，以易行曆」，可稱之為八卦的「節氣表象」。因此更豐富了「易學」的內容，也對後代天文曆法有一定的影響。

M.　三才

　　「三才」特指「天、地、人」，「天」象徵「時刻（instant 或 time）」、「地」象徵「地點（location 或 position）」、「人」象徵「事物（actor）」，也可算是

「生命」的代表。「三才」也有如現代「相對論」裏，對「事件（event）」的指稱。此外，也可將「人」視為「主體」，「地」視為「客體」，而「天」視為「情境（scenario）」。還有「天」為「自然」，「地」為「社會」，「人」為「個體」的看法。在巨觀上，我們將「天」視為「宇宙」，「地」為「地球」，「人」為「人類」。

就「三爻卦」而言，通常以下爻代表「地」、中爻代表「人」、上爻代表「天」；而在「六爻卦」裏，傳統的看法是，以初、二兩爻代表「地」，三、四兩爻代表「人」，五、上兩爻代表「天」。其實也不妨看作是，分為兩組「地人天」重疊而成的六爻。

「三才」屬「三分法」，有別於「陰陽」的「二分法」。以「一維座標」而言，可相當是「-1、0、$+1$」或「向左、靜止、向右」，甚至邏輯上的「不等、混等、相等」或「是、其他、非」。以「三維座標」而言，可說是 $\{X, Y, Z\}$。

若將「六爻卦」視為兩個「三爻卦」相重，則「下卦」可當作事件的「初態」、「上卦」可當作事件的「末態」。如此六十四重卦，也可視為事件由初態至末態的六十四種「轉換（transitions）」。在此「動態表象」下，「初、二、三爻」為「初態」的「地人天」，而「四、五、上爻」為「末態」的「地人天」。

N.　卦主

每一「重卦」有其特徵，通常在其六爻中，以一個或兩個爻為主導，此一或兩個爻，稱為此卦的「卦主」。一般不論陰陽，以較少的那類爻為「卦主」，有所謂：「少者，多之所貴也；寡者，眾之所宗也」，就是「物以稀為貴」的意思。何況，「六爻相錯，可舉一以明也」。

「卦主」又可細分為：「主卦之爻」，有如皇帝、決策者。以及「成卦之爻」，有如宰相、執行者。

得天時、地利、或人和之爻，為「主卦」之爻。不論其爻位、爻德，只要此卦因其而起，則此爻為「成卦」之爻。《象傳》中對每卦的釋義，往往反映

「卦主」之所在。有時兩個卦主合而為一，有時也可有双「卦主」，端依逐卦而定。

0. 卦之象數理

「卦象」指卦的「陰陽爻圖象」與其原始及衍伸的「表徵」。此外，與此卦相關之卦的卦象，也屬於此卦的「卦象」範疇，為「有形」的「形象思維」。

對「卦象」作「定量」或「定序」，以為「數字推演」的基礎，稱為「卦數」。這也包括與《河圖》、《洛書》、「天干」、「地支」等的對應。

而對「卦象」做「定性」的抽象描述，以及經由義理推衍的「意象思維」，稱為「卦理」，其中也包含「陰陽消長」、「五行生剋」、以及「卦象」與「爻位」的辯證關係。「卦理」或可算是「卦辭」的理論依據。

P. 卦境

「重卦」六爻由下而上，可對應事務或事件發展的「進程情境」：{起、承、轉、合、豐、收}

Q. 重卦之名序號位值

（一）「重卦」的名稱，為「卦名」。

（二）「重卦」在《周易・卦序傳》裏的排序，定義為「卦序」，即「周易通行本卦序」。

（三）「重卦」之「陰陽爻圖」所對應的「二進數」，稱為「卦號」。

（四）「卦號」所對應的「四進數」，為此「重卦」在「基因魔方」上的 (x, y, z) 座標。詳情請參閱〈附錄三〉。

（五）「卦號」所對應的「八進數」，稱為「卦位」，表示此「重卦」在「伏羲方陣」裏的「列」與「行」的位置。

（六）「卦號」所對應的「十進數」為此「重卦」的「卦值」，可用來分析重卦的「卦序」統計分布與對稱。詳情請參閱〈附錄二〉。

二・四　卦類別

A.　陰卦與陽卦

　　於六十四「重卦」中，陰爻較少的卦，或全為陰爻的卦，屬性為「陰」，稱「陰卦」；陽爻較少的卦，或全為陽爻的卦，屬性為「陽」，稱「陽卦」。

　　於八個「單卦」中，「陰卦」為坤、巽、離、兌四卦；而「陽卦」為乾、震、坎、艮四卦。

B.　四正卦

　　在八「單卦」中，象徵或代表「東南西北」四個正方位的卦，稱為「四正卦」。就「先天八卦」而論，四正卦為「離乾坎坤」四卦；而就「後天八卦」而論，四正卦為「震離兌坎」四卦。

　　四正卦分別配以「春夏秋冬」四季，而四正卦的初爻，則代表冬至、夏至、春分、秋分。

C.　四隅卦

　　在八「單卦」中，象徵或代表「東南、西南、西北、東北」四個隅角方向的卦，稱為「四隅卦」，也稱「四維卦」。在「先天八卦」中，四隅卦分別為「兌巽艮震」四卦；在「後天八卦」中，四隅卦分別為「巽坤乾艮」四卦。

D.　十二消息卦

　　由「初爻」的陰或陽開始，若以陰對抗陽，稱為「消」、以陽對抗陰，稱為「息」，因此，「十二消息卦」依次為：復卦（一陽息陰）、臨卦（二陽息陰）、泰卦（三陽息陰）、大壯卦（四陽息陰）、夬卦（五陽息陰）、乾卦（六陽息陰）、姤卦（一陰消陽）、遯卦（二陰消陽）、否卦（三陰消陽）、觀卦（四陰消陽）、剝卦（五陰消陽）、坤卦（六陰消陽）。

「十二消息卦」又稱「十二辟卦」。以「復」為十一月、「臨」為十二月、「泰」為正月、「大壯」為二月、「夬」為三月、「乾」為四月、「姤」為五月、「遯」為六月、「否」為七月、「觀」為八月、「剝」為九月、「坤」為十月。

E.　錯卦

將「卦」中每一爻皆陰變陽、或陽變陰，即得該卦的「錯卦」，也稱「對卦」，原來的卦則特稱為「本卦」。而此兩卦各為彼此的「錯卦」；換句話說，此兩卦彼此「交錯」或「旁通」。在本書裏，若「本卦」為 A，則其「錯卦」表為 A*。

F.　綜卦

將某「重卦」裏一至六爻上下倒置，即得該卦的「綜卦」，又稱「覆卦」，而此兩「重卦」各為彼此的「綜卦」。在本書裏，若「本卦」為 A，則其「綜卦」表為 $\underline{A}$。

有學者稱「綜卦」為「反卦」，但本文不採用此稱呼，而保留「反卦」為「錯綜卦」的別名。

於八「單卦」裏，「乾、坤、離、坎」各為自身的「綜卦」、或稱「自綜卦」；於六十四「重卦」裏，「乾、坤、離、坎、大過、小過、頤、中孚」八個卦，各為自身的「綜卦」。因此，這八個「重卦」又稱為「自綜卦」或「獨卦」。

除「獨卦」外，其餘五十六個重卦，兩兩成對，為彼此的「綜卦」。如「屯」為「蒙」的綜卦、「蒙」為「屯」的綜卦，因此，「屯」與「蒙」成一個「綜卦對」。

《周易》分《周易上經》與《周易下經》。上經含三十個不同的卦，其中含六個「獨卦」及十二個「綜卦對」，而每個「獨卦」自成一個「綜卦對」。因此，《周易上經》含十八個「綜卦對」。

《周易下經》含三十四個不同的卦，其中僅有兩個「獨卦」，但卻有十六個「綜卦對」。因此，《周易下經》也是含十八個「綜卦對」，如下表所示。

周易錯綜卦序表

上經	乾	坤	屯	需	師	小畜
	泰	同人	謙	隨	臨	噬嗑
	剝	无妄	頤	大過	坎	離
下經	咸	遯	晉	家人	蹇	損
	夬	萃	困	革	震	漸
	豐	巽	渙	中孚	小過	既濟

G.　反卦

　　某「重卦」之「錯卦」的「綜卦」，稱為該卦的「錯綜卦」；某「重卦」之「綜卦」的「錯卦」，稱為該卦的「綜錯卦」。然而，同一卦的「錯綜掛」與「綜錯卦」相同；因此，只需定義「錯綜卦」即可。「錯綜」可對應物理學裏的「荷錯、宇倒、時逆（CPT）」，我們將在本書〈第六章　重卦對稱性〉裏詳細說明這點。「粒子」可經此轉換得「反粒子」，「電子（electron）」轉換為「正子（positron）」，而「正子」可轉換為「電子」；因此，我們特稱「錯綜卦」為「反卦」。在本書裏，若「本卦」為 A，則其「反卦」表為 A⁻。

　　在六十四重卦裏，「否、泰、蠱、漸、隨、歸妹、即濟、未濟」八個卦，其「反卦」為該卦自身。換句話說，此八個卦的「反卦」與自身，為同一卦。因此，這八個重卦稱為「自反卦」。在自然界中，「光子（photon）」與「反光子（anti-photon）」相同，也就是說「光子」是「自反粒子」。

H.　倒卦

　　將某「重卦」的一、三爻對調，以及四、六爻對調，即得該卦的「倒卦」，而此兩卦各為彼此的「倒卦」。這轉換有如將空間「倒置」。換句話說，將「重卦」的「初卦」與「末卦」各自在原處倒置，得該卦的「倒卦」。在本書裏，若「本卦」為 A，則其「倒卦」表為 A'.

I.　逆卦

　　將某「重卦」的初卦與末卦對調，得該卦的「逆卦」，而這兩「重卦」為彼此的「逆卦」。這轉換有如使時間「逆流」。

　　本書將某「重卦」A 的「下卦」a 與「上卦」b，上下對調所得到的「重卦」，定義為 A 卦的「逆卦」，並以 Ã 代表。若「重卦」A 表徵的是，由「下卦」a 轉換到「上卦」b 的「進程情境」，則其「逆卦」Ã 表徵的就是，b 轉換到 a 的「進程情境」。

J. 鏡卦

某「重卦」的「錯倒卦」或「逆反卦」，或「倒錯卦」或「反逆卦」，在本書裏，皆稱為該卦的「鏡卦」。若「本卦」為 A，則其「鏡卦」表為 A^x。

K. 伴卦

某「重卦」的「錯逆卦」或「逆錯卦」，稱為此卦的「伴卦」。而且某卦的「倒反卦」或「綜鏡卦」，皆同為「伴卦」。在本書裏，若「本卦」為 A，則其「伴卦」表為 $A^\dagger$。

L. 變卦

「重卦」的「對稱轉換」，簡稱「變」，在以後的章節與附錄裏，我們會作詳細討論。「變」共有八類：{本、逆、綜、倒、錯、伴、反、鏡}。將「重卦」經由「對稱轉換」得到的新「重卦」，稱為此重卦的「變卦」。或分別明確指稱為：{本卦 A、逆卦 $\widetilde{A}$、綜卦 $\underline{A}$、倒卦 A'、錯卦 A^*、伴卦 $A^\dagger$、反卦 A^-、鏡卦 A^x}。

有些重卦在某些轉換下，是不易的。例如，某卦在「逆變」下不易，則稱此卦為「自逆卦」。以此類推，可有「自綜卦」、「自倒卦」「自伴卦」、「自反卦」、「自鏡卦」，但無「自錯卦」。

M. 之卦

將某「重卦」，經由「卜卦過程」中所得「變爻」的「錯」變，轉換成不同的「重卦」，則我們通稱由此得到的「新重卦」，為原來「本卦」的「之卦」。

「卜卦過程」請參閱〈第七章 卜筮原理〉，關於「變爻」見〈第七·六節 金錢占〉。

N.　交互卦

「重卦」由兩個「三爻卦」上下重疊構成。然而，在「重卦」裏，三、四、五爻可以自成一個「三爻卦」，稱為此重卦的「交卦」。類此，二、三、四爻也可自成一個「三爻卦」，稱為此重卦的「互卦」。這隱含的「交卦」與「互卦」，皆稱為此重卦的「互象」或「互體」。更進一步，以「交卦」在上、「互卦」在下所構成的新六爻「重卦」，則稱為原來「本卦」的「交互卦」。

六十四重卦間的「對稱轉換」，我們稱之為「物理轉換（physical transformation）」，而稱此處輾轉得到的「交互卦」，為「化學轉換（chemical transformation）」產生的新「重卦」。關於「對稱轉換」，我們將在本書〈第六章　重卦對稱性〉裏作詳細的解說。

每一個「重卦」在「對稱轉換」下，「最多」可以衍生「變」出七個新「重卦」，因此，這八個「重卦」之間有「物理關係」。我們特稱由「物理轉換」得到的卦為「變卦」。

每一個「重卦」經由個別「爻」的「錯變」或特定「化學轉換」，也可以衍生「化」出新「重卦」，如「之卦」、「交互卦」等，而這些「重卦」之間則有「化學關係」，真可說是千「變」萬「化」。；由「化學轉換」得到的卦可稱為「化卦」。在「釋卦」時，這些衍生出來的「變卦」與「化卦」，往往也可一併綜合考慮。

O.　經卦與緯卦

將「單卦」乾、兌、離、震、巽、坎、艮、坤分別與自身上下相疊而得的「重卦」，特稱為「純卦」或「經卦」。這八個「經卦」，在朱熹「伏羲六十四卦方位圖」裏，是方圖「對角線」上的八個「重卦」。「經卦」可分別稱為上下「八宮」的「宮主」。

「伏羲六十四卦方位圖」裏，方圖「反對角線」上的八個卦為「泰、損、既濟、益、恒、未濟、咸、否」，或可稱為「六十四重卦」裏的「緯卦」。

在六十四重卦的「三維立體圖」裏，也就是「宮卦立方」裏，八個「經卦」為八個「外角」上的「角卦」，而八個「緯卦」為八個「內角」上的「心卦」。關於「六十四重卦」間的「相對幾何」關係，我們將在〈第五‧五節　宮卦立方〉裏，作詳細解說。

二‧五　卦圖與卦歌

A.　易圖書學

在「易學」裏，以探討「河圖」與「洛書」為代表的「圖書派(Figurist)」，始於五代末、北宋初年的<u>陳摶</u>。雖然「河圖」與「洛書」之名，早見於先秦典籍，但有關之著作與實圖卻湮沒不傳，無從稽考。源自<u>陳摶</u>傳世之「易圖書」形成三大譜系，分別以<u>邵雍</u>、<u>劉牧</u>、<u>周敦頤</u>為代表。而後由於<u>朱熹</u>對「易圖書」的尊崇與推廣，促成融合「象數理」為一體的「易圖書學」。

B.　朱熹九圖

「易學」思想博大精深、源遠流長，肇始之初，當無文字記錄。因此，研習「易學」，不宜僅及《周易》，更不應侷限於「儒易」。南宋<u>朱熹</u>的《周易本義》，於經前聊備九圖，以供後學者精研易學源頭：

（一）河圖

（二）洛書

（三）伏羲八卦次序

（四）伏羲八卦方位

（五）伏羲六十四卦次序

（六）伏羲六十四卦方位

（七）文王八卦次序

（八）文王八卦方位

（九）卦變圖

此處的「卦變圖」，將六十四卦以陰陽「爻數」作分類，與朱熹的「卦變歌」所論述內容不同。

C.　文王八宮卦圖

「文王八宮卦圖」將六十四「重卦」分為「八宮」，各宮的組合完全依照「分宮卦象次序歌」。

D.　重卦方圓圖

六十四重卦可編排成各式各樣的「方圖」或「圓圖」，朱熹在前賢的基礎上，制備了一個「伏羲六十四卦方位」，內含方圖、圓圖各一，我們稱之為「伏羲方陣」與「伏羲圓鐘」。

E.　伏羲六十四卦圓圖

明來知德之「伏羲六十四卦圓圖」將六十四重卦依圓排序，其八宮分組，與南宋朱熹之「伏羲六十四卦方位」相同。

F.　卦歌

朱熹《周易本義》裏有四首卦歌：（一）八卦取象歌，（二）分宮卦象次序歌，（三）上下經卦名次序歌，（四）上下經卦變歌。

G.　八卦取象歌

此歌利用八卦由爻構成的「圖象」，來編成歌謠，以方便記憶各卦的「卦圖」：

乾三連、坤六斷，震仰盂、艮覆碗，
離中虛、坎中滿，兌上缺、巽下斷。

此處「兌」字上端「八」與巽字下端「八」也可幫助記憶。

H.　分宮卦象次序歌

西漢 京房將六十四重卦分成八組，稱為「八宮」，並以八個「純卦」為綱。宋朝時，為便於人們熟記六十四重卦的卦象，而作有「分宮卦象次序歌」：

> 乾為天、天風姤、天山遯、天地否
> 風地觀、山地剝、火地晉、火天大有
> 坎為水、水澤節、水雷屯、水火既濟
> 澤火革、雷火豐、地火明夷、地水師
> 艮為山、山火賁、山天大畜、山澤損
> 火澤睽、天澤履、風澤中孚、風山漸
> 震為雷、雷地豫、雷水解、雷風恆
> 地風升、水風井、澤風大過、澤雷隨
> 巽為風、風天小畜、風火家人、風雷益
> 天雷无妄、火雷噬嗑、山雷頤、山風蠱
> 離為火、火山旅、火風鼎、火水未濟
> 山水蒙、風水渙、天水訟、天火同人
> 坤為地、地雷復、地澤臨、地天泰
> 雷天大壯、澤天夬、水天需、水地比
> 兌為澤、澤水困、澤地萃、澤山咸
> 水山蹇、地山謙、雷山小過、雷澤歸妹

此與本書定義的「上宮卦」與「下宮卦」皆有所不同。

I.　上下經卦次序歌

此歌依據《序卦傳》編寫，簡稱「卦序歌」：

> 乾坤屯蒙需訟師，比小畜兮履泰否，

　　同人大有謙豫隨，蠱臨觀兮噬嗑賁，
　　剝復无妄大畜頤，大過坎離三十備；
　　咸恆遯兮及大壯，晉與明夷家人睽，
　　蹇解損益夬姤萃，升困井革鼎震繼，
　　艮漸歸妹豐旅巽，兌渙節兮中孚至，
　　小過既濟兼未濟，是為下經三十四。

此「卦序」為「周易通行本卦序」，即所謂的「通行卦序（received order of hexagrams）」。

J.　上下經卦變歌

　　此歌訣簡稱「卦變歌」，以舉例的方式，說明卦與卦之間的變動關係：

　　訟自遯變泰歸妹，否從漸來隨三位。
　　首困噬嗑未濟兼，蠱三變賁井既濟。
　　噬嗑六五本益生，賁原于損既濟會。
　　无妄訟來大畜需，咸旅恆豐皆疑似。
　　震從觀更睽有三，離與中孚家人繫。
　　蹇利西南小過來，解升二卦相為贅。
　　鼎由巽變漸渙旅，渙自漸來終於是。

第三章　伏羲先天八卦

三・一　八卦

「單卦（uni-gua）」以三個爻由下而上排列構成。由於每爻可陰可陽，因此，可以構成 2×2×2＝8 個不同的「單卦」，統稱為「八卦」，各命名如下表：

卦 名	先天卦序	卦 圖（下而上）	代數序		幾何序
			二進序（左而右）	八進序	
乾	1	☰	111	7 (8)	8
兌	2	☱	110	6 (7)	7
離	3	☲	101	5 (6)	6
震	4	☳	100	4 (5)	4
巽	5	☴	011	3 (4)	5
坎	6	☵	010	2 (3)	3
艮	7	☶	001	1 (2)	2
坤	8	☷	000	0 (1)	1

其實利用「八進數」來表達各卦，最為方便，尤其是，當推廣到「重卦（bi-gua）」的八八六十四卦時，更顯便捷。例如「八進數」的 77 等於「十進數」的 63＝7×8＋7。因此，八進數由 00 到 77，正好是六十四個卦。

　　現在來談一些相當有趣的巧合：　中國、印度等東方人喜歡數字「8」，尤其是廣東人。而西方人喜歡數字「7」，取「七曜」之意；「七」在西方人眼中、特別是在猶太教人心中是很神聖的；當英國物理學家牛頓看到彩虹，非要湊出七種顏色，這或許也與音樂的「七音階」有關。在西方賭場裏，數字「7777」代表贏「錢錢錢錢」，正好是得到「乾乾乾乾」，一乾到底的「乾卦」。

　　東方人，敬酒時說的「乾（gan）杯」，或許不僅是「一飲而盡」，更有「一乾（qianˇ）到底」的意思。東西意念相通，一根麵條切「七」下，得「八」小段；數字 0 1 2 3 4 5 6 7，組合為「八進數」；北宋易學家邵雍（1011-1077），生於「西」元「1011」年，難怪他提出的卦序，與「（01）」「二進數」構成的卦序相符；邵雍更似乎在冥冥之中知道，要等到西元 1077 年歸西，向「西方」的上帝討教，為何「乾卦」的序號是「77」。此外，日本軍閥選擇七月七日，掀起挑釁中國的「七七事變」，姑且也算是一個巧合。

　　關於「七」與「八」的差異，說來話長。最早的「數（number）」是「整數（integers）」，而「整數」有兩種用法：　（一）以整數表達「量（quantity）」。（二）以整數表達「序（order）」。世界上所有的古文明，一開始都以「整數」表達「序」。「零（zero）」是後來才發明的數，因為只有第一、第二、第三等等，而沒有「第零」的說法，只有第一名、第二名、第三名等等，沒有「第零名」。因此，在表達「序」的情況下，不需要「零」，而「零」只是一個抽象的概念。在以「整數」表達「量」的情況下，為方便計算，「印度文明」首先創造了整數「零」。有了「零」，也才方便表達「數量」的「進位系統」。

　　中國人講「歲數」，談的是「序」的概念。中國人說小孩「一歲」，是說這小孩來到世上「第一年」，而通常西方人說小孩「一歲」，是指這小孩來到世上的時間數量，已滿了「一年」的量。因此，西方人講「歲數」，談的是「量」的概念。

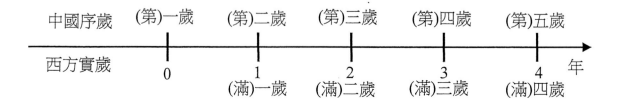

　　因此，每個人的「中國歲」比「西方歲」多了一歲，以年份計算，有時甚至多出兩歲，由於「中國歲」是「序歲」，而「西方歲」是「實歲」。在一般「普通話」裡說「虛歲」，是否為「序歲」的「語音」，以訛傳訛所得，這有待考證。

　　中國人講「倫理」，注重「排資論輩」，如此，排「序」才得分「先後」；西方人談「利益」，注重「稱斤比兩」，如此，度「量」才能見「高下」。中西思維方式有所不同，因此，有「七」與「八」的差異。

　　其次來談，為何在「八卦」裏以三爻為一「單卦」的問題。如果我們想要將《易經》，應用到任何「事物（subject）」，我們必須知道如何描述「事物」的「狀態（state）」。在物理學裏，「熱力學」是探討「熱力系統（thermo-system）」的「本質」與「規律」的一門學問，而「熱力系統」簡稱「系統」，是一個很廣泛的名詞，它可以是一瓶水、一桶煤氣、一台蒸汽機、一座汽車引擎、一架飛機、…等，甚至可以是一個「人」或銀河系中心的「黑洞（black hole）」。當然「人」是個很複雜的「熱力系統」。

　　總而言之，任何事物都是一個系統。一個「系統」最簡單的描述，是當作一個整體的「東西」，而一個東西最簡單的描述是：

　　（一）在何處？

　　（二）速度為何？

　　由於人類處於實質上的「三維空間（three-dimensional space）」，如果假設，我們想要描述的東西就在眼前，我們只需要說明它的速度即可。所以在不受「制約（constraint）」的條件下，須要三個獨立的「純量（scalar）」來描述。因此，在「熱力學」裏，一個「系統」須要三個獨立的「實變數（real variable）」來確定其狀態。例如，以熱能 $Q \equiv tS$、機能 $W \equiv pV$、質能 $M \equiv \mu N$，三種能量來表述。

　　這麼說來，《易經》以「三爻」為一卦，是最簡單合理的假設。當然，能夠如此簡化的根源，與我們人類生活於前後、左右、上下的三維空間，有密切的關係。

三・二　八卦起源

　　思想家郭若沫認為：「八卦是既成文字的誘導物」。意思是說，先有文字，而八卦的三爻圖象所象徵的自然現象，是由文字形似所誘導。如坎卦圖象為☵，形似「水」的古字，故以水聚集處的「坎」為名，且象徵「水」。然而，此說有「倒因為果」之嫌。

　　「求神問卜」的行為，在原始部落裏通常皆有，往往先於文字的發展。因此，不論原先卦的代表圖象為何，後期在創造文字的形象時，仿照早期八卦圖象的可能性反而更高。

　　有些學者認為「數字卦」先於「圖卦」，而在出土甲骨文中，似乎可找到許多例證。假想，每一爻當作是，任意抓一把「豆子」，以「偶數」為「陰」、「奇數」為「陽」，如此任意連抓三把「豆子」，即得一「三爻卦」。如現今的坤卦☷，可能是將代表「陰」的「六六六」的古字「Λ Λ Λ」，上下順刻，逐漸演變所得。此外，尚有許多例子，本文不一一舉證。

　　「伏羲八卦」的概念，無非是將自然現象分為八大類，每一類各以一組「數字」或圖象代表。有如「猜拳」的「剪刀、石頭、布」，或現代社交場合裏，各種式樣的「划酒拳」。在許多原始部落裏，數字的概念皆發展得很早，而且又簡單明瞭，因此，「數字卦」很可能是最原始的「卦」。利用「偶數」與「奇數」的「二分法」，以作「是否」的決定。就抽象空間而言，就是一根軸的兩個方向，而在三維位置空間裏，有相互垂直的三根軸，於是，可以分八個「取向（directions）」：

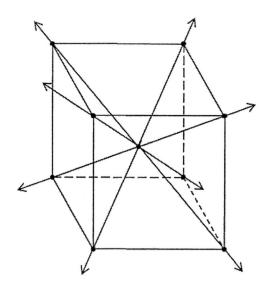

在徬徨無助時，可請「神明」或「祖先」指引迷津、請示方向。例如，擲「銅板」
有兩種可能，擲「骰子」有六種可能，擲甲乙丙三個銅板就有八種可能。

　　假想在現代，我們可以先決定八個概率組合：

$$\{P_1, P_2, P_3, P_4, P_5, P_6, P_7, P_8\}$$

$$P_1 + P_2 + P_3 + P_4 + P_5 + P_6 + P_7 + P_8 = 1$$

再利用數學裏的「混數（random numbers）」產生法，依此概率組合，來決定那
一「卦」。這樣的作法，的確是既公平又簡單，且較無爭議的選擇。在華語裏的
「命（fate）」，指的應該是$\{P_1, P_2, P_3, P_4, P_5, P_6, P_7, P_8\}$的概率組合，然而一個特
製「八面骰子」某一次擲出那個數字，應該就是指華語裏的「運（luck）」。根據
現代物理學的說法，連「上帝」也得擲骰子來決定最後的結果。我們可以經過
「後天修為」來改變「命」，但「運」就不是我們可決定的了，連上帝都作不了
主，因為「上帝也得擲骰子」，一切都是「命運」！

三‧三　爻自然表徵

　　常言道，平日生活的三件寶：陽光、空氣、和清水。在人類所處環境裏，最
重要的莫過於「太陽光」。它帶給我們能量與溫暖，萬物的滋生與成長都離不開它。

此外，地球大氣層裏的閃電雷鳴，對大自然普遍的震撼與影響也不容忽視。有學者猜測，地球上遠古生命的起源，是由閃電的高溫所觸發的。現在我們已經了解，這一切主要都是「光（light）」，或稱為「電磁波」的「熱效應（heat effects）」所造成的。在人類的「宏觀（macroscopic）」世界裏，「熱能（heat energy）」可用 $Q \equiv tS$ 表達，此處 t 為「溫度（temperature）」而 S 為「混度（randomness）」，又稱「熵（entropy）」。假設在易經「八卦」圖像裏，「熱能」Q 的「靜動（static-dynamic）」或「無有（no-yes）」，我們以第一爻的「陰陽（Yin-Yang）」來表達，圖示陰為 ▬▬、陽為 ▬▬ 。

其次，空氣裏的「氧（oxygen）」與「水氣（water vapor）」，更是「人類（human）」存活不可少的。地球表面「大氣層（atmosphere）」的風起雲湧，江河海水的奔騰沖刷，對人類的漁牧農業環境有絕大的影響。「水」是生命不可或缺的自然資源，在宇宙裏尋找生命，最重要的指標元素，就是「水」。「水」以三種基本形態呈現：極低溫時為「冰雪」，常溫下為液態的「水」，高溫下為「蒸氣」。以人類賴以生存的宏觀「能源（energy resources）」來說，以上這些自然現象屬於「機能（mechanical energy）」$W \equiv pV$，或稱「機械能」，此處 p 代表「壓強（pressure）」，而 V 代表「體積（volume）」。在易經的「八卦」圖象裏，「機能」的「靜動」，我們以第二「爻」的「陰陽」來圖示。

科學上證實了，「恐龍（dinosaus）」等大型古生物，約在六千五百萬年前，由於「彗星」撞地球造成的環境劇變而滅絕，只留下活動力較強的小型「恐龍」，演化為今日的「飛禽（birds）」。當時較能適應劇變環境的「哺乳動物（mammals）」卻存活下來，而其中的「人類」如今統領地球。大小不同的彗星及隕石，亙古以來，對地球環境的衝擊，可謂相當巨大，月球也有可能是地球被撞出的大型碎塊疊積形成的。甚至有學者假說，地球上的水及生命也是彗星帶來的。月球由於沒有大氣層及水的浸蝕沖刷，億萬年來彗星撞擊的痕跡，坑坑疤疤、歷歷在目。

此外，地球的地殼也不是沉寂的，由於地心的高溫高壓，使地殼板塊不停地交錯擠壓，不但造成「西藏高原」與「喜瑪拉雅山脈」，以及最深的「馬里亞納海溝」。滄海桑田，在人類短暫的歷史中，也都曾經歷過。「彗星撞擊」以及「地殼

漂移」，對地球環境的宏觀「能量（energy）」結構來說，屬於「質量（mass）」的重新分佈，在物理上以「質能（material energy）」 M 的分佈稱之。在「熱力學（thermodynamics）」裏，通常不計「靜質能（rest-mass energy）」，但以其為基準，我們通常利用「化能（chemical-potential energy）」的變化來計算。為方便表述，我們以 $M \equiv \mu N$ 代表「質能」，此處 μ 為每顆粒子的平均「化能」，而 N 為「粒數（particle number）」。對一個人來說，這就是除了「生活三件寶」之外的「食物」。此類型的「能量轉移（energy transfer）」，在易經「八卦」圖像裏，我們以「質能」的「靜動」，或以第三「爻」的「陰陽」來表達。

三・四　卦自然表徵

綜合上節對個別爻的自然表徵的論述，於整體而言，若「機能」 W 與「質能」 M 的轉換保持沉寂或相對和緩，而「熱能」 Q 的變動相對猛烈。也就是說，沒有冰川雪水、山洪海嘯、洋流潮水，更無彗星隕石衝撞地球、沒有火山噴發，只有烈日熏炙、熱氣沸騰，或烏雲蓋日、雷電交加。而靠近太陽的「金星」或地球上的赤道地帶的夏季，可算是代表。則此情境以「雷電 (Thunder-lightning)」為表徵，是為「震卦」，僅初爻為「陽」，而二爻三爻為「陰」：

☳　震——雷（T）

反之，若「機能」 W 與「質能」 M 異常活躍，此極似億萬年前的地球情境。在這亙古時期裏，太陽光與雷電的影響，相對而言，可以不計。此時彗星隕石撞擊、地動山搖，地殼活動頻仍、岩漿爆裂，地球「大氣層 (atmosphere)」極不穩定，飛砂走石、超級狂風暴雨席捲全球。有如大型火山噴發時，火山灰挾帶砂石遮斷陽光可達數月的情境。因此，初爻「陰」，而二爻三爻「陽」，是為「巽卦」，以「風暴 (Storm)」為表徵：

☴　巽——風（S）

若「熱能」Q 與「質能」M 的變動保持沉寂，而「機能」W 活躍轉換，此時情境為，冰川雪水切割地貌，洋流潮水席捲海岸，暴雨土石流肆虐山谷。此時「水(Water)」主導環境的變化，是為「坎卦」，僅二爻為「陽」，而初爻三爻為「陰」：

　　☵　坎——水（W）

在相反的情境下，「機能」W 轉換不甚活躍，而「熱能」Q 與「質能」M 變化相對高漲。此時可以從今以後數億萬年，地球將來的境遇作比擬，到時太陽瀕臨「晚年」，火球鬆散漫衍擴大億萬公里，地球被包圍在「老太陽」的火力直接薰炙範圍內。加上，地球大氣及水氣蒸發殆盡。地表失去保護層後，彗星隕石影響加劇，地殼也開始鬆動。這樣的情境，以煉獄般的「火 (Fire)」來描述，最為貼切，而星球表面缺水又僅有稀薄大氣層的「火星」環境差可比擬。八卦裏的「離卦」，初爻三爻為「陽」，而二爻為「陰」，就是這樣的寫照：

　　☲　離——火（F）

假設「質能」M 變化相對甚大，而「熱能」Q 與「機能」W 變化平緩。這在極端情況下，則可以用超過數公里大小的彗星撞擊地球來比擬。撞後，地球最大的變化是地貌，天文學家甚至假想，「月球」應該是超級彗星與地球相撞造成的。此外，再加上地球「板塊漂移（continental-plate drift）」，勿庸置疑，初爻二爻「陰」而三爻「陽」，是為「艮卦」，地形起伏的「山脈 (Mountain)」，當然是其表徵：

　　☶　艮——山（M）

反之，如果「熱能」Q 與「機能」W 皆有大幅度的變化，而「質能」M 改變不大。也就是不計彗星隕石的撞擊，地震火山爆發規模小也不多，則烈日曝曬、雷電暴雨、河川湖澤、洋流潮水對地球環境的衝擊，應該居於首要地位。孕育地球物種約二分之一的熱帶雨林，可算是一個代表環境。初爻二爻「陽」、三爻「陰」，就是「兌卦」，表徵為「湖澤 (Lake)」：

　　☱　兌——澤（L）

三・五　八卦自然取象

總而言之，我們將《易經》八卦裏，最下端的「初爻」，當作是有關「熱能」$Q \equiv tS$ 的變與否，或「動」與「靜」。其次，「二爻」表示「機能」$W \equiv pV$ 的動靜，而「三爻」表示「質能」$M \equiv \mu N$ 的動靜。

（一）「坤卦」表示三者皆寧靜祥和，尤其是在背向「太陽」的「夜間」。以萬物賴以生存、柔順溫馨、厚德載物的「地 (Earth)」為表徵：

$$\equiv\equiv \quad 坤-地 (E)$$

（二）若「質能」動，則為「艮卦」，彗星隕石、地裂山崩，以「山」為表徵：

$$\equiv\equiv \quad 艮-山 (M)$$

（三）若「機能」動，則為「坎卦」，山洪暴雨、冰川雪水，以「水」為表徵：

$$\equiv\equiv \quad 坎-水 (W)$$

（四）若「熱能」動，則為「震卦」，烈日熏炙、雷電交加，以「雷」為表徵：

$$\equiv\equiv \quad 震-雷 (T)$$

（五）若「質能」與「機能」動，則為「巽卦」，地動山搖、狂風暴雨、飛砂走石，以「風」為表徵：

$$\equiv\equiv \quad 巽-風 (S)$$

（六）若「質能」與「熱能」動，則為「離卦」，烈日雷電、火山熔岩、彗星隕石，以「火」為表徵：

☲ 離－火（F）

（七）若「機能」與「熱能」動，則為「兌卦」，雷電暴雨、河川湖澤、洋流潮水，以「澤」為表徵：

☱ 兌－澤（L）

（八）若「質能」、「機能」、「熱能」皆可動，則為「乾卦」。這表示在向著「太陽」的「日間」，大地原來可能豔陽高照、寧靜祥和，然而也可能瞬息萬變、晴天霹靂，風起雲湧、地動山搖。亙古大陸遍歷滄海桑田，生命與大自然隨時隨地可能遭逢萬劫，同時卻也充滿生機與希望「生生不息」。因此，以人類目前日日夜夜所處的大環境，或以「天（Heaven）」為表徵：

☰ 乾－天（H）

感謝天地、感謝古聖先賢，人類得以演化、並支配全球，當然，人類終會遇到退場機制。然而只要生存於今世，當如易經乾坤二卦所言：

若扮演主事者，「**天行健、君子以自強不息**」

若扮演成事者，「**地勢坤、君子以厚德載物**」。

期共勉之。

　　請特別注意，本節對「八卦」的自然取象所做的推理解釋，雖然應非當年「伏羲氏」或古聖先賢們創建「八卦」的原因，然而以現代「熱力學」所得結論：「熱力系統（thermodynamic system）」由三個獨立「自變數（independent variables）」描述，正好對應「八卦」的「三爻」，可見古今意念或有「相通巧合」之處。

三・六　八卦簡義

　　「八卦」中各卦的「卦名」及其內涵，其實並不需要有特定必然的意義，有如「陰陽」僅以抽象方式來代表兩個「共軛」的概念，就像代數裏的 x、y、z 或 a、b、c，全看我們令它們代表什麼。

　　根據坊間周易通行本的說法，最早的「八卦」為「伏羲先天八卦」，以八卦代表八大「自然現象」，以明「天道」。說起來，西方的「科學」，無非就是中華傳統文化裏的「格物致知」：將一切事物分門別類，再各別作仔細深入探討。及至商、周之際，人事現象變化益形複雜。傳說周文王將八卦重疊運用，得八八六十四卦，以序「人事」，並重新解釋八卦的內涵，是含「社會現象」的、所謂的「文王後天八卦」。「伏羲先天八卦」注重宇宙「萬物本質」的分類，而「文王後天八卦」注重宇宙「萬事規律」的分類。因此，「八卦」所表徵的事物可有所不同。然而依現代考古證據，六十四卦在周朝前已經出現，甚至八個經卦的名稱也有所不同，更遑論其排列順序。

　　有趣的是，原來兩個爻構成的「四象」，可代表平面上四個方向，而三個爻構成的「八卦」，就代表立體三維的八個方向：對稱的「八卦立圖」。這有如「骰子（dice）」，由其「正方塊」中心與八個「隅（corners）」連線，可畫出四條直線，也就是連接相距最遠兩隅的四條直線。而每條直線有兩個方向，因此，有八個方向，也就是正方塊的「八隅」，每個方向、或每個角端點就是一「卦」。人站在十字路口，不知何去何從；當人懸在空中，就有八個方向可選擇。

　　讀者可參考本書〈第七章　第九節〉裏，有關「八卦骰」的製作，就可實際體會「八面」的骰子。若令(一　二　三)爻各代表(XYZ)座標軸，再令八卦所代表的二進數，為其三維直角座標 (xyz)，則得：　乾（111）、兌（110）、離（101）、震（100）、巽（011）、坎（010）、艮（001）、坤（000）。將此作成立體圖，稱為「卦立方」，如次：

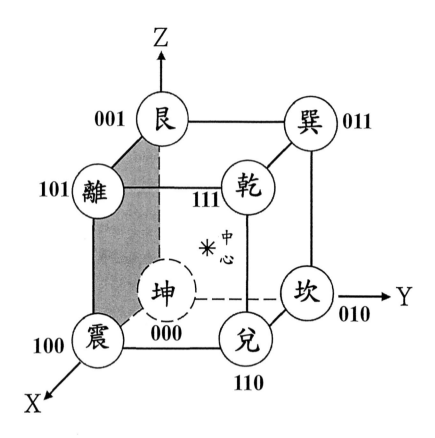

經 卦 八 隅 圖

此「經卦八隅圖」，簡稱「卦立方」，與前衛的「幾何代數（geometric algebra）」有相當密切的對應關係，請參閱本書〈附錄九〉裏的「八卦圖」$G_3(8)$。

　　為方便指稱，我們將「卦立方」上的「八卦」排個序，稱之為「幾何序」或「先天序」，如下圖曲線所示，且將在下節作較仔細的論述：

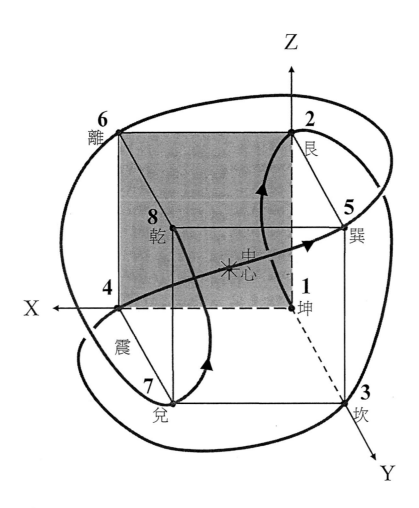

　　傳統的八卦圖，是繪製在平面上的，為「平面八卦」，而目前繪製的「卦立
方」為「立體八卦」。兩者之間的對應關係，可以如此來體會。我們想像將「立
體八卦」，也就是「卦立方」，扭曲壓扁成一平面，以得到「八角形」的「平面八
卦」，如下圖所示：

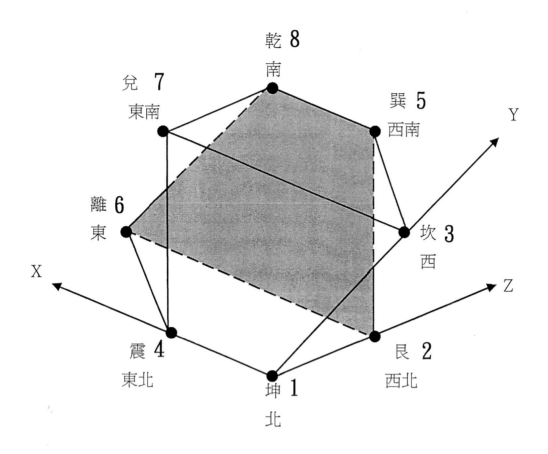

此即「伏羲先天八卦」的方隅圖示。如此看來「立體八卦」與「平面八卦」之間的對應，是有立體幾何的規律可循的。

　　至於八卦裏各卦的簡義，眾說紛紜、莫衷一是，但無需也不必深究。這有如代數題目，全看應用於何處，自然、人事、社會、建築、堪輿、股市、醫藥、軍事等皆可，當然論述的內容與方式各有不同。然而必須綱目分明、條理清晰，有如數學「概率論（probability theory）」裏所謂的，各個「事件（event）」之「獨立性（independence）」：八個「單卦」，有如八個「獨立事件」，可以接近，但不含混。

　　關於「立體八卦」與「平面八卦」之間的對應，我們也可以想像，這有如將立體八卦壓平，「掛」到牆面上的八根釘。

（一）

（二）

（三）

（四）

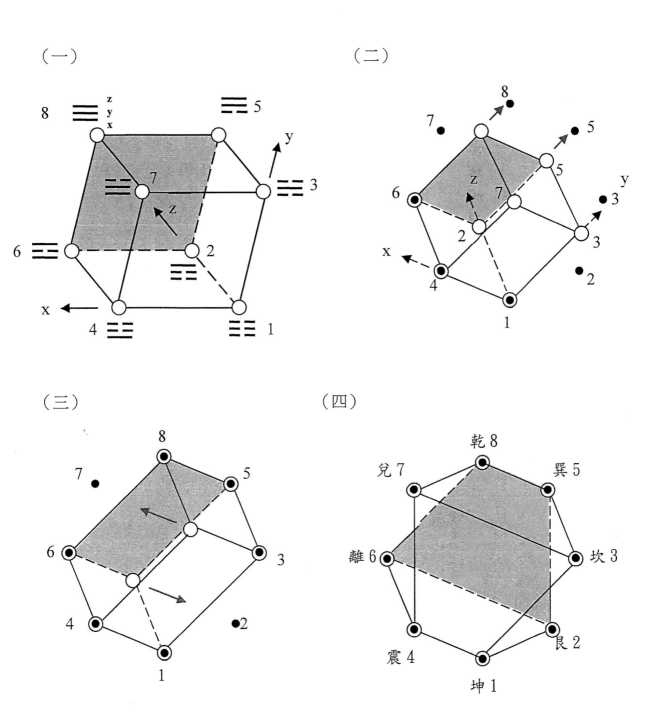

注意此處的「卦序」不依「卦」的「代數序」，而較接近「震(5)巽(4)」對調的
「幾何序」：距「乾」較近的三個卦「兌、離、巽」與「乾」卦排一起，而距
「坤」較近的三個卦「震、坎、艮」與「坤」卦排一起。

三‧七　八卦卦序

「八卦」在傳統的排序上，無特定的一致規則。「伏羲八卦」在論述時，以乾坤、離坎、震巽、艮兌順序，成對來敘述。在「太極八卦圖」裏，八個卦排成一八角形，「乾」卦於中央正上方，其「逆旋（counterclockwise）」次序為：乾、兌、離、震、坤、艮、坎、巽。乾坤、離坎、震巽、兌艮各遙遙相對。各卦對應的方向，約定以乾為「南」，坤為「北」，離「東」、坎「西」等排如次：

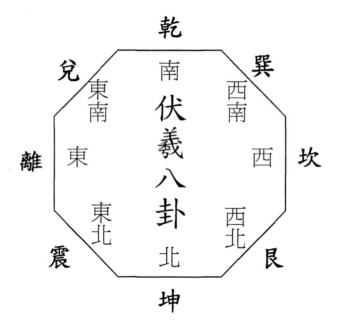

「文王八卦」的「論序（citing order）」為：　震、巽、離、坤、兌、乾、坎、艮，可稱為「帝出乎震卦序」。「文王八卦」圖面上的東南西北方位與「伏羲八卦」同，但各方位對應的卦則有變動：　以震為東、兌為西、離為南、坎為北，排列如唐代八卦古銅鏡所示：

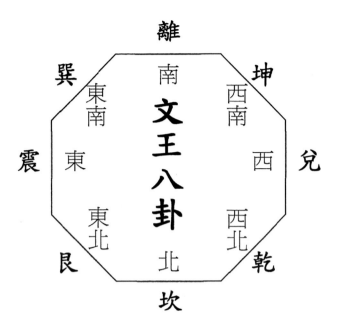

另有所謂「周易卦序」為「乾坤坎離震艮巽兌」、「天地定位卦序」為「乾坤艮兌震巽坎離」、「父母生八子卦序」為「乾坤震巽坎離艮兌」。此外尚有「西漢帛書卦序」、「京房八宮卦序」、「元包經卦序」、「黃帝中天卦序」等，不一而足。由此可見，自古以來，八卦編排順序，並無一定的「道理」，只要能自「圓」其說、言之有物，亦無不可。在一般論述上，若以一種數學上方便的排序，依其對應的「二進數」順排或逆排，倒是簡單明瞭。

利用八卦的立體圖，本文建議一個新的「八卦卦序」，稱「幾何序」。將「卦立方」重畫如次：

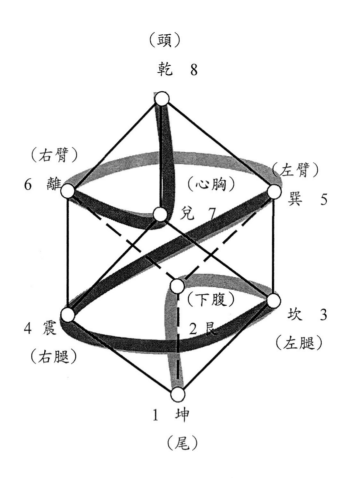

（頭）

乾　8

（右臂）

6　離

（心胸）

兌　7

（左臂）

巽　5

4　震

（右腿）

（下腹）

2　艮

坎　3

（左腿）

1　坤

（尾）

　　新建議的八卦「幾何序」如圖中「流線管」的立體走勢：由頭（乾）起始入心胸（兌），順走至右臂（離），經背脊繞至左臂（巽），再經前胸下斜沉至右腿（震），繞前肚至左腿（坎），往後臀至下腹（艮），最後行至尾（坤）出。而其表徵「動物」可為「龍馬」或「神龜」。因此，卦序為「乾兌離巽，震坎艮坤」，與傳統的「代數序」相較，僅「震巽」對易。

　　由此「卦立方」可見：與「乾」卦距離較近的為與「乾」差「一爻變」的「兌、離、巽」三卦，且各含兩個「陽爻」一個「陰爻」；而與「坤」卦較近的為與「坤」差「一爻變」的「震、坎、艮」三卦，且各含一個「陽爻」二個「陰爻」。因此，八卦的「幾何序」為「乾、兌、離、巽、震、坎、艮、坤」，而八卦的「代數序」，又稱「二進序」，卻為「乾、兌、離、震、巽、坎、艮、坤」，兩者並不相同。八卦的「幾何序」在分析「重卦」的對稱結構時，會方便許多。

三‧八　八卦卦數

　　為配合「卜筮」的功能，以「數字」代表「單卦」在八個卦裏的次序，這數字稱為八「單卦」的「卦數」。八個卦的排列順序，總共可有四萬多（40320）種，而歷代經常論及的「卦數」僅有兩種：

　　（一）「先天卦數」，即「伏羲先天八卦」的「卦數」：乾一、兌二、離三、
　　　　　震四、巽五、坎六、艮七、坤八。

　　（二）「後天卦數」，即「文王後天八卦」的「卦數」：坎一、坤二、震三、
　　　　　巽四、乾六、兌七、艮八、離九。

「後天卦數」為「文王後天八卦」位置與〈洛書〉的對應，以「洛書歌訣」為依據：

　　　　戴九履一，左三右七。
　　　　二四為肩，六八為足。
　　　　五在中央。

此九個數字在〈洛書〉裏的位置，構成「洛書九宮圖」、或稱「魔方陣」或「三三圖」。

　　此外，馬王堆漢墓出土的〈帛書本〉，其八卦的排列順序，與此二者皆有別。〈帛書本〉將六十四「重卦」以「上卦」相同的分成八組，有如本書將「重卦」分類定義的「上八宮」，請參閱〈第五‧三節〉。此八組「上卦」依「乾、艮、坎、震、坤、兌、離、巽」為序。而每一組的「下卦」，各按「乾、坤、艮、兌、坎、離、震、巽」的順序相配，不過，各組皆將「經卦」移為首卦。因此〈帛書本〉的「下卦序」與其「上卦序」也不同。關於六十四「重卦」的「卦序」，則詳見〈附錄二〉。

　　由此可見，針對八「單卦」所定下「卦數」的道理，並非「必然」。任何特定的「卦數」，或許皆為「約定俗成」，是所謂「定則（convention）」。

三・九　八卦表象

　　「八卦」是一個典型的簡單數學模式，或「符號學」，它的具象及其應用，我們稱之為八卦的「表象（representation）」。例如，就方位而言，為「方位表象（orientation representation）」，其他可有特定的「現象表象（phenomena representation）」或「事件表象（event representation）」等。在「熱力學（thermodynamics）」的基本理論裏，我們更找到一個很有趣的對應，我們稱之為「熱力表象（thermodynamic representation）」。如前所述，我們可以將此表象，當作是八卦的基本「自然表象」，也就是「伏羲先天八卦」的「原始取象」。

A. 熱力表象

　　我們平日周遭看到的一個「東西」，不論是否有「生命」，在物理學裏稱為「熱力系統」。一個熱力系統的「內能（internal energy）」或稱「太能」U，代表這個系統所含的一切能量。「太能」是一種「物理量（physical quantity）」，可以用來描述這系統的狀態，而太能 U 在物理學裏，含三個「獨立變數（independent variables）」。通常的一般選擇是 $\{S, V, N\}$，用以描述系統的「廣量（extensive quantity）」$\{混度, 體積, 粒數\}$，而「混度（randomness）」就是一般通稱的「熵（entropy）」。我們可以將「太能」U 用「函數形式」，明確地寫為：

$$U(S,V,N) = \Omega + tS + pV + \mu N$$

此處標示的三個小寫「強量（intensive quantity）」中，t 為系統的「溫度（temperature）」，p 為系統所「承受」的「壓強（pressure）」，μ 為系統裏每個粒子的平均「化能（chemical energy）」。而 Ω 為「熱力極限」下的「參考能（reference energy）」，我們稱之為「極能（omni energy）」，此「物理量」Ω 有關此系統的「熱機質庫（heat-mechanical-material reservoir）」，或簡稱「庫（reservoir）」。為了可以從不同的觀點描述此系統的能量變化，我們可有的選擇為以下八種能量組合：

（一）乾：太能（internal energy）

$$U\,(S,V,N)\,=\varOmega\,+\,tS\,+\,pV\,+\,\mu N\equiv\,U$$

（二）兌：機熱能（kinetic energy）

$$K\,(S,V,\mu)\;=\varOmega\,+\,tS\,+\,pV\qquad\equiv\,U\qquad\qquad-\mu N$$

（三）離：質熱能（heat content）或焓（enthalpy）

$$H\,(S,p,N)\;=\varOmega\,+\,tS\qquad\quad+\,\mu N\equiv\,U\qquad-pV$$

（四）巽：質機能（Helmhotz free energy）

$$F\,(t,V,N)\quad=\varOmega\qquad\qquad+\,pV\,+\,\mu N\equiv\,U-tS$$

（五）震：熱能（heat energy）或混能（random energy）

$$R\,(S,p,\mu)\;=\,\varOmega\,+\,tS\qquad\qquad\equiv\,U\qquad-pV\,-\mu N$$

（六）坎：機能（mechanical energy）

$$A\,(t,V,\mu)\;=\,\varOmega\qquad\quad+pV\qquad\equiv\,U-tS\qquad\qquad-\mu N$$

（七）艮：質能（material energy）

$$G\,(t,p,N)\;=\,\varOmega\qquad\qquad\quad+\mu N\equiv\,U-tS\,-pV$$

（八）坤：極能（omni energy）

$$\varOmega\,(t,p,\mu)\;=\,\varOmega\qquad\qquad\qquad\equiv\,U-tS\,-pV\,-\mu N$$

這裡各能量，皆以其最自然方便的「熱力參數（thermodynamic parameters）」來表達。而熱力參數可分為：用小寫字母代表的「強量」，與用大寫字母代表的「廣量」。

如前所述，我們將初、二、三爻依次對應（$tS, pV, \mu N$），而陰陽代表「無」與「有」，或「靜」與「動」。乾（☰）全「有」或全「動」、為「太能」U；兌（☱）無μN、為「機熱能」K；離（☲）無pV、為「質熱能」H，又稱「焓（enthalpy）」；巽（☴）無tS、為「質機能」F，又稱「霍姆茲自由能（Helmhotz free energy）」或「霍能」；震（☳）除極能外，僅有tS、為「熱能」R；坎（☵）僅有極能與pV、為「機能」A；艮（☶）僅有極能與μN、為「質能」G，又稱「格布斯能（Gibbs energy）」或「格能」；坤（☷）全「無」或全「靜」、只得「極能」$\varOmega$：

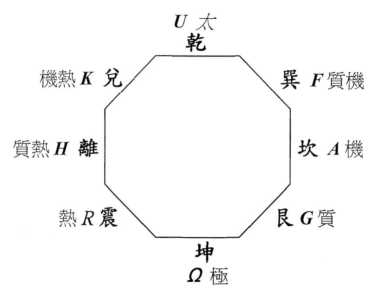

我們也可將「能量」或者「氣」的八種組合，構成立體圖：「卦立方」、「卦傘」、「卦錐」、「卦四方」、「八卦骰」如次。其幾何結構，約略與上文定義的「卦立方」相同。

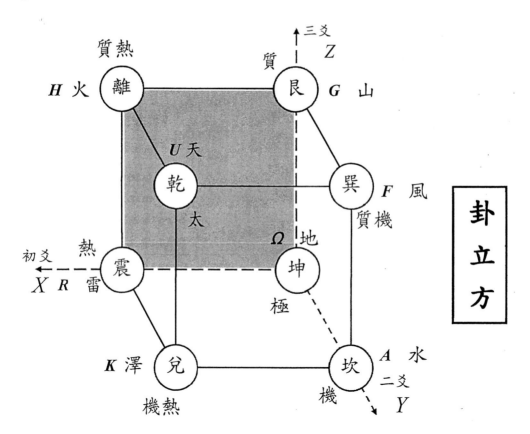

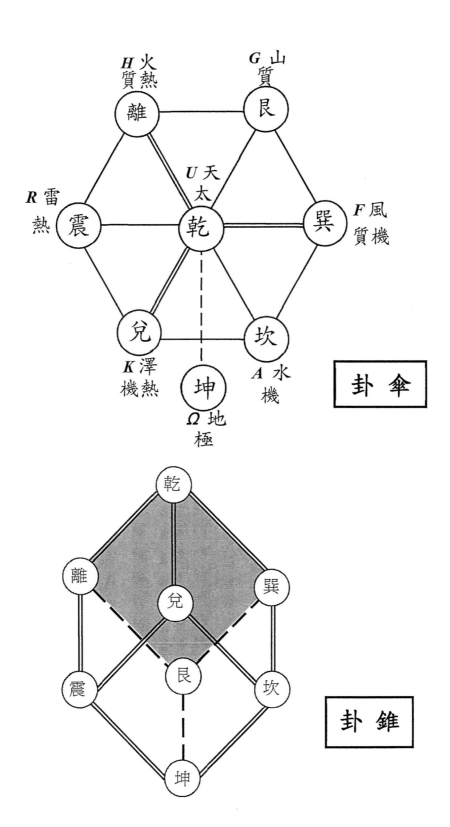

卦傘

卦錐

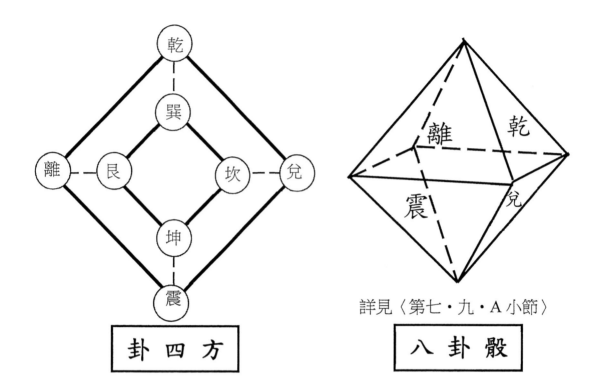

詳見〈第七・九・Ａ小節〉

由於八卦的「熱力表象」為八卦的「原始取象」，有特殊的地位，我們特地以數種藝術圖象呈現：

　　（一）熱力玫瑰。

　　（二）熱力愛心。

　　（三）熱力水晶吊燈。

　　（四）熱力歌劇院（側面）。

　　（五）熱力歌劇院（正面）。

在這些圖中，各能量的組成，以及其間關係，應是「昭然若揭」。

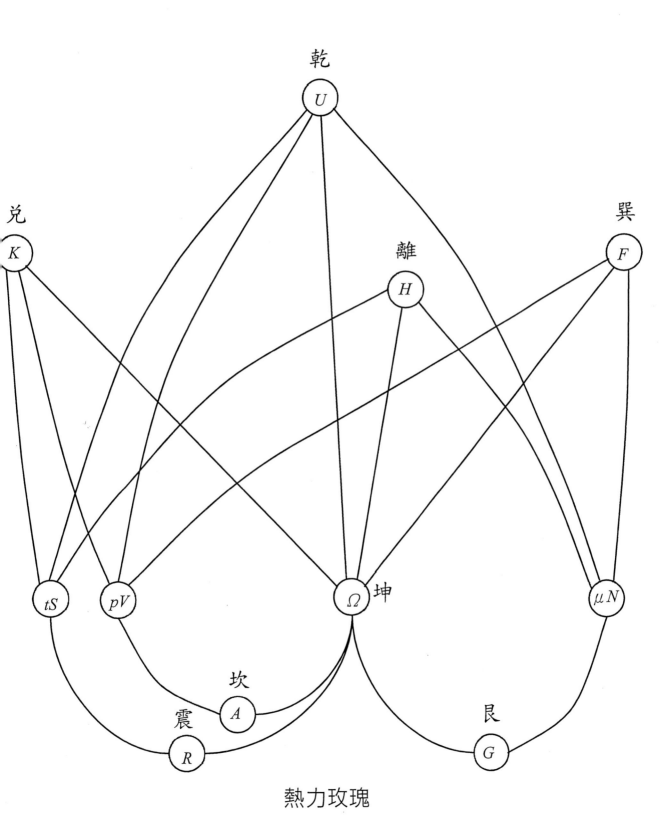

熱力玫瑰

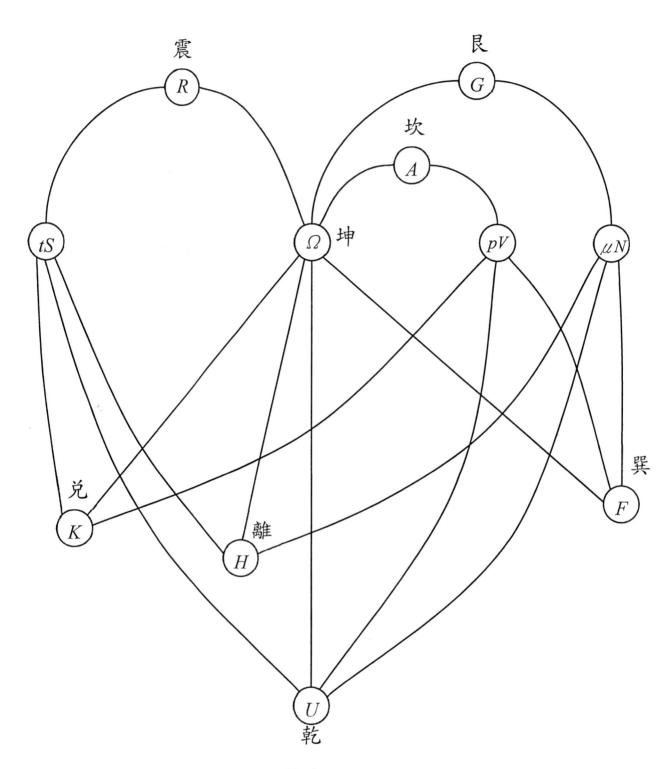

熱力愛心

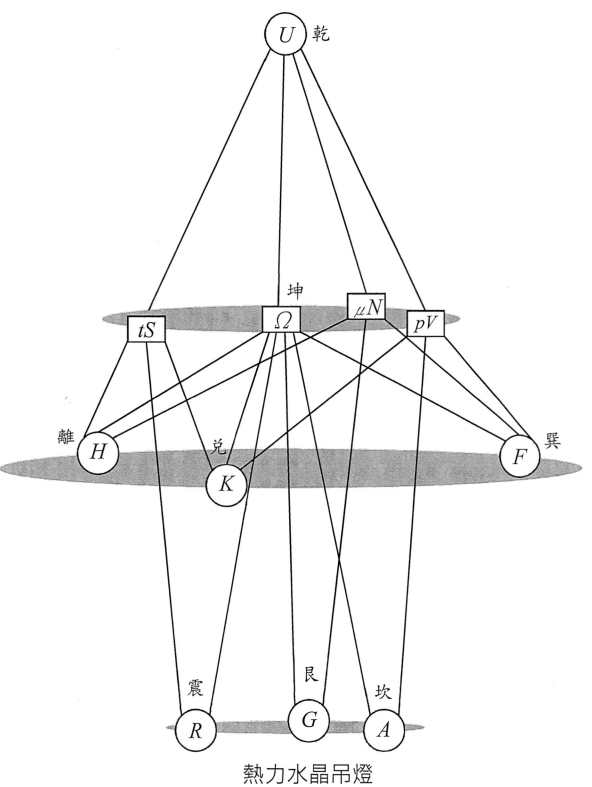

熱力水晶吊燈

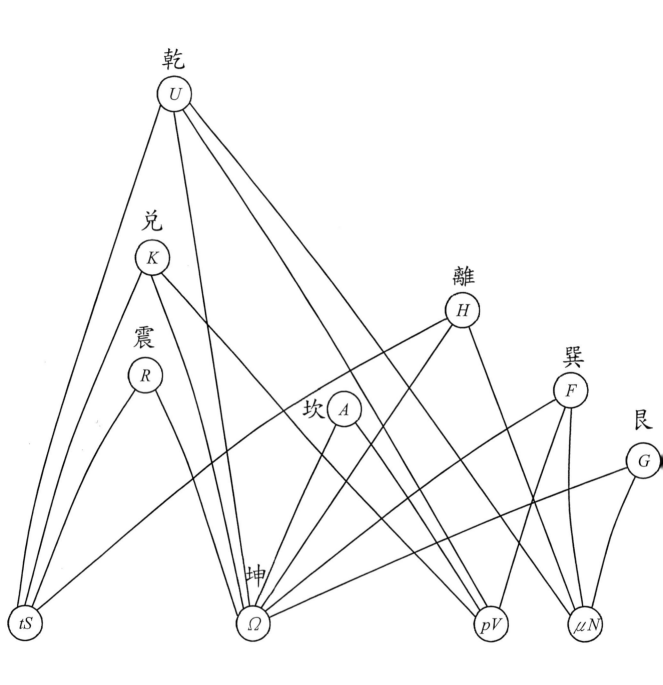

熱力歌劇院（側面）

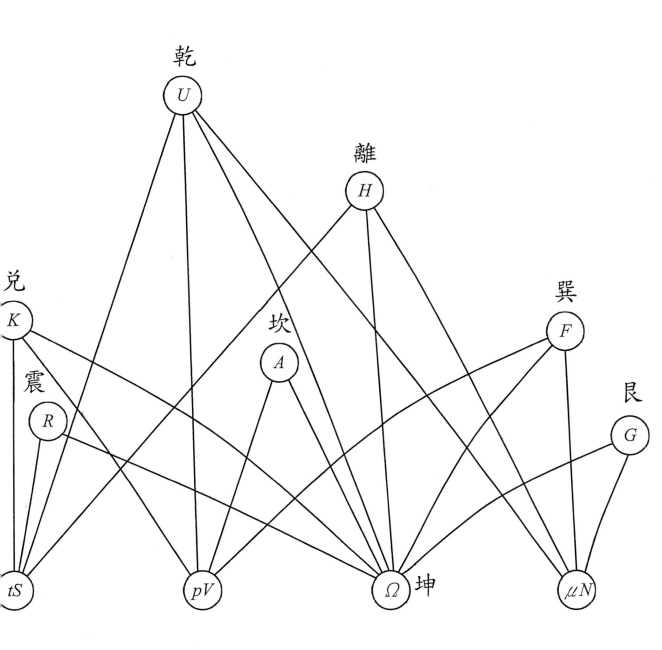

熱力歌劇院（正面）

B. 光色表象

　　將「陰陽」當作「無」與「有」，而第一爻代表三原色的「紅（red）」光、
第二爻代表「藍（blue）」光、第三爻代表「黃（yellow）」光。則坤（☷）全

無、代表「黑（dark）」；乾（☰）全有、代表「白（white）」；震（☳）紅；坎（☵）藍；艮（☶）黃；巽（☴）綠；兌（☱）紫；離（☲）橙。因此，平面八卦可畫如下。

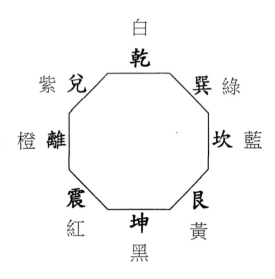

立體的「光色卦方」可由八個「小方塊」組合而成，乾卦為白小方塊，其餘為兌紫、離橙、震紅、巽綠、坎藍、艮黃、坤黑。代表坤卦的黑小方塊，在後方下角，圖中沒露面。

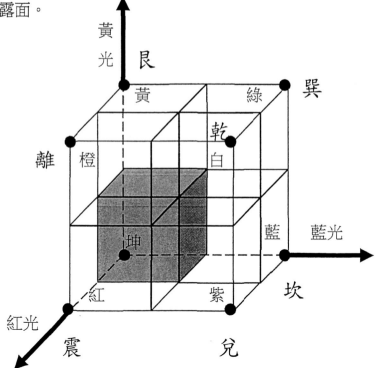

C. 人種表象

　　將「陰陽」當作人類膚色基因的「隱」與「顯」，而第一爻代表「鐵褐色」，第二爻代表「銅赤色」，第三爻代表「土黃色」，

━━━　土黃
━━━　銅赤
━━━　鐵褐

如此得人種膚色八卦如次：

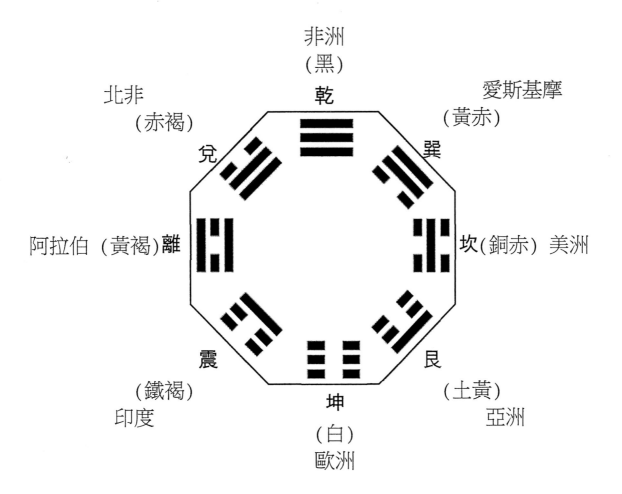

D. 古華語調表象

關於此古代華語的八調圖，將在〈第四章〉做詳細說明。

古華語八調圖

E. 書法表象

八卦	八法 （正）	向——左右 勢——斜正 劃——短長	八疾 （誤）	勁——柔剛 芒——瘦粗 運——起行
乾 ☰	勒		柴担	
兌 ☱	努		稜角	
離 ☲	礫		蜂腰	
震 ☳	掠		鼠尾	
巽 ☴	策		鶴膝	
坎 ☵	趯		牛頭	
艮 ☶	側		折木	
坤 ☷	啄		竹節	

F. 複數表象

假設 $Z \equiv X + iY$ 為「複數（complex number）」，X 為「實部」，Y 為「虛部」。以「初爻」的陰陽代表「實部」X 的負正，「二爻」代表「虛部」Y 的負正，而「三爻」的「陰」代表 $|X| \leq |Y|$，「陽」代表 $|X| > |Y|$。因此，八卦代表複數「Z 面（Z-plane）」上的八個區域。

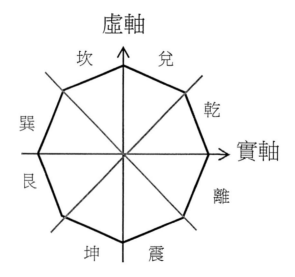

G. 方隅表象

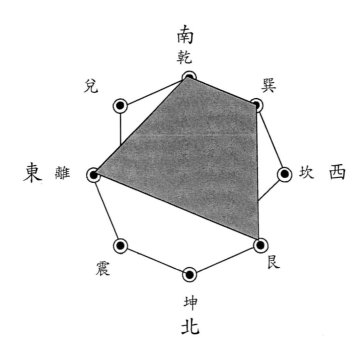

H. 卦變表象

以「初爻」表「時變」T，「二爻」表「位變」P，「三爻」表「荷變」C，則「八卦」可以表達「重卦」的八種「對稱轉換」如下表：

轉換名	坤	艮	坎	震	巽	離	兌	乾
圖象	☷	☶	☵	☳	☴	☲	☱	☰
性質	原	荷	位	時	荷位	荷時	位時	荷位時
符	I	C	P	T	J (CP)	B (CT)	Z (PT)	F (CPT)
運作	本	錯	倒	逆	鏡	伴	綜	反

「對稱轉換」的定義，詳見〈第六・二節〉。

I. 傳統表象

八卦	天時	地理	動物	人物	八仙	房宅	部首	聲音	自然	人體	家人	處所
坤	雲霧	原野	牛	農夫	何仙姑	矮舍	土	土	地	腹	母	城市
艮	山嵐	山中	狗鳥	樵夫	藍采和	山居	山	山	山	手	少男	門牆
坎	大雨	湖泊	魚	漁夫	鐵拐李	水居	水	水	水	耳	中男	廁所
巽	大風	森林	雞	隱者	韓湘子	寺觀	草	風	風	腿	長女	園藝
震	閃電	鬧市	龍	書生	曹國舅	木樓	木	鼓	雷	足	長男	門市
離	彩霞	旱地	鳳	將軍	漢鍾離	大宅	火	火	火	眼	中女	爐灶
兌	月亮	湖邊	羊	少女	張果老	殘垣	口	吼	澤	口	少女	井
乾	冰雪	城中	馬	老人	呂洞賓	宮殿	金	金	天	頭	父	京都

第四章　華語聲調溯源

四・一　前言

　　「語言文字」是人類用於交際與思維的「語音」與「符號」體系，更是集體智慧累積傳承的憑藉、是文化最重要的載體，「人類」之有別於「禽獸」，皆藉由其導致。其中「語言（vocal language）」是人類利用口器發「語聲（vocal sounds）」、耳器接收「介質（medium）」傳來的「聲波（sound wave）」，再經過腦的聽覺與詮釋，以交換「訊息（information）」的一種方式。其他類型的「語」有，「手語（sign language）」、「肢語（body language）」、「書語（written language）」、「機語（machine language）」等，不一而足。在人類早期文明發展裏，與「語言」同樣重要的，應該就是「音樂」與「舞蹈」，以及後來的「文字」。

　　「言語」有許多類型，而華語屬於「調語（tone language）」，是利用單音的「音素（phone）」，以及此單音的「音譜（spectrum）」，來區別「訊息」的言語。這裡所謂的「音素」，可分「聲」與「韻」；而「音譜」即「音頻（frequency）」的「組成（composition）」與「變化（variation）」，也就是俗稱的「音色」，或簡稱「調（tone）」。「調語」是一種比較有音樂性的言語類型，具有發展為精緻「時間藝術（temporal art）」的潛能，如華語裏的「韻詩（tone poem）」、「說書」、與「相聲」等就是很好的例子。

　　「文字」靠「眼」的「視覺」，利用「手」或其他工具在「空間」上書寫的各式「圖形」來表達意念；而「語言」靠「耳」的「聽覺」，藉助「口」在「時間」順序上發出的變化「聲音」，來表達意念。可分辨的圖形，就可表達不同的意念，正如可分辨的聲音，也可表達不同的意念。以語言來說，可分辨的聲音愈多，就能表達愈多的意念。華語是目前世界上，單音節包含最多訊息的言語、遠遠超過其他語言。

　　以華語現行的「漢語普通話」而言，實際上使用而且可分辨的「單音」，約有四百二十個。若再分辨不同「調」，則超過一千三百二十餘個。又若再區分「陰陽」兩種音色，則更可再加倍，約得二千六百個以上、不同且可分辨的「聲音」。如此在「双音詞」的組合下，則約有六百萬個可分辨的「双音」，信息量可謂相當大。因此總的來說，「華語」不愧是世界上，最精鍊、信息量最高的語言。

　　現將華語現代普通話的「聲」與「韻」列於次表。其中為方便分類與教學，將「注音符號」中的「ㄖ」改併入「韻」，因此，「聲表」由原來二十一個「聲」簡化為十七個「聲」，而「韻表」則多了一個「翹舌呼」：

華語聲韻表

陽聲	漢語拼音	脣				舌尖				舌根			舌面		舌齒		
符		ᵇㄅ	ᵖㄆ	ᵐㄇ	ᶠㄈ	ᵈㄉ	ᵗㄊ	ⁿㄋ	ˡㄌ	ᵍㄍ	ᵏㄎ	ʰㄏ	ʲㄐ	qㄑ	ˣㄒ	ᶻㄗ	ᶜㄘ sㄙ

陰韻	漢語拼音	單韻				複韻					聲隨韻			
呼開口	後\先	a ㄚ	o ㄛ	e ㄜ	e ㄝ	ai ㄞ	ei ㄟ	ao ㄠ	ou ㄡ	er ㄦ ㄖ	an ㄢ n	en ㄣ n	ang ㄤ ŋ	eng ㄥ ŋ
齊齒	iㄧ	ㄧㄚ	ㄧㄛ		ㄧㄝ	ㄧㄞ		ㄧㄠ	ㄧㄡ		ㄧㄢ	ㄧㄣ	ㄧㄤ	ㄧㄥ
合口	uㄨ	ㄨㄚ	ㄨㄛ			ㄨㄞ	ㄨㄟ				ㄨㄢ	ㄨㄣ	ㄨㄤ	ㄨㄥ
撮口	üㄩ			ㄩㄝ							ㄩㄢ	ㄩㄣ		ㄩㄥ
翹舌	rㄖ	(ㄖㄚ)		ㄖㄛ		(ㄖㄞ)	(ㄖㄟ)	ㄖㄠ	ㄖㄡ		ㄖㄢ	ㄖㄣ	ㄖㄤ	ㄖㄥ
	ruㄖㄨ	(ㄖㄨㄚ)	ㄖㄨㄛ			(ㄖㄨㄞ)	ㄖㄨㄟ				ㄖㄨㄢ	ㄖㄨㄣ	(ㄖㄨㄤ)	ㄖㄨㄥ

註：加括弧者，表示需冠上「舌齒聲」才有字；ㄓ≡ㄗㄖ，ㄔ≡ㄘㄖ，ㄕ≡ㄙㄖ，ㄦ≡ㄜㄖ。

關於華語「聲韻」與「聲調」的源起與沿革，王力著的《漢語音韻學》，對此有相當精闢的綜論。而關於華語各方言及其他調語的聲調，也有許多學者作了相當廣泛的田野調查與科學分析。然而迄今，華語聲調的源起及沿革，猶無定論，更遑論由古到今、各方言聲調的分化脈絡。除非有新的考古文物出現，由於目前無直接証據，且古代無紀錄「語音」的方法，華語音韻的演變恐永無澄清之日。如今祇能對各種假說，作可能性的判斷。

歷來講「音韻學」的書，往往過於「玄虛幽渺」。古代音韻學者或囿於方音、或蔽於成見，以及甚多同名異實、異名同實的指稱，未得適當澄清。尤其是將「聲調」的「陰陽」與「韻母」的「陰陽聲」類別混淆，再加上「聲帶」振動與否的「清濁」或「幽響」，全都糾纏在一起。如此不但使初學者「望而生畏、不敢問津，就是誤入歧途、枉費精力」，甚至在「考古功多、審音功淺」的學者之間，更是造成「矜奇立異」的歷代長期筆戰。因此，許多論證皆莫衷一是。

本章另闢蹊徑，嘗試以「易學」的思維方式，配合聲調的「音樂性」與其「科學」內涵，試論聲調的可能分類。將由聲調之「道（axiom）」（原則、公理），進而推演聲調之「理（theory）」（定理、理論）。在此論述之前，首先簡單回顧華夏朝代互替，及華語音韻變遷的源起。

四・二　華語起源

說到語言與文字的發展，就必須明瞭民族的遷徙與融合，而「華語」得從七、八千年前，散居在黃河與長江流域的「現代人」道來。華夏民族遠古簡史，已於本書〈第一・三節〉介紹過，此處不再贅言，逕由秦漢皇朝談起。

值得一提的是，由「商」到「周」改朝換代之際，「商族人」為逃避西方「周族人」的迫害，有大批向「長江流域」遷徙的跡象，商朝時的「古華語」也因此向南方擴散。根據傳統，有發言權的新皇朝總是將前朝最後一位皇帝描述得非常不堪，以突現自己「篡位」的正當性。面對留傳下的「主流歷史

紀錄」，許多「古人」可說是「投訴無門」、「平反無望」。

　　華夏民族歷經遠古文明，到了伏羲、神農、黃帝以至夏 商 周，有了統一的皇朝之後，就必然有統治階級或族群間彼此溝通，或佈達政令的「官話」。這在用詞遣字上、甚至發音上應有其特殊性，以有別於當時散居各區域的諸侯以及「皇姓」外的一般「百姓」所用的「方言」或「土語」。孔子周遊「列國」時，到他國與人溝通時用的，應該是當時流行的「官話」，否則用他家鄉的山東土語，一定會造成很多誤會。

　　公元前 221 年，秦王嬴政統一中國、定都咸陽（約今陝西西安附近），結束了戰國七雄分裂的局面。由於他自認其豐功偉業，超越「三皇五帝」，又希冀嬴氏子孫，能千秋萬世、傳承皇帝之位，於是自稱「始皇帝」，史上稱「秦始皇」，然而秦朝統一中國後僅持續短短的十五年。

　　秦始皇雄才大略，在位三十七年，於之後的十二年間，更廢封建、行郡縣，書同文、車同軌，修馳道、築長城，可惜他焚書坑儒、及耗巨資修建阿房宮與陵寢。他死後，秦二世繼位，在位三年間卻昏庸無能、朝政混亂。一時民怨四起，當時被征召築長城的南方民伕領隊陳勝與吳廣帶頭「揭竿起義」，於是情勢一觸即發不可收拾、群雄四起抗暴，其中有劉邦、項羽等。中原在秦朝期間的十五年，由於時間太短，應該還是沿襲戰國時期各地的「官話」，也應沒有推行全國統一的「官話」。

　　中國史上，第一位平民皇帝、漢高祖劉邦，於公元前 206 年，建都長安（約今西安附近），是為西漢。後歷經「文景之治」，漢武帝於公元前 134 年，採董仲舒奏議〝罷黜百家，獨尊儒術〞，開啟了中國文化裏的正統「儒家傳統」。漢武帝期間，史官司馬遷，撰中國第一部「通史」，上自黃帝下至漢朝初年，以人物傳記為主，附加個人評注，是史書「紀傳體」的首創，不同於史上的「編年體」，如《春秋》。此外，張騫兩次出使西域（今新疆），從此暢通了遠至大秦（羅馬帝國）的「絲路」。武帝後三傳至漢元帝與匈奴謀和，留傳下王昭君和親的佳話。

　　漢朝開國二百多年後，傳至兩歲的劉嬰，由當時勤政愛民、禮賢下士的

外戚權臣王莽攝政，他卻於公元九年篡漢，改國號為「新」，延續十四年。王莽積極施行新經濟政策，力圖改革，可惜操之過急、反招致民怨，引起綠林、赤眉之亂。西漢兩百餘年，由於封建統治且書同文，統一的「官話」也許沒有迫切的需要。然而通行於中原各地區的「官話」，應在無形中或有所變遷。當時雖有揚雄彙編的《方言》一書，但僅及「字辭」而未注「聲韻」。

　　原綠林軍的皇族後人劉秀，於公元 25 年，削平群雄，即位稱帝，是為漢光武帝。他定都洛陽，史稱東漢。六傳至東漢順帝時，張道陵作道書二十四篇，創立「道教」。當時隨從者，得奉獻米五斗，因而又稱「五斗米道」。其孫張魯自號師君，故又稱「天師道」。「道教」以符水咒法治病，並崇尚淵源於春秋戰國「道家」的「順應自然」及「陰陽五行學說」。從此，在中國文化裏，注入了民間「道家傳統」。作為最早普及的「宗教」，應對各地區「官話」的融合與普及有一定的影響。東漢最終傳至獻帝，而西漢、東漢各約二百年。直至漢朝，中國文化的發展大多以黃河與長江流域為主。東漢期間，班固仿《史記》體例，著《漢書》，為中國第一部「斷代史」。許慎撰有《說文解字》，雖為「字典」，但惜僅注重論述「字形」的變遷，祇能提供「聲韻」演化的旁證，可謂是中華韻書的濫觴。

　　到公元 220 年，曹丕篡漢、為魏文帝，從此開啟「魏蜀吳」三國分立的局面，如此持續了約六十年。中華首部「韻書」，魏 李登所撰《聲類》凡十卷一萬一千五百二十字，於其間誕生，惜亦散佚無存。自三國後，中國主流文化圈逐漸擴大，逐漸拓展為整片黃河與長江流域，而古華語音也向南方擴散，同時也融入更多的各地「方言」。

　　魏朝大將司馬昭，因滅蜀戰功，受封晉王，其子司馬炎繼任後，於公元 265 年廢魏文帝，自立為帝，史稱西晉，是為晉武帝，定都洛陽。十五年後，晉武帝南下滅吳、一統天下。他即位後，分封司馬氏宗親為王、以強固皇室。不料，數十年後，經歷「八王之亂」，中原板蕩，皇族、權貴、及一般百姓，大批南遷、定居江南遍及「閩粵」地區。

　　晉代文學，承襲漢、魏之風，以「漢賦」為主，左思寫《三都賦》、歷時

十年，成書後、眾人爭相搶購，留下「洛陽紙貴」的佳話。此外，西晉文人，特別標榜隱居山林、崇尚清談，以避動亂，有所謂的「竹林七賢」。另有積極入世為國效力的祖逖與劉琨的「聞雞起舞」。

西晉後期，長江以北地區，多由五個胡人民族： 匈奴、鮮卑、氐、羌、羯所佔據。而這長達一百餘年的戰亂期，就是史稱的「五胡亂華」。可以想見，春秋戰國、秦漢時期的各地「官話」，以及較小區域通行的各種「方言」，自此，在腔調與用詞上，開始有了較大幅度的變化與融合，為華語「北方語系」的濫觴。

「五胡亂華」期間，瑯琊王司馬睿，於公元 317 年，在建康（今南京）自立為晉元帝，是史稱東晉的開始，而北方則先後有所謂的「五胡十六國」。東晉時期，除了有「田園詩人」之稱的陶淵明外，還有首創「永字八法」的書法家王羲之，以及其為權貴府第之「東床快婿」的佳話留傳。另有葛洪撰《抱朴子》宣揚道教教義，促使「道教」在庶民間更為盛行。而流傳千古的梁山伯與祝英台情史，就發生在東晉。

東晉亡於公元 420 年，從此中國分裂、南北分治，是南北朝的開始，歷經約一百七十年。「南朝」始於東晉大將劉裕自立為帝，國號「宋」，建都於建康（今南京），自此有宋、齊、梁、陳四朝，而「北朝」有北魏，為鮮卑族拓跋燾所建，原定都平城今（山西大同），傳至孝文帝時，遷都洛陽。北魏亡後，有建都於鄴城（今河南臨漳）的東魏及接續的北齊。另有建都於長安的西魏，傳至北周，後東征滅北齊。在這期間，華語南腔北調，為吟詩作賦，南朝齊梁間的沈約撰有《四聲譜》，此為華語「四聲說」的源頭。北魏孝文帝則積極推行漢化，包括改漢姓、著漢服、學漢字、說漢語，尊孔章典、鼓勵胡漢通婚。更促成了「北朝」胡漢民族的大融合，是為現今「北方漢族」的先祖。並逐漸形成了現代華語方言裏的「北方語系」，與「古華語」之間有較大的變革，而春秋戰國時期的某些華語音韻，僅得保留於古華語的現代「活化石」──「閩粵語系」中。順帶一提，精研曆算、並早西方一千多年推得精密圓周率的祖沖之，就是「南朝」宋時的天文學家。

　　北周外戚楊堅，封於隨，後篡位，將「隨」字中的「走」去掉，自稱隋文帝。不久，「隋」於公元 581 年滅建康的南朝「陳」，再度統一中國，在長安舊址東南方，營建新都「大興城」（為今陝西西安），後世仍稱長安。隋文帝廣設糧倉、開創中國歷史上的「科舉」，史稱「開皇之治」。日本的早期漢化，即始於隋朝。隋文帝去世後，太子即位，年號仁壽。會通古今南北華語音韻的書《切韻》，即為大隋仁壽元年、陸法言所撰。四年後，隋煬帝楊廣稱帝，開鑿南北大運河，加上遠征古代「匈奴」人建立的「高句麗」，中原百姓因此承受苛稅勞役，苦不堪言，農民大起義。各地群雄則紛紛乘機起兵造反，隋煬帝最後為大臣宇文化及所殺。與秦朝命運類似，雖然對中華文化典章制度以及基礎建設有劃時代的貢獻，但隋朝僅得三十七年。

　　隴西成紀的李淵仕隋為太原留守，襲封唐國公，於隋末起兵於西陲的晉陽、攻取長安，立煬帝孫侑為帝。次年，公元 618 年，廢侑而自建唐朝，此後持續了約三百年。唐亡後由於唐代「藩鎮割據」的延伸，演變為「五代十國」。「五代」即歷史學家所稱的「後梁唐晉漢周」，在中國「北方」一代換一代。「十國」是指在中國「南方」多國並存的十個小國，或許由於這樣的多國分據，加上山川分割，使得現代華語方言裏的「南方語系」較為複雜。「五代十國」加上關外的「契丹」以及後來的「遼」，共約歷時六十年。

　　到了公元 960 年，後周的大將趙匡胤陳橋兵變、黃袍加身，被擁為帝，他改國號為「宋」，是為北宋。於北宋仁宗時，畢昇發明「活字版印刷術」，對自宋以降，華語「韻書」的留存與傳世，應有相當大的助益。「北宋」由於受到西北方「党項羌族」所建「西夏」的的威脅，以及北方「遼」與後來「金」的入侵，公元 1127 年宋高宗趙構於應天府（今南京）登基，開始「南宋」偏安的局面。「唐宋」期間，由於「吟詩賦詞」與「科舉」應試需要，華語「韻書」的撰述及刊行，逐漸普遍。

　　有宋一朝雖然在哲學思想、文藝創作、及科技發明方面，於中國文化進展裏皆有長足的輝煌成就。可惜「重文輕武」，疏忽國防軍事，以致由「大元帝國」取而代之。大元帝國在世界文明史上橫跨歐亞大陸、版圖最大，於公

元 1279 年起，正式統治中國，持續約九十年。之後歷經明、清，一直到公元 1912 年民國肇始，推行「國語注音符號」，以至公元 1949 年中華人民共和國成立，於 1957 年實施「普通話」的「漢語拼音方案」。

中國「戲曲」的發展，要比西方「歌劇」早了數百年，這對華語「聲」與「韻」的落實普及，有莫大的助益。自元朝開始，由於「元曲」加上一些地方戲曲，如明嘉靖年間南方開始盛行的「崑曲」、加上三百年後北方的「皮黃」、以及近代的「京劇」，先後在民間盛行，華語南北語系的「官話」音韻，則漸趨標準化。

華夏文明，自三皇五帝、唐堯、虞舜、夏禹、商湯、以至西周。之後，春秋、戰國，秦、漢、三國，魏晉、南北朝，隋、唐、五代十國，宋、元、明、清、以降民國。這三千多年、朝代更迭，思想家輩出、各領風騷，華語也產生了巨大的變遷與融合。要試圖對歷來南北華語音韻，作一簡要評述，更要求面面俱到、將其流變作清晰確切的分析，誠為難事。本文僅能借助「華語音韻」的「音樂性」，來推敲旁證其來自及可能結構。

四・三　華語音韻源流

華夏民族自遠古有語言與文字以來，到上古周秦漢，一直沿襲著「調語」的演化進程，每字有音有調，渾然一體成形，且一字一音。然而，上古從未有關於「音韻」的文字描述或記錄，因此，歷代以來，眾說紛紜、未有定論。

為方便本文的討論，我們將「音韻」分為「聲韻」與「聲調」：「聲韻」探討的主要是「音素」，內涵為「聲母」、「韻母」、與其之間的結合。而「聲調」研究的主要是「音譜」，簡稱「調」，內涵為「音頻」的組成與變化，具體的說，就是「調」的分析與其類型。為論述上的清晰，首先將華語的音韻變遷，依時間作大致上的分期。

A. 音韻簡史

　　綜合前輩音韻家所述，歷代音韻的變遷，約可分為四期：(一)古音期(二)韻書期（三）官話期（四）音標期。

　　（一）古音期：此期包括遠古以至上古周秦漢。由於此期間，雖有受教育的貴族及官員之間通行的「雅言」，與當時各地「方言」共存，但無韻書、更無音標，字音來自皆不能詳。惟有依據《詩經》、《易經》、《楚辭》、諸子集、秦碑、及漢韻文等用韻之處，來參校考訂。由於上古字形，仍用籀篆體。因而可由形聲字之古字讀音，略審知其韻。另尚可由東漢許慎《說文解字》十五篇，以及現存方言之聲韻，酌得旁證。

　　（二）韻書期：此期由中古魏晉南北朝以降，至隋唐宋。由於四聲理論的建立、韻書的流傳，加上以字音反切、作為原始音標，古今南北字音之平仄、清濁、洪細、開合、緩促等諸端漸明。文人吟詩作賦以及政令行文，加上宋代活版印刷通行，逐漸有統一的「讀音」。然而「韻」尚勉強可辨，但「調」則難考，以致一千五百年來，歷代文人各執己見，尚無定論。

　　（三）官話期：此期包括元明清，約六百年，以元周德清為元曲韻所撰之《中原音韻》與《菉斐軒詞林韻釋》，以及明初之《洪武正韻》為代表。由於元曲盛行，以及官方刊行的韻書，民間逐漸融合形成、南北彼此共喻之現代普通音，或俗稱「官話」，與各地「方言」共存。

　　（四）音標期：民國以來，在西方列強帝國環視下，全國統一攘外為當務之急。語言的統一，更為消除地區隔閡與教育普及的先決條件。於是有「注音符號」與而後「漢語拼音」的制定，以及「國語」與「普通話」字典的編印，並確立普通話的五聲調：(一)陰平、(二)陽平、(三)上、(四)去、(五)輕（即短促急收的「入聲」），或可改稱為（一）平、（二）升、（三）沉、（四）降、（五）促。此外，各方言字典的編寫，也成為現今歷史語言研究的重點。

B. 中古韻書

西漢揚雄撰《方言》，彙編當時各地土語、俚語、以及通語並加註解，可算是最早的「字典」，只是沒有注「音」。其後，東漢 許慎撰《說文解字》，可說開創韻書的先河。實際上著重於字音的「韻書」，始於三國時魏李登所撰的《聲類》，凡十卷一萬一千五百二十字，以五聲來命字。其後，古書上記載的有晉呂靜《韻集》，以及周彥倫《四聲切韻》、夏侯該《韻略》、陽休之《韻略》、周思言《音韻》、李季節《音譜》、杜臺卿《韻略》等。魏晉之後，南北朝的沈約提出了聲調的「四聲說」。不過以上韻書，皆散佚無存。

至隋陸法言撰《切韻》五卷，以「四聲」分一百九十三韻。每韻之字，以反切分其聲之「清濁」，而以類相從，或可謂之為「四聲八調」之濫觴。《切韻》序言曰：

> 昔開皇初，有儀同劉臻等八人，同詣法言門宿。夜永酒闌，論及音韻。以今聲調、既自有別，諸家取捨、亦復不同。吳楚則時傷輕淺，燕趙則多傷重濁，秦隴則去聲為入，梁益則平聲似去。

> 又支（章移切）脂（旨夷切）魚（語居切）虞（遇俱切），共為一韻；先（蘇前切）仙（相然切）尤（于求切）侯（胡溝切），俱論是切。欲廣文路，自可清濁皆通；若賞知音，即須輕重有異。

> 呂靜《韻集》、夏侯該《韻略》、陽休之《韻略》、周思言《音韻》、李季節《音譜》、杜臺卿《韻略》等，各有乖互，江東取韻，與河北復殊。因論南北是非，古今通塞，欲更捃選精切，除削疏緩，蕭（該）、顏（之推）多所決定。魏著作（淵）謂法言曰：『向來論難，疑處悉盡，何為不隨口記之，我輩數人，定則定矣。』法言即燭下握筆，略記綱

記，博向英辯，殆得精華。

於是更涉餘學，兼從薄宦，十數年間，不遑修集。今反初服，私訓諸弟子，凡有文藻，即須明聲韻。屏居山野，交游阻絕，疑惑之所，質向無從。亡者則生死路殊，空懷可作之歎；存者則貴賤禮隔，以報絕交之旨。

遂取諸家音韻，古今字書，以前所記者定之，為《切韻》五卷。剖析毫釐，分別黍累，何煩泣玉，未得縣金，藏之名山。昔怪馬遷之言大，持以蓋醬，今歎揚雄之口吃。非是小子專輒，乃述群賢遺意。寧敢施行於人世，直欲不出戶庭。

于時歲次辛酉，大隋仁壽元年。

由此可見《切韻》「論南北是非，古今通塞」，並非根據一時一地方言、或官方施行的韻書，而是古今南北方音韻書的彙編，分韻惟恐不詳。

隋文帝廢九品中正制，改由諸州歲貢三人，至隋煬帝乃置進士等科，積極推行以才舉仕的「科舉制度」，因而韻書更有民間的社會需求。然《切韻》如今亦佚，僅得其敦煌殘卷。之後尚有唐孫愐撰《唐韻》、李舟撰《切韻》、宋陳彭年等撰《廣韻》、宋丁度等撰《集韻》、宋鄭庠撰《詩古音辨》，皆依據《切韻》舊目，加以增訂。不過根據《切韻》殘卷，《廣韻》要多出十三韻。惜今僅《廣韻》與《集韻》傳世，餘皆佚失。目前研究「聲韻學」，多以《廣韻》之二百零六韻為濫觴。

C. 聲調變遷

史書有記錄的「韻書」，最早是魏李登所撰《聲類》，凡十卷一萬一千五百一十字，以五聲來命名，但由於《聲類》已散佚，不得其詳。不過，顯然在魏時，就李登所知，字音可分五個「聲調」。是否李登只知其一、不知其二，

或因李氏個人無法辨認，或李氏並不熟稔大江南北方言的「聲調」。但可確認的是，依李氏所言，在中古魏時，華語〝至少〞有五種「聲調」類別。

此外，華語由遠古、上古，到中古，「聲調」是增加或減少或增減交替，亦不得而知。由於華夏疆域，縱橫千里，歷經數千年，就算有古代通行的「普通話」，也絕不可能有統一不變的語音腔調。〝以今鑑古〞，海峽兩岸對峙，在雙方皆有當年教育部明令頒布而制定的「國語字典」的條件下，由於交流阻隔，不消二十年，兩地學子們的「口音」，已有顯著的不同。

國民政府剛撤退到台灣時，台灣東西南北的「閩南語」，腔調有顯著的不同，且已與內地的「閩南語」有差別。六十多年後的現在，各地腔調已漸趨一致。這皆靠台灣島內人口流通，以及現代的錄音設備、廣播電臺、電視，自然融合而成的。至於台灣的「國語」均一化，則靠以上的因素，以及現代「語音學」的知識與教學。否則，要使「聲」、「韻」與「調」，整齊劃一且不變，是非常不容易的事。由此亦可知，研究「聲韻源流」的困難度。

總之，古代「字音」分多少「聲調」，無人知曉，當然更無「平上去入」四聲之名〞。及至魏晉南北朝、南朝齊梁間，沈約撰《四聲譜》，將古音調歸為「平上去入」四類，並以此制韻，世稱「永明體」。此「永明」為南朝齊武帝年號，當時詩人謝朓、王融、周顒、劉繪、范雲等，轉相祖述，而聲韻之道大行。當然，像這樣利用四聲使平仄交互，以加強詩詞的節奏感與聲韻美，早在古詩詞裏已有，但由沈約等人發為理論後，詞人更積極地追求其音律諧暢、精緻工整。可惜，沈約未將四聲再辨「陰陽」，進而得「八調」，以對古聲調做更綿密的分類。然而基本的「四聲理論」建立之後，聲調研究才能正式起步。

D. 古聲調探源

在魏晉南北朝期間，華語南腔北調，既使在隋、唐大一統之後，仍然百家齊鳴、兼容並蓄。南北朝期間，南朝沈約的四聲理論建立後，詩壇「永明體」與「宮體」次第出現，當時有甚多韻書刊行。可惜這些發展，俱在北宋

畢昇活字版印刷術問世之前，這些早期的韻書，皆散佚未能傳世。如今僅得隋陸法言《切韻》殘卷，以及更往後宋代的《廣韻》與《集韻》。

　　宋吳棫撰《韻補》五卷，參考五十種著作，由同韻推定古音，由互押推定韻部之通轉，主張「四聲互用」，而程迥則主張「三聲通用」，皆認為古有平上去入四聲之辨，但平上去三聲可相合用而不拘，甚至可及於入聲。然而這些論述，皆對「四聲」的「陰陽」或「清濁」，著墨不多。後世文人更爭論不休，各執己見，唯一有共識的是，認定古詩詞的「平仄和韻」中，以「平聲」歸「平」而「上去入三聲」歸「仄」。

　　後世關於「古音聲調」議論較多的，就數明陳第，其《讀書拙言》有云：「四聲之辨，古人未有，《中原音韻》此類實多。舊音必以平叶平、仄叶仄也，無亦以今而泥古乎。總之，毛詩之韻，動於天機，天費雕刻，難與後世同日論矣。」文中〝叶〞讀如〝ㄒㄧㄝˊ（xieˊ）〞，亦通〝協〞。此處行文「四聲之辨，古人未有」，引起一些後人誤解。根據陳第《毛詩古音考》所收錄四百餘字中，明言「古平聲」、「古上聲」、「古去聲」等。顯然認定古有四聲，但主張聲調之間相差幾微，古人之詩，取其可歌可詠，並不拘泥四聲之辨，且音隨世變，古讀平入者，後世或讀上去，故平仄互叶，不以為忤。此外，以「今音」讀「古韻」，多不諧協，改變今音以求韻的諧協，稱之為「叶韻」。

　　明清之顧炎武更有「古人四聲一貫說」，於其《音學五書》之總綱、《音論》三卷有云：「古之為詩，主乎音者也，江左諸公之為詩，主乎文者也，文者一定而難移，音者無方而易轉，夫不過喉舌之間，疾徐之頃而已，諧於音、順於耳矣。故或平或仄，時措之宜而無所窒礙。」「有定之四聲，以同天下之文，無定之四聲，以協天下之律。聖人之所以和順於道德而理於義，非達天德者，其孰能知之。」「《廣韻》中有一字收之三聲四聲者，非謂一字有此多音，乃以示天下作詩之人，使隨其遲疾輕重而用之也。」

　　清江永撰《古韻標準》論及古聲調，曰：「自陳氏有古無叶音之說，顧氏從之，又或以古音有異，須別轉一音為叶音，今亦不必如此分別，凡引詩某句韻某字，悉以韻字代之。」「顧氏《詩本音》改正舊叶之誤頗多，亦有求之

太過，反生葛藤，如一章平上去入各用韻，或兩部相近之音各用韻，率謂通為一韻，恐非古人之意。」「亦有一章兩聲或三、四聲者，隨其聲，諷誦詠歌，亦自諧適，不必皆出一聲，如後人詩餘歌曲，正以雜用四聲為節奏，詩韻何獨不然。」江氏與前人的共識為，古有平上去入四聲，且字皆各有其本音，但不必如顧氏，為求詩韻和諧而另轉一音。並認為古人用韻，所以四聲通用較廣者，因古人視「詩韻」，如同「詩餘歌曲」，但求「隨其聲，諷誦詠歌，亦自諧適。」

　　清戴震，師承江永，亦崇尚其說。戴氏弟子段玉裁、孔廣森、王念孫等亦皆為聲韻家。戴氏撰《聲韻考》四卷，論聲韻源流，以及《聲類表》，為古音分類。承其師，戴氏〈答段若膺論韻書〉明言「韻」有「陰陽」之實，後人以「陰聲」、「陽聲」稱之。

　　至清中葉，段玉裁更創「古無去聲」之說，曰：「古四聲不同今韻，猶古本音不同今韻也。攷周秦漢初之文，有平上入而無去，洎乎魏晉，上入聲多轉為去聲，平聲多轉為仄聲，於是乎四聲大備，而與古不侔。有古平而今仄者，有古上入而今去者，細意搜尋，隨在可得其條理。」又於段氏〈答江晉三論韻〉，有云：「古四聲之道有二無四，二者平入也，平稍揚之則為上，入稍重之則為去，故平上一類也，去入一類也，抑之、揚之、舒之、促之，順逆交遞而四聲成，古者刱為文字，因乎人之語言為之音讀，曰平上、曰去入，一易一會之謂道也。」段氏之「古無去聲說」，後人多推響有加，於此不再贅言。

　　然同一師門之孔廣森於《詩聲類》，卻持相反意見，謂「古無入聲」，而入乃去之變。曰：「周京之初，陳風制雅，吳越方言，未入中國，其音皆江北人脣吻。略與中原音韻相似，故詩有三聲而無入聲，今之入聲於古皆去聲也。」

　　段、孔二氏之說，所據材料，同為《詩經》、《楚辭》、諸子集，與秦漢韻文等，且皆謂上古去入二聲合用。但段氏認為上古先有「入」再分化出「去」，而孔氏認為先有「去」，再分化出「入」，且舉證歷歷。

　　孔氏於《詩聲類》云：「緝合諸韻為，談、鹽、咸、嚴之陰聲，皆閉口急

讀之，故不能備三聲，《唐韻》所配入聲，唯此部為近古，其餘部古悉無入聲，但去聲之中自有長言、短言，兩種讀法，每同用而稍別畛域，後世韻書遂取諸陰部去聲之短言者，壹改為諸陽部之入聲。」「夫六朝審音者，於古去聲中，別出入聲，亦猶元曲韻於平聲之中，又分陰平陽平耳，倘有孰是而呵唐詩不當陰陽平通押者，其疇不為笑乎。」

　　段、孔二氏之後，江有誥撰《唐韻四聲正》，認為古人實有四聲，但古之四聲與後人不同。而後人編韻時，不能審明古訓，特就當代之聲，誤為分析。

　　與江有誥同時的夏炘撰《古韻表集說綴言》，有云：「四聲出於天籟，豈有古無四聲之理，即如後世反切，自謂能得定音，其實古人終葵為椎，不聿為筆，邾婁為鄒之屬以兆其端。反切必原於字母，古人之幾聲與今等韻之字母悉合，可見今人所有，古人無所不有。豈有明白確切之四聲，古人反不知之。睹三百篇中，平自韻平，仄自韻仄，劃然不紊，其不合者，古人所讀之四聲，有與今人不同也。江君《唐韻四聲正》一書，考據最為明確。」

　　夏炘之弟夏燮撰《述韻》，有曰：「三百篇群經有韻之文，四聲具備，分用畫然，如部分之有條不紊，第古無韻書，遂以此為周顒、沈約獨得之秘耳。」其下文，提出甚多古韻文例，可說不勝枚舉。後又云：「大氐後人多以《唐韻》之四聲求古人，故多不合，因其不合，而遂疑古人無四聲，非通論也。」「古四聲有獨用、有通用。」「屢用屢合而不失其本旨，知其所以分，又知其所以合，然後可無疑于古有四聲之說矣。」有關這點，近代周祖謨著有〈古音有無上去二聲辨〉一文，對古聲調辨說尤詳。

　　近人章炳麟、黃侃、王力等大抵崇尚段玉裁。然而值得一提的是，王國維主張「古有五聲」，即陰平、陽平、陰上、陰去、陰入。有云：「自三百篇以至漢初，此五聲大抵自相通叶，罕有出入。漢中葉以後，陽類之聲，一部訛變為上去。」於是，有陽平上去、陰平上去入，由五聲增為七聲。又云：「然魏晉間，撰韻書者，仍分為五聲。蓋猶并陽聲之平上去為一，不敢以後世之音亂古音也。」，以及「陽聲一與陰聲平上去入四，及三代秦漢間之五聲，此說本諸音理，徵諸周秦漢初，人之用韻，求諸文字之形聲，無不吻合。」

然王國維有言，其「五聲說」並非一己之獨創，乃綜合之前各家考証所得。曰：「余之五聲說及陽聲無上去入說，不過錯綜戴、孔、段、王、江五家之說，而得其會通，無絲毫獨見參於其間，而証之事實則如彼，求之諸家之說又如此，陽聲之無上去入，雖視為定論可也。」蓋以王國維「五聲說」，徵之歷代聲韻家之舉証，可說是對古聲調探討至今，矛盾與異議最少的總結。其所定之「五聲」，即為「普通話」的「現代五聲」，除卻第五聲「陰入聲」以現代「輕聲」稱之。就實際情況而言，要一般人發出「頭腔」共鳴的「陽」音，確實不易；因此，「現代五聲」可算是「古華語八聲調」的簡化版。

E. 聲調研究展望

近百年來，引進西方語言學研究方法之後，中國音韻學家，人才輩出，有許多精闢的論述，今人多已熟嫻，於此不再贅述。然本文僅對聲調的「共鳴器」與「音樂性」來分析，冀能與其他論述相輔相成、相互映輝。

四・四　華語音韻

華語文字與語音，經過數千年演化，已成目前世界上最精簡、最具效能的語文系統。「文（alphabet）」，指表達「形」或「意」的「符號（symbol）」，有如拼音文字的「字母」。「文」可單獨為「字（letter）」或「部首」，也可數個「文」結合成一個「字」，換句話說，「字」可由一個或數個「文」構成。而「字」通常可單獨為「詞（word）」，或數個「字」結合成一個「詞」，也就是說，「詞」可由一個或數個「字」構成。因此，將華文與任一拼音文字，如英文，來作對照，華文多了一層「字」的結構，這是英文一般沒有的。英文直接由「文」到「詞」，所以英文「word」的正確華文翻譯，應該是「詞」。

就此而言，「八卦」裏的陰陽爻「▬ ▬」與「▬▬」，相當是最樸素的「文」，三爻構成的「單卦」是為「字」，且各有其代表的「象義」：

乾（天）　　兌（澤）　　離（火）　　巽（風）

震（雷）　　坎（水）　　艮（山）　　坤（地）

六爻「重卦」就是兩個「字」構成的「詞」，例如：

泰（地天）　　否（天地）　　觀（風地）　　剝（山地）

咸（澤山）　　恒（雷風）　　既濟（水火）　　未濟（火水）

在傳統上，於「釋卦」時，每一卦有其「卦象」及對應的「卦義」。或許電報的「摩斯碼（Morse code）」的發明，就是由「易學」的八卦陰陽爻得到的靈感。

　　總而言之，華文造詞的過程，可「幾何級數（geometric series）」般地衍生，而英文造詞的過程，可說是有如「代數級數（algebraic series）」般地衍生。多了一層「字」的結構，華文造新詞就靈活多了，而且新詞第一次出現後，也很容易「意會」或「記憶」。當然，英文也可以利用「希臘文」或「拉丁文」的「字根」來造新詞，但用起來，就沒有華文靈巧且選擇性多。

　　此外，現代普通話一「字」一「音（syllable）」，姑且先不論五個不同「聲調」，目前一般使用、而可分辨的「音」，有四百多個。因此，理論上，兩個「音」就可構出 $400 \times 400 = 160000$ 個可分辨的「聲音（sound）」，或「詞」。三個「音」可組合成 $400^3 = 64000000$ 或六千四百萬個可分辨的「訊息（information）」，此訊息量，遠超過世界上其他任何語言或文字。例如，現今華語「姓名」，單名盛行，而「日語」字音僅有華語十分之一，因此「姓名」

通常得用四個字，口語上才易分辨。

此外，華文尚有「成語」，即「四音詞（四字構成的詞）」。這通稱為「成語」的「四音詞」，不但唸起來悅耳順口，而且可代表一整段「故事」或「圖像」。其所能表達的意念，絕非三言兩語可說明白講清楚的。這可說是「易經」所特有的「類比法」或「聯想法」的推廣應用，是世界上其他語言少有的。總之，華文的成語以四聯音，極度有效地，傳達一整篇故事或圖像所包含與映射的訊息。

A. 音韻結構

在西方語音學裏，「音位（phoneme）」是語音分析的基礎，有如一般科學裏談的「變數（variable）」，而「華語」有三個音位： 聲母、韻母、聲調，簡稱「聲」、「韻」、「調」。每個音位所包括的各種「態（state）」，就是此音位的一個「值（value）」。依本書分析，「華語」應該可有 17「聲」、58「韻」、8「調」。對照而言，「英語」僅有「聲」與「韻」二個音位，此外再標「重音」。

由於華語的語音與西方有顯著的不同，因此，在傳統中國「音韻學」裏，將漢字的「字音」劃分為頭、頸、腹、尾、神五個「音位」，但大多數漢字並〝不完全〞含這五個音位，而這其中「腹」與「神」，則是不可少的。

簡而言之，「頭」又稱「聲母」，相當於現代語音學裏的「起音（initial）」，一般為西方所謂的「子音（consonant）」、或稱「輔音」。「頸」、「腹」、「尾」統稱「韻母」，相當於現代語音學裏的「收音（final）」，也叫「後音」，一般為西方所謂的「元音（vowel）或母音」，或多個元音的組合。因此，根據每個「單一元音」所處的位置，又可細分為「韻頭」、「韻腹」、「韻尾」。其中「韻頭」又稱為「介音（medial vowel）」，其次「韻腹」為「主音（primary vowel）」、是不可缺少的，最後還可接上「韻尾（ending vowel）」，而「韻尾」有時尚可為某些元音化的「子音」。至於「神」，就是漢字的「聲調」。

特別值得一提的是，「現代華語」，指「普通話」或「國語」，在發音上有別於許多「拼音語（phonetic language）」。華語往往將「頭頸腹尾神」熔化為「一體成型」，接合起來發音，而某些「拼音語」則將「頭頸腹尾」在時間上次第發音。

B. 聲調類型

漢字音的「聲調」由音的「鳴位」、「起頻」、與「收頻」，主要三項因素決定。以易經之「陰陽八卦」名之如下：

（一）鳴位：

音的主要共鳴位置為「鳴位」，以由下算起的「第一爻」為表徵，而鳴位高（頭）為「陽爻⚊」、鳴位低（胸）為「陰爻⚋」。

（二）起頻：

起音時的音頻為「起頻」，以由下算起的「第二爻」為表徵，而起頻高為「陽爻⚊」、起頻低為「陰爻⚋」。

（三）收頻：

收音時的音頻為「收頻」，以由下算起的「第三爻」為表徵，而收頻高為「陽爻⚊」、收頻低為「陰爻⚋」。

我們此處依八卦傳統「爻序」，由下而上，因而得「調八卦」，如下：

（一）乾 ☰：　陽平，頭高高（˙—）。
（二）兌 ☱：　陽降，頭高低（˙＼）。
（三）離 ☲：　陽升，頭低高（˙／）。
（四）震 ☳：　陽沉，頭低低（˙∨）。
（五）巽 ☴：　陰平，胸高高（—）。
（六）坎 ☵：　陰降，胸高低（＼）。
（七）艮 ☶：　陰升，胸低高（／）。
（八）坤 ☷：　陰沉，胸低低（∨）。

四‧五　樂音科學

A. 音律與音階

　　根據〈尚書‧堯典〉記載，帝堯令夔統籌樂律及其推廣工作，曰：「詩言志、歌永言、聲依永、律和聲。八音克諧，無相奪倫，神人以和。」在帝舜與禹的對話中，另提及：「予欲聞六律、五聲、八音」。

　　其中「六律」指的是，「標準音頻（standand frequency）」的制定，每相鄰兩律的「音頻比」，用明代朱載堉《樂律全書》裏闡明的「十二平均律」計算起來，約為 $\sqrt[6]{2}$，即 2 開 6 次根，有所謂「六律」與「六呂」之說。

　　「五聲」則指，在歌詠或器樂裏，由相互諧和的五個音，所構成的「五音階」〔宮（ㄍㄨㄥ）、商（ㄕㄤ）、角（ㄐㄩㄝˊ）、徵（ㄓˇ）、羽（ㄩˇ）〕。到西周更合「六律」與「六呂」增為「十二律」，而得「七聲」的「七音階」〔宮、商、角、變徵、徵、羽、變宮〕，此時相鄰兩律音頻比約為 $\sqrt[12]{2}$，即 2 開 12 次根。由於傳統華夏文化裏，根深蒂固的「陰陽五行」觀念，因此，仍尊「五音階」為「正音」，是官方「雅樂」所指定用的，而民間「俗樂」可用「七音階」，但仍以「五音階」為正統。

　　就此而言，熟嫻「樂理」的朋友們知道，以「五音階」譜的歌謠，既使用一般「定調」的樂器，如「口琴」、「簫」、或「笛」，都可轉三個高低不同的調來演奏，以配合「歌者」的音域。因此，「五音階歌謠」，男女通用、老少咸宜。若是「七音階」歌謠，則必須使用特殊的「半音口琴」才能轉調。

　　「八音」則指，八類樂器所代表的「音色」與「音質」，分金、石、土、革、絲、木、匏、竹八類。《周禮》更列出不同場合、樂師的職稱，及職掌的大小祭慶典：郊（祭天）、社（祭地）、大饗（國宴）、燕（君臣宴）等所用的音樂。

　　在〈管子‧地員〉裏，更具體記載了「三分損益法」，以解釋當初得「五聲」的科學推演過程。且依此規律，再繼續推演，更增得「七聲」，加上先前

的「五聲」，總共得「十二聲」即「十二律」，這應在商朝就已完備。

B. 諧音結構

在物理學裏，以某樂音的「音頻」ν 為「基頻（fundamental frequency）」，則與此基頻相同音頻的音，稱為「諧音 1（first harmonic）」，或簡稱「諧 1（$H1$）」，以符號ν_1 代表。兩個音如果同音頻，但可為不同人聲或器樂所發出，則合奏時聽起來最為「諧和（harmony）」。其次是「音頻」為此基頻二倍的音ν_2，稱為「諧 2（second harmonic，$H2$）」。依次為三倍基頻的音ν_3，稱「諧 3（third harmonic，$H3$）」，以及一般〝n 倍〞定義的「諧n（nth harmonic，Hn）」，其音頻為$\nu_n \equiv n\nu$，而 n 為任意正整數。

逆而言之，「諧n」ν_n 與「基頻」ν 的關係，也可以寫為$\nu = \nu_n / n$。由於ν 與ν_n諧和，而我們可以令任何音頻為基頻，因此，以某音頻為基頻，而此基頻的整數n 分之一的音，必然也與此基頻「諧和」。稱以〝n 分〞定義的音為「諧/n」，並以符號ν_{-n}表示。

簡而言之，原先定義的「諧n」ν_n，為〝n 倍〞頻率的音，而後來定義的「諧/n」ν_{-n}，為〝n 分〞頻率的音：

（一）諧n　（Hn）　：　$\nu_n \equiv n\nu$

（二）諧/n（H/n）　：　$\nu_{-n} \equiv \nu / n$

由此可得結論如次：　對任一特定「音頻」而言，最「諧和」的音，為同「音頻」的音，即「諧 1」。其次為二倍音頻的音，即「諧 2」。再依次為 3/2 倍音頻的音，即「諧 3/2」。以此類推，依次可得單音階（do、do）、二音階（do、sol、do）、三音階（do、mi、sol、do）等。

因為在「音樂理論」裏，兩音之間的「諧和程度」，僅有憑感覺的「定性」描述，而未曾作「定量」的定義；因此，本書將在下節，「首度」作這方面的嘗試。

C. 樂音諧度

　　「音」可分，雜亂的「噪音（noise）」與規則的「樂音（tone）」。而樂音最重要的性質為，其規則振動或變化的頻率，簡稱「音頻」。例如，在空氣中傳播的「樂音」，其「音頻」為空氣的「密度（density）」隨時間變化的「頻率（frequency）」。在物理學裏，通常以希臘字母 "nu" ν 代表頻率。

　　樂音間的「諧和」可分為兩類：

　　（一）「位諧（spatial harmony）」，指同時刻、於相同或不同位置發出的
　　　　　音之間的諧和性。如「和弦」或多部「合唱」的諧和性。

　　（二）「時諧（temperal harmony）」，指於同位置、前後不同時刻發出的音
　　　　　之間的諧和性。如歌曲「旋律」、或言語「聲調」的諧和性。

語言「聲調」的諧和性，則是針對樂音的「時諧」而言。首先我們對兩音間的「諧度」作定量的定義。

　　兩「樂音」同奏，在聽覺上的「諧和度」，簡稱「諧度（harmonicity）」H，可以利用兩「音頻」的比值，來定量。假設兩樂音的音頻 ν 與 ν'，其比值為

$$\nu : \nu' \cong M : N$$

此處 $\{ M : N \}$ 代表最接近的簡單整數比。我們以此兩整數 M 與 N 的對數值相加，來表達在傳遞樂音的「介質（medium）」裏，所造成介質振動或疏密的「混雜度」r，簡稱「混度（randomness）」，為

$$r \equiv \log(MN)$$

同「音頻」的兩樂音，其混度最小，音頻比為 $1 : 1$，我們得其混度為零。而不同「音頻」兩樂音的混度必然大於零，最大可至無窮大：$0 \leq r \leq \infty$。

　　由於除 $\{1 : 1\}$ 外，最簡單的整數比為 $\{1 : 2\}$，因此，「不同音頻」兩樂音的混度，最小值 r_0 為

$$r_0 = \log 2$$

此處 "對數符號" $\log$，可代表以任何數為底的對數，即單位可自訂。

在混度 r 的定量上，為了方便與明確，我們進而定義「相對混度」R 如次，

$$R \equiv r / r_0$$

假設「不同音頻」兩樂音的「音頻比」為 $\{ M : N \}$，則其「相對混度」R 為

$$R = \log_2(MN)$$

此處「對數 $\log_2$」以 2 為底。因此，「相對混度」R 的「值域（range）」為 $1 \le R \le \infty$。

至於兩「樂音」之間的「諧度」h 與「相對諧度」H，則可分別定義為「混度」與「相對混度」的「倒值」：

$$h \equiv 1/r$$
$$H \equiv 1/R$$

我們將音頻比 M/N 由 1 到 4 的一切實數，求得其「混度」，如附圖。〝混度〞愈高，也就是〝諧度〞愈低，這表示頻率為 1 與 M/N 的兩音愈不諧和。換而言之，「混度」低就是「諧度」高，表示兩音較「諧和」。因此，利用此圖，甚至可由定量的方式定出「n 音階」。

樂音間的「混度」，也可推廣應用到「三和弦」。如音頻比為 $\{ M : N : L \}$ 的三音和弦的混度為 $r \equiv \log(MNL)$。甚至更可推廣到音頻比為 $\{ N_1 : N_2 : ...N_k : ... : N_n \}$ 的「n 音階」的混度：

$$r \equiv \log(N_1 N_2 \cdots N_k \cdots N_n) = \sum_{k=1}^{n} \log(N_k)$$

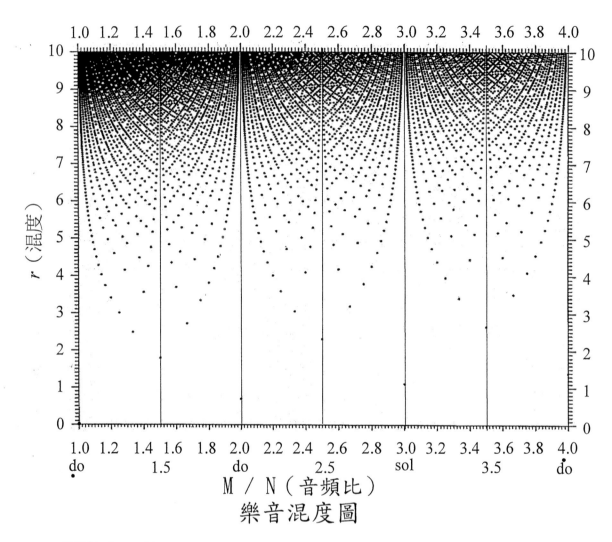

樂音混度圖

D. 樂音十二律

　　遠自夏商周時代，古聖賢以「三分損益法」制古樂。由現代世界通行的「八度（do、re、mi、fa、sol、la、si、dȯ）十二律（12k，或12律，或12半音）」觀之，在「頻變」或「調」方面，可利用依次最協和的音，建構單音階〔do、dȯ〕，二音階〔do、sol、dȯ〕，三音階〔do、mi、sol、dȯ〕，四音階〔do、mi、sol、la、dȯ〕，五音階〔do、re、mi、sol、la、dȯ〕，六音階〔do、re、mi、fa、sol、la、dȯ〕，七音階〔do、re、mi、fa、sol、la、si、dȯ〕等，不一而足。

　　據考古出土文物推論，中國在商周時，已將一切相關、而不同「音頻（frequency）」的音作科學分類，分為十二類，即所謂的十二律：

黃鐘、大呂、太簇、夾鐘、姑洗、仲呂、

蕤賓、林鐘、夷則、南呂、無射、應鐘。

每一律包含無限多個「音頻」，而同一律裡，大小相鄰的兩不同音頻呈雙倍關係。令其任一音頻為 $v(0)$，則同一律裡，其他音頻必為 $v(n) \equiv 2^n v(0)$，這裡 n 可為任意正負整數或零。例如，若 $v(0)$ 為「do」，則 $v(1)$ 為高八度的「$\dot{\text{do}}$」，而 $v(-1)$ 為低八度的「$\underset{\cdot}{\text{do}}$」，依次類推。

　　以現代國際間較熟悉的七音階「唱名」〔do、re、mi、fa、sol、la、si〕、所對應的 C 調「音名」〔C、D、E、F、G、A、B〕來表達，十二律為〔C、Db、D、Eb、E、F、Gb、G、Ab、A、Bb、B〕。其中〔C、D、E、F、G、A、B〕相當鋼琴「白鍵」的音、而〔Db、Eb、Gb、Ab、Bb〕為「黑鍵」的音。〔$\dot{C}$、$\dot{D}$、$\dot{E}$、$\dot{F}$、$\dot{G}$、$\dot{A}$、$\dot{B}$〕代表往右手邊的高八度音階，而〔$\underset{\cdot}{C}$、$\underset{\cdot}{D}$、$\underset{\cdot}{E}$、$\underset{\cdot}{F}$、$\underset{\cdot}{G}$、$\underset{\cdot}{A}$、$\underset{\cdot}{B}$〕代表往左手邊的低八度音階。例如，C 律所屬的一切音為〔…$\underset{\cdot}{\underset{\cdot}{C}}$、$\underset{\cdot}{C}$、$C$、$\dot{C}$、$\ddot{C}$…〕。習慣上高或低八度的音，也可以利用大小寫羅馬字母、或以上下標來標示。以 C 律為例，

C 律 $\equiv$ 〔$C(n), n = 0, \pm 1, \pm 2, \cdots$〕。

如果我們稱〔C、D、E、F、G、A、B〕為同一音階的「兄弟姐妹音」，則可稱〔$\underset{\cdot}{C}$、C、$\dot{C}$、〕為〔祖、父、孫〕，即「祖孫三代音」，而 C 律代表全部 C 世譜。

　　以上所言，有關「樂音」的知識，大約在中國商周時代，就已經完全掌握，比西方早很多。至於「樂音（musical notes）」所用的「理」—— 十二律，則可利用「樂音」所用的「道」——「三分損益法」，來推演得到。

　　簡而言之，《管子》裏提到的「三分損益法」即：將原來的音弦或音管，長度減損三分之一，其所奏出的音與原音不同，但當兩音齊奏時，仍感悅耳而「諧和（harmony）」。若將原來的音弦或音管，增益三分之一，所奏出的音，

與原音也算「諧和」。尤其是，「損益」後的兩音之間更為「諧和」。以上這三個音，可稱為「三才（天人地）音」，正好組成一個「八度十二律」中的「二音階」〔do、sol、do〕，如下圖。

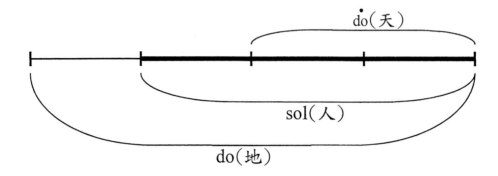

依此類推，即可得十二個彼此諧和的音，稱為「十二律」，如次：

八度十二律

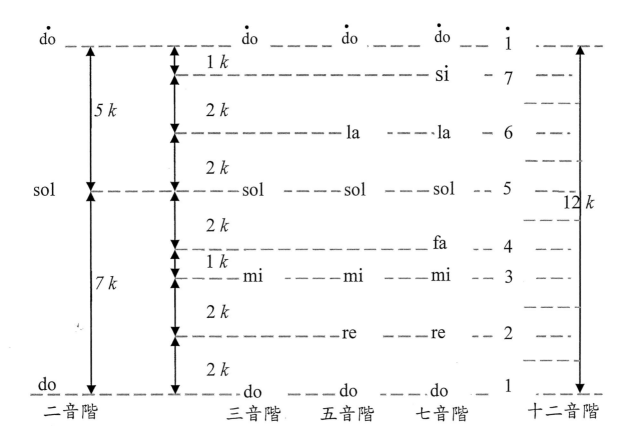

在上圖中，我們順便列出「三音階」、「五音階」、「七音階」、與「十二音階」。

在此圖裏，我們採行明代<u>朱載堉</u>首先提出的「十二平均律」，也是現在世界通行的：將十二律由「黃鐘」開始，每律的頻率，以等比 $k \equiv \sqrt[12]{2}$ 級數，逐次呈現「大呂」、「太簇」、「夾鐘」、「姑洗」、「仲呂」、「蕤賓」、「林鐘」、「夷則」、「南呂」、「無射」、「應鐘」。即「大呂」的頻率為「黃鐘」的 k 倍，而「太簇」為「大呂」的 k 倍、等等。如此，周而復始，由「應鐘」的 k 倍，得高八度的「黃鐘」，而此「黃鐘」的頻率為開始「黃鐘」的兩倍。此比數 $k \equiv \sqrt[12]{2}$ 約為

$$k \approx 231623 / 218623 \approx 873 / 824 \approx 89 / 84 \approx 18 / 17 \approx 256 / 243 = 2^8 / 3^5$$

這也是現代鋼琴相鄰兩鍵的頻率比。我們稱 *k* 為「鍵(key)」，定為頻率比的「單位」。

我們也可以將十二律以「律鐘」呈現，畫如一「時鐘面」。

若時鐘由 12 時「黃鐘」，向前走七小時，至 7 時得「林鐘」，其頻率為「黃鐘」的 3/2 倍。由此再向前行 7 小時，至 2 時得「太簇。」再向前行 7 小時，得「南呂」，如此，再依次得「姑洗」、「應鐘」、「蕤賓」、「大呂」、「夷則」、「夾鐘」、「無射」、「仲呂」，共「12 律」。再向前行，則周而復始，得「黃鐘」。

以「律鐘」呈現「音階」，得音階圖如次：

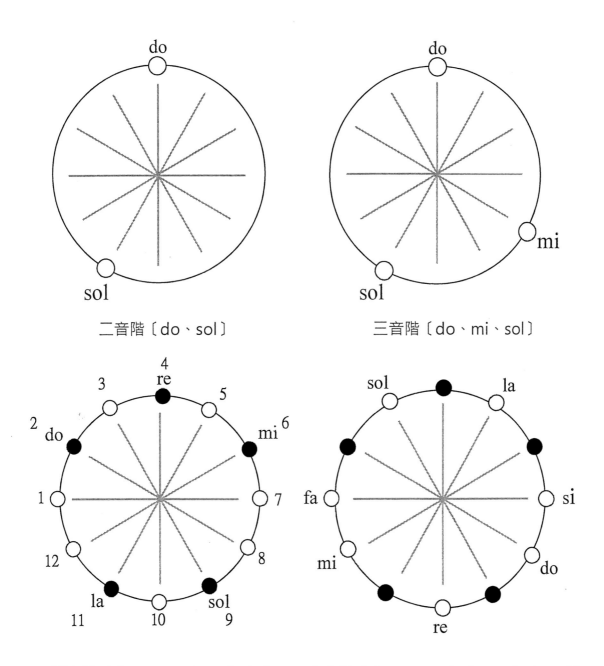

二音階〔do、sol〕　　　　　三音階〔do、mi、sol〕

五音階〔do、re、mi、sol、la〕　　七音階〔do、re、mi、fa、sol、la、si〕

由上圖可見，「五音階」如鋼琴上的「黑鍵」，而與「七音階」如鋼琴上的「白鍵」，相當對稱，而且陰陽互補，得圓滿的「十二律」。有趣的是，五音階形似「梅花」為「陽」，而七音階呈似「蝴蝶」為「陰」，可謂「蝶戀梅」，陰陽互補：

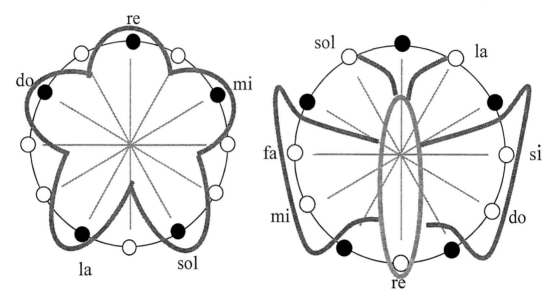

蝶戀梅十二律圖

E. 樂音與宇宙規律之類比

　　人類自從有「思想」或稱「意志（free-will）」以來，就對宇宙的「規律（law）」與「本質（nature）」好奇且有無限的「遐想（imagination）」。在華夏文化裏，「規律」總結為「陰陽」、「本質」總結為「五行（five elements）」——金木水火土，而其與「樂音」的類比，自古以來在東西文化裏，都有許多「臆想」。例如：《呂氏春秋·音律》，有云：

> 仲冬日短至，則生黃鐘，季冬生大呂；
> 孟春生太簇，仲春生夾鐘，季春生姑洗；
> 孟夏生仲呂，仲夏日長至，則生蕤賓，季夏生林鐘；
> 孟秋生夷則，仲秋生南呂，季秋生無射；
> 孟冬生應鐘。

宇宙萬事萬物的「陰陽輪迴」，有許多類似之處，皆隱約有「道」可尋。又例如「樂音」與「光色」的類比，也值得我們作「科學」的探討，詳見附上的

「十二律琴鍵圖」。

關於「曆法格式」的制定上，華夏文化的曆法以農業為首要考量，特稱「農曆」，為「陰陽合曆」。夏朝時以「正月(一月)」為「歲首」、商以十二月、周以十一月、秦及漢初以十月為歲首。因此，「周曆」的一月，就是「夏曆」的十一月。漢武帝則恢復夏制以「正月」為「歲首」，此後歷代沿用。對照而言，西方現行的「格里曆（Gregorian calendar）」以西方古代的十一月為「歲首」。因此，例如西方現代的「十月（October）」是其「舊制」的「八月」。

地球繞太陽「公轉」，形成一年循環的軌道面，稱為「黃道面」；而地球「自轉」，形成一日循環的軌道面，稱為「赤道面」。這兩個面並不一致，且兩者間目前形成 23.5 度的夾角，因此，「公轉軸」與「自轉軸」間也就有 23.5 度的夾角。由於天體間的「萬有引力」作用，使此夾角在 21.5 至 24.5 度間循環變化，週期約四萬年。此外，地球自轉軸本身也會緩緩改變方位，是所謂的「歲差運動」，週期約二萬年。再加上，地球公轉軌道也會在「橢圓」與「圓」間循環變化，此週期約為十萬年。地球在天體間的這三類相對運動，應該是造成「冰河時期」地球氣候長期變化的主要「成因」。其中的「歲差運動」或許能說明，數千年內「歲首」的改變，中西皆然。

細說來話長，這裡姑且僅以數張圖表，略呈其梗概。

四季五行二十四節氣鐘

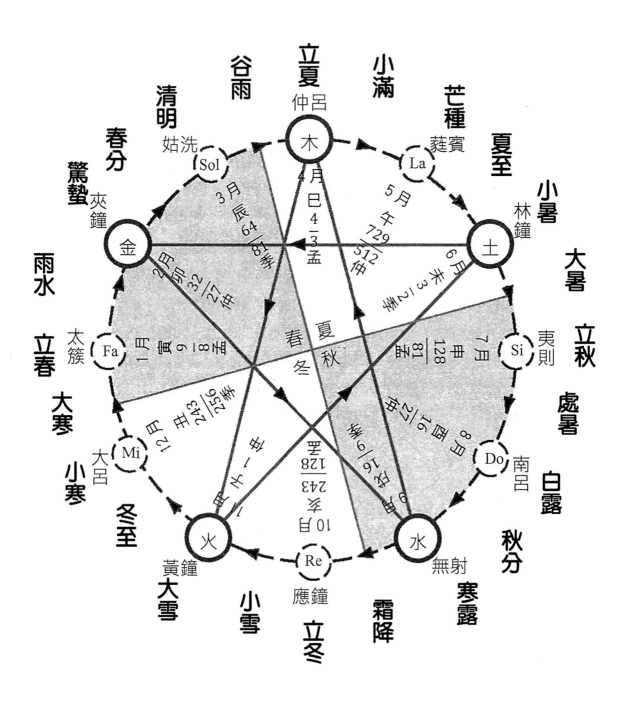

五行生剋十二律鐘(範例)

轉調＝旋宮＝「宮圓」與「黃鐘圓」相對旋轉

$$\pm n \Rightarrow \frac{1}{2^m}\left(\frac{3}{2}\right)^{\pm n} \quad \text{表示頻率比}$$

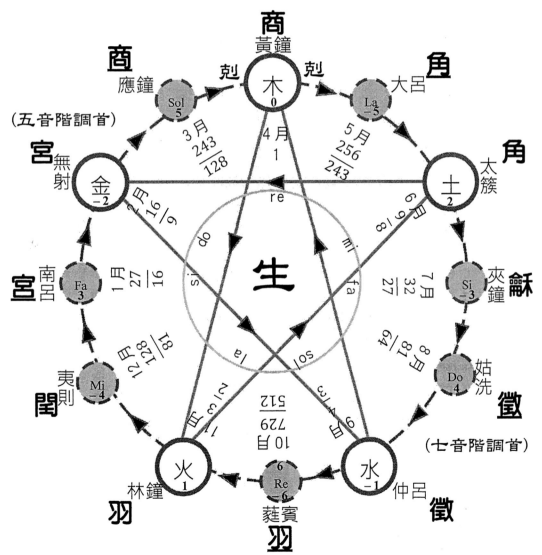

生：星對角方向　(諧和)

剋：圓順時方向(不諧和)

金木土水火為小月，其餘為大月。

中西音名唱名對應表

十二律	中	雅樂	典樂		五音階為主
		俗樂	燕(宴)樂	清樂　胡樂	七音階為主

音名	中	應鐘（濁）	黃鐘	大呂	太簇	夾鐘	姑洗	仲呂	蕤賓	林鐘	夷則	南呂	無射	應鐘	黃鐘（清）
	西	G•	A	A#/Bb	B	B#/Cb	C	C#/Db	D	D#/Eb	E	F	F#/Gb	G	A•

唱名	中	宮	商	商	角	角	龢（和）	徵	徵	羽	羽	閏	宮	宮•
	西	Do		Re		Mi	Fa		Sol		La		Si	Do•

宮=變宮，商=變商，等等。

太極	十二律	調首（主音）											
陽	五音階	黃鐘	大呂	太簇	夾鐘	姑洗	仲呂	蕤賓	林鐘	夷則	南呂	無射	應鐘
陰	七音階	蕤賓	林鐘	夷則	南呂	無射	應鐘	黃鐘	大呂	太簇	夾鐘	姑洗	仲呂

由「主音」與「屬音」，以及「音階」中間隔半音全音相對位置，以定大調、小調、以及和聲大調、旋律大調等的「調性」。此處展示的，僅為範例。

十二律琴鍵圖

音名（中）	音名（西）	五音階 Gᵇ調 南呂調（唱名）	五行	七音階 C大調 夾鐘調（唱名）	光色	光型
夷則	F			Fa	綠	紅內線
南呂		宮 Do	金			紅內線
無射	G			Sol	藍	
應鐘		商 Re	木			
黃鐘	A			La	靛	
大呂		角 Mi	土			
大簇	B			Si	紫	
夾鐘	C			Do	紅	
姑洗		徵 Sol	水			
仲呂	D			Re	橙	
蕤賓		羽 La	火			
林鐘	E			Mi	黃	
夷則	F			Fa	綠	可見光
南呂		宮 Do	金			
無射	G			Sol	藍	
應鐘		商 Re	木			
黃鐘	A			La	靛	
大呂		角 Mi	土			
大簇	B			Si	紫	
夾鐘	C			Do	紅	紫外線
姑洗		徵 Sol	水			
仲呂	D			Re	橙	
蕤賓		羽 La	火			
林鐘	E			Mi	黃	

光型（可見光方向）：← 紅 橙 黃 綠 藍 靛 紫 →

此表中，請特別注意「聲」與「光」的類比：「聲」的「聲頻」由「Do」到「Do」為加倍，而「可見光」的「光頻」由「紅」到「紫」，也是加倍。人類的眼睛，只需看到「紅橙黃綠藍靛紫」，其他只是「加倍」或「減半」的「重複」而已，這多餘的功能，就不麻煩「上帝」了。

四・六　華語聲調科學

A. 語音的陰陽

　　人類語音在「音色」方面，由於華夏文化自古以來的「陰陽」概念，可歸得古音韻學家所謂的「清濁」之分的音感。此處「陰陽」的古字為「会易」，字面的圖象意思分別為「烏雲蓋日」與「艷陽普照」。而後，「陰陽」逐漸經由《易經（I-Ching）》的「類比法」，引申為「月日」、「地天」、「北南」、「濁清」、「水火」、「寒暑」、「靜動」、「柔剛」、「女男」、「卑尊」等，相輔相成的具體或抽象事物。

　　因此，「陰」為「地」、為「濁」，在音感上，猶擊石成聲；而「陽」為「天」、為「清」，在音感上，猶擊金成聲。就傳統「音韻學」而言，當以「陽聲」喻「金聲」或「鐘聲」或「鋼琴聲」；而以「陰聲」喻「石聲」或「鼓聲」或「風琴聲」。就中國戲曲聲樂而言，「陽聲」當喻有清亮飄逸感之「頭音」、「咽音」，或地方戲曲界所謂之「腦後音」，而「陰聲」當喻有濁暗渾實感之「胸音」。在現代聲樂學裏，「陽聲」應泛指「頭腔共鳴聲」，也包含一般所謂「假聲」與「真聲」的混合；而「陰聲」則指渾厚的「喉、口、胸、腹腔共鳴聲」。這陰陽兩種「音色」，對認真修習過聲樂的人而言，是很容易「展現（perform）」與「區分（discern）」的，但對一般人而言，確實有相當難度。

　　為了進一步說明陰陽感的「音色」，現將「聲樂」與「器樂」作類比：在有關「人聲」的生理器官裏，「聲帶」有如「琴弦、簧片」等為「發聲器」，主要決定「音頻」。「口、舌、唇、齒、顎、鼻」如「吹、彈、按、擊、奏」各類型樂器、古稱「八音」，為「調聲器」，主要決定「音質」。而「口腔、咽腔、鼻腔、頭腔（含鼻竇、蝶竇、額竇等）」，以及廣義的「喉腔、胸腔、腹腔」，有如樂器的「琴箱、簧管」等為「擴音共鳴器」，主要決定「音色」。人聲「音色」的「陰陽」，主要由「共鳴器」、或發音時著重的「共鳴位置」來決定。

　　在世界上大部分的語言裏，「陰陽」沒有區別「語意」的功能，有如華語

「普通話」，當然，在接近「古華語」的「閩語」裏就有相當大的區別，能表達不同的「語意」。在英語裏，同一個字發「陰音」或「陽音」，代表同一個意思。而西方人說英語時，陽音成份多，而東方人說英語時，陰音成分居多。中國北方人說「普通話」時，陽音成份要比南方人多。我們可以將「鳴位」，當成一個獨立的「音位（phoneme）」看待，其「音色」由陰到陽是連續變化的，陰陽不是有或沒有，而是組成的成份各佔多少。

　　在現代歌唱界，完全相同的「歌曲」或「旋律」，可因歌手的「共鳴位置」改變，而得「清脆、明亮」、或「沉穩、暗濁」的兩種不同「音色」特質，有如晨「鐘」與暮「鼓」的差別。

　　最通俗的比喻就是：同一首歌或樂曲，以一般家庭高級音響播放。若僅接「低音喇叭」，就得到「陰聲」的音感，因為同一個音的「低頻諧音」加強了。若僅接「高音喇叭」，則有「陽聲」的音感，由於同一個音的「高頻諧音」加強。以一般普通音響播放，將「低音（Bass）」調到最高就接近「陰聲」，將「低音（Bass）」關掉就接近「陽聲」，當然效果不是那麼明顯。另一個近似的譬喻就是，同一首歌讓「男生」與「女生」用同一個調來唱，「男聲」為「陰聲」而「女聲」為「陽聲」。注意，在這裏「男女」似乎與「陽陰」的對應顛倒了。這由於「女聲」有「清脆明亮」音感，反而屬「陽聲」，而「男聲」有「沉穩暗濁」音感，為「陰聲」。

　　清代音韻學家江永《音學辨徵》有云：「清濁本於陰陽，一說清為陽、濁為陰，天清而地濁也；一說清為陰、而濁為陽，陰字影母為清，陽字喻母為濁也。當以前說為正。陰字清，陽字濁，互為其根耳。三十六母，十八清，十八濁，陰陽適均，其有最清、最濁、次清、次濁、又次清、又次濁者，呼之有輕重也。」對他而言，陰陽的差異或許了然於胸，但語焉不詳；由於各音韻家對「陰陽」的涵義沒有共識，依他的說法，似乎是越解釋，越〝混濁不清〞。

　　另一方面，「現代」音韻學家，多數將華文裏的「清濁」，譯為西方語言裏的「voiced，voiceless」，也就是聲帶震動與否的區別；有如「清聲

（voicelessness）」與「常態帶音（modal voice）」。然而，「古代」音韻學家，多以「清濁」表達「音感」的不同。因此，最好的解決方案是，"快刀斬亂麻"，建議保留「陰陽」為描述「音感」的「心理」狀態，而「清濁」保留作，描述西方所謂的「聲帶震動與否」的「生理」狀態。

B. 頻變走勢

華語一字一音，但同一「字音」有高低長短、緩促之別。就最簡單的分析而言，「發聲器」出聲有「起音」與「收音」時刻、以及音頻的「高」與「低」。因此，基本上共有四種不同「頻變類型」：（一）高起高收（二）高起低收（三）低起高收（四）低起低收，如下圖：

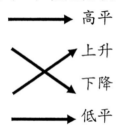

高平
上升
下降
低平

以「山明水秀」與「天子聖哲」發聲為例，如咬字吐聲的基本音頻平均一致，則可分出四種頻變如下：

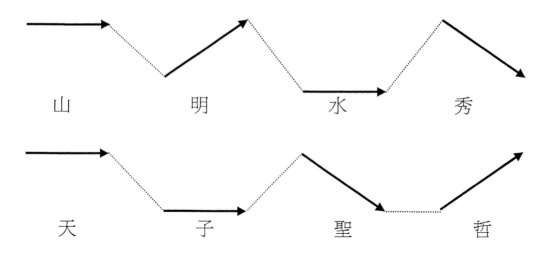

山　　　　明　　　　水　　　　秀

天　　　　子　　　　聖　　　　哲

若每字斷開，可發聲如下：

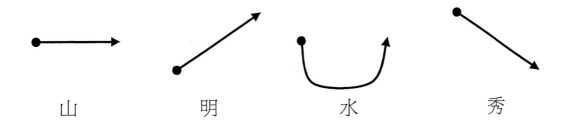

C. 聲調類型

語言的「聲調」，是一種和諧的「頻變」，也就是一種簡化的連續「旋律（melody）」。就「十二律」之「單音階」〔do、ḋo〕而言，例如可得

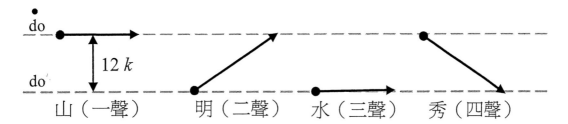

或為方便分辨，將「三聲」改為「凹形」，再加上極為短促的「輕聲」，如下：

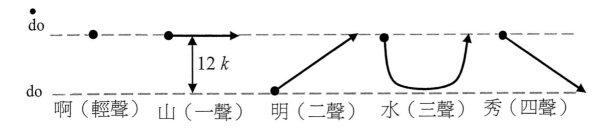

D. 兩音聲調與參音聲調

若將上述聲調配上「十二律」之「二音階」〔do、sol、ḋo〕，則得較精緻、而一般人仍能輕易上口的「聲調」，例如：

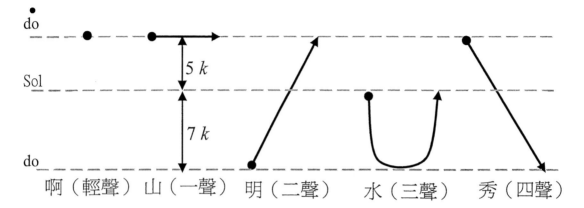

啊（輕聲） 山（一聲） 明（二聲） 水（三聲） 秀（四聲）

　　「聲調」的制定，無一定必然的形式，有如譜一首歌的旋律，依作曲家的藝術靈感，「**沒有對錯、只有好壞**」，甚至於見人見智，有人欣賞、有人不以為然。但是語言的聲調必須要「易學易辨」，當然還得「悅耳」，使得一般人，不分男女老幼，皆能朗朗上口。要能「悅耳」，聲調的「起落點」最好能諧和，並且位在音階上。

　　若選用「三音階」（do、mi、sol、ḋo），例如可得如下：

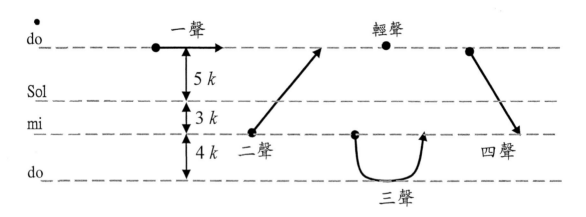

這裡特地提五個重點：

（一）若以第「一聲」為「ḋo」，則「三聲」為低八度的「do」。「三聲」
　　　的起落點皆稍高、呈凹型，是為銜接前後字音，使轉音較順。
　　　「ḋo」與「do」是在所有不同音頻的兩音裡，彼此最諧和的「兩
　　　音」；除了完全沒有「音感」的人，任何人都能輕易發出且分辨

　　此兩音。

（二）第「二聲」與「四聲」旋律走勢一向上一向下。只要走勢對，起
　　　落點是次要的。

（三）若「字音」極為「短促」，則一、二、三、四聲皆可歸為一類，即
　　　「輕聲」。

（四）在「聲樂」裡，不分中外歌曲，歌手通常以第「一聲」演唱每個
　　　字音，但為詮釋歌曲或為表達感情，經常會用到第「四聲」，偶而
　　　也會採用第「二聲」與「輕聲」。

（五）「現代五聲」的「聲調圖」，正好巧妙地對應「一心」，可謂「天作
　　　之合」。

　　當然，以此例而言，起落點高低變化，可有甚多選擇。由此也可見，以
三音階作統計分類，已經夠複雜了，更遑論四音階或五音階以上，那就不算
「易學易辨」，已經是唱歌而非說話了。固然，「唱」的要比「說」的「好聽」，
但「說」的要比「唱」的「清楚」。不過，在作田野調查時，要對個案「聲調」
作記錄、或分類前，不妨以一般常用的「七音階」來定位，以求精準：

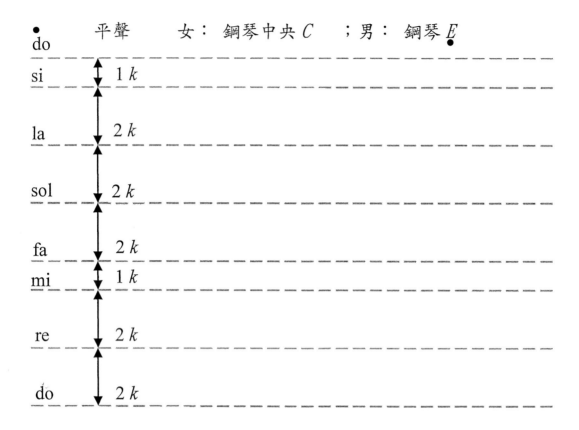

此處女聲調不妨用鋼琴中央 C，即 C 調，為女「平聲」定調；而男聲調則以 E（比中央 C 低 $8k$），即 E 調，為男「平聲」定調。但在作實際統計分析與分類，為方言定型時，可能以不超過三音階為宜。

E. 八聲調理論

因為每個人天生音感與說話習慣不同，「起音收音」、「抑揚頓挫」、「緩促洪細」皆有不同，所以由各聲調所得到的頻譜，可能有相當大的個別差異。然而不同聲調的「旋律走勢」，有明顯特徵，一般人應很容易區分出不同的「聲調」，簡稱「調」。

如果再進一步，要分別以「陰陽」兩種方式，來咬字吐音，就可能需要口齒清晰、運氣靈巧，如司儀、主播、或聲樂家，才能輕鬆地說出八個不同的「聲調」。因此，除非這是從小就習慣的母語發聲方式，一般人不見得都能

分辨「陰」與「陽」的差別。

　　在現今的國語或普通話裏，不論其五種（平升沉降促、或稱五行）「聲調」的名稱為何，發聲時其實是不分「陰」與「陽」的。至於「古音聲調」〝最多〞時是否有八種，徵諸現代閩語與粵語裏的七種以上聲調，以及歷來古韻書裏的例証，在學理上，是相當可能的。當然，現代閩語與粵語，應為「古華語」分別與少許「古閩越語」與「古南越語」混合演化流傳下的。如此說來，假設一開始沈約就提出了不計「輕聲」（短促急收）的「八聲調理論」，也許後世在古聲調分析上的爭議，就會少一些。然而，一般人在實際對話裏，要明確區分出八種聲調，而且不靠前後文來分辨，不論是對「聽者」或「說者」而言，都會是一種挑戰。就像要一般工農大眾，學寫「繁體字」會比較困難辛苦。

　　在遠古時代，黃河與長江流域各族群的先民們，也許沒有統一的語言與文字，但應該有一種較強勢的方言，作為當時各族群互相溝通的「官話」。據推測，華夏各族群至遲到西周，已有「十二律」與「七音階」的認識。而將簡單的單音階、甚或二音階用到語言溝通上，應該不是難事。此外，言語裏能有「陰陽」兩種不同「音色」的聲調，對遠古時期的華夏各族群的「聖人」或「賢人」或「讀書人」而言，或許也不會太難。

　　依常理判斷，世界各文明早期的「言語」與「文字」，應該都是由遠古時期的聖人發明或綜合定調，再推廣使用的。譬如，較近代的書寫「韓文」、電報的「摩斯碼（Morse code）」就確實是如此。

　　假設當年黃帝令倉頡造字時，約定「字音」有「平升沉降」四聲，再各分「陰陽」，也不無可能。如唐孫愐〈唐韻序‧後論〉所云：「切韻者，本乎四聲，引字調音，各自有清濁。」，這就是可能的「古八聲說」。惜《唐韻》已佚，不得其詳。此外，在現今的「閩南語」中，就實際上，留存甚多陰陽對照的兩類不同聲調，如「追（規一地，dui¹）」與「捶（規五地，dui⁵）」，以及「對（規三地，　dui³）」與「墜（規七地，dui⁷）」。難怪其他省份的人，要學「閩南語」比較困難。然而，自遠古就注重「陰陽」觀念的華夏文化裏，

事事分「陰陽」，如果在語言上也作如此分類，或許並不突兀。因此，若說遠古或上古曾經有過「八聲調」，應該是有可能的，只是一般民眾不經過嚴格的訓練，說話時不見得都能作到「字正腔圓」。

順便提到，福建省多山，「方言」不下百種，但福建的「官話」是「福州話」、「普通話」是「閩南話」，而「福州話」與「閩南話」差距甚大，互不相通。福建各地的「方言」應該是「古華語」與當地遠古「閩越國」的「土語」混合演化流傳下來的，值得將「福建方言」當「活化石」來做「歷史語言研究」。至於一般華語方言的分析與研究，若能在「八聲調理論」的基礎上進行，或許會更容易「定性」與「定量」。

F. 現代五聲

總而言之，於目前華夏絕大部分方言裏，聲調都簡化為「現代五聲」（陰平、陽平、上、去、輕）或（平、升、沉、降、促），或更簡單。目前字音「聲調」的簡化，對於學「說」六百年來逐漸形成的「普通話」的人來說，有莫大的方便。這有如，近六十年來推行的「簡體字」，對於學「寫」中文的人，有莫大的助益。

以學唱歌為例，不同人唱同一首歌，除非嚴格照歌譜、並配合鋼琴演練多次，否則唱出的旋律很難一致，甚至極可能荒腔走板。一般人中，唱歌會「走音」或「五音不全」的並不在少數。

因此，對不同聲調的學習，當然會有個人差異。但如不要求說者「音色」分「陰陽」，而「音頻」僅分「do」與低八度的「do」，如此聽者可僅由不同「聲調」的「旋律走勢」，來分辨不同聲調，確實容易多了。這也就是「現代普通話」演化成「五聲」的自然趨勢。

我們不妨將「現代五聲」對應到，華夏文化裏的「五行」——宇宙萬物最簡單的「五種趨勢」、或「五種本質」、或「五種關係」，如「木→」、「火↗」、「土↵」、「金·」、「水↘」，這是春秋時期「五行」的順序，也正好寫如萬眾「一心」。這樣的說法，或可當作是一種巧合或附會，或為茶餘飯後的笑言。

然而，也好像能窮盡語音走勢的一切可能性，有相當的「道理」。

四‧七　華語音韻現況

　　就目前華語地區的「聲韻」與「聲調」現況而論，依筆者經驗，若一個人的方言非「普通話」，即使在目前教育普及的情況下，而能將大部分「普通話」的音韻發聲，說到「字正腔圓」的人，可能不到百分之一。若要達到中國廣播媒體上、新聞主播的水準，可能要於萬中選一。當然，這不包括目前台灣的新聞主播，由於某些政治或自我因素，台灣許多主播或節目主持人，其個人的「國語」或「台語」都不標準，會讓青年學子們，無形中都模仿了錯誤的示範。

　　然而，一般人的「普通話」，在溝通上，大抵都不會有問題，因為對話裏有前後「文」與「意」，也有常用的「雙詞」、「參詞」、或「n詞（n個單字所構成的詞彙）」，所以不容易錯判。此外，南方人說普通話時，翹舌音「ㄓㄔㄕㄖㄦ」發聲不標準，而且與非翹舌音「ㄗㄘㄙㄜ」，經常混淆不清，其實ㄓ≡ㄗㄖ、ㄔ≡ㄘㄖ、ㄕ≡ㄙㄖ、ㄦ≡ㄜㄖ。也有些省份的人「ㄋ」、「ㄌ」、「ㄖ」不分，但「聽者」通常不會誤判或聽不懂，就是根據前後「文」與「意」。如此說來，普通話將來是否會演化成不區分「翹舌與否」，大家拭目以待，但希望不會。

　　再要將字音的「聲調」分「陰陽」，對一般人來說，確實不容易。這祇要請教認真修習過正統「聲樂」的人，就可體會。因此，在普通話裏，聲調是不分陰陽的。普通話的「五聲」：一聲、二聲、三聲、四聲、輕聲（ㄧ、ˊ、ˇ、ˋ、˙），與陰陽無關，完全由字音的「旋律走勢」來區分，只有少數的方言例外，如「粵語」、「閩語」等。其實，即使目前在台灣地區，能將「閩南語」的「七聲調」說到字正腔圓的，也可能百人當中，找不到一個。一般習慣是，在基本旋律走勢上，略做高低微調變化，來加強陰陽聲調的分辨度而已。

一個很好的例子，就是普通話的「一聲」又稱「陰平聲」，因為發「陰質」的音，一般說華語的人開口就是，所以「一聲」稱「平聲」即可。但普通話的「二聲」，又稱「陽平」，既然稱「平」，應該是「持平」的調，但實際上卻是「上揚」的，可說是「名」不符「實」。這其中可能的原因，可由「歌唱原理」來體會。由於要打開咽腔、使氣往鼻腔與頭腔運行，以得到「陽」或「頭腔共鳴」的效果，此時如果能借助上揚的旋律，會比較容易。當然，對「行氣」技巧好的歌手，即使是音頻很低的持平調，同樣可駕輕就熟地發出「頭音」，也就是有「陽質」的音。然而，一般人沒有數年「吊嗓子」的浸淫，是很難做到的，只有利用上揚旋律或「假聲」來取巧。因此，「陽平」就慢慢演變成上揚或加「假聲」的調型。目前，年輕歌手中，「假聲」流行，可能就是揣摩「聲樂」裏要求的「頭聲」，或民間「戲曲」裏的「腦後音」。然而年輕人除了有天分的外，沒有五、六年以上的勤練，是作不到的，因此，只能以「假聲」代替「頭聲」或「腦後音」。

四‧八　結語

本章首先對華夏各民族的歷代遷徙與融合，作一個簡單的回顧。再由歷史文獻的記載以及「易學」的邏輯思維，嘗試重塑華語聲調分類，以及重要論述與舉證。最後避開這些紛爭，直接從樂音科學的角度，探討分析華語聲調的結構。為了能作科學分析，本文更首度將樂音的「諧度（harmonicity）」，做科學上的定量。再以中國商周時期的「十二律」，為華語聲調提供科學基礎。如此，華語「普通話」及各地「方言」，得以在較確切的科學基礎上，作更進一步的整理、記錄、與分析。

「語言」的產生與沿革，可「類比」於「物種」的初現及演化。「語言」初現之後，經代代相傳，其間有物競天擇、有變異、有絕滅。「華語」是人類語言裏，極其優異的「品種」，相信有炎黃子孫的呵護，經過「易學化」再「科學化」，將來在「進化」的路上必當一枝獨秀！

第五章　六十四重卦

五・一　單卦與重卦

　　「三爻」成一「單卦」，若將兩個「單卦」相疊，則得一「重卦」；因此，「單卦」有三爻、「重卦」有六爻，而六個「爻」可以組合出八八六十四個不同的「重卦」。關於「重卦」的源起，學者也有「六爻卦」由「五爻卦」發展出來的說法。更有「六爻卦」早於「三爻卦」的說法，認為三爻「八卦」是由分析「六爻卦」所得。然而本書論述，偏採直接由伏羲八「單卦」，演化為六十四「重卦」的簡單邏輯進程。

五・二　卦序

　　為討論或「卜筮」方便，古聖先賢將六十四重卦，依照一定的順序編排。關於六十四卦的「卦序（order of hexigrams）」，中國歷代以來討論研究的相當多，大多是從卦的「義理」，再依前後卦的「因果」或「對稱」，將六十四卦形成一個「因果鏈」，我們稱這樣的排序為「義象序（ideological order）」。也有從「符號學」觀點來建序的，例如，以對應的二進數來排序，我們通稱為「代數序（algebraic order）」。也有依立體的拓樸關係來排序的，我們通稱為「幾何序（geometric order）」。

　　一般學者們較關注的「卦序」有三種：

　　（一）通行本《周易》的卦序，也就是依〈序卦傳〉的卦序，學者稱之
　　　　　為「通行卦序（received order of hexigrams）」。

　　（二）漢帛書本《周易》的卦序。

　　（三）北宋邵雍圖的卦序。

一般大眾採行的卦序，是依〈序卦傳〉根據義理的解釋，但並非人人滿意。

而漢帛書本的卦序，是根據出土古物的記載，不過皆未提及建序的規則。另外，漢京房建有「八宮卦序」、揚雄有「太玄卦序」。這些卦序皆屬於「義象序」。北宋時期邵雍的卦序，是依二進數概念建立的，為「二進序」，屬「代數序」。

就「代數序」而言，更有以「二進數」、「四進數」、「八進數」、或「十進數」等不同的標示法。若以「八進數」來標示「重卦」，更為簡單明瞭，尤其是在討論「重卦」的「對稱轉換（symmetry transformation）」時，相當方便。

五‧三　伏羲方陣

陳列六十四「重卦」最自然簡單的方式，是依「二進序」編排所得的「伏羲方陣」。首先我們將八個「單卦」依「二進序」編排如下表：

卦名	坤	艮	坎	巽	震	離	兌	乾
卦圖	☷	☶	☵	☴	☳	☲	☱	☰
二進數	000	001	010	011	100	101	110	111
八進數	0	1	2	3	4	5	6	7

再將每「重卦」的「卦名」、「卦圖」、「卦號(二進數)」、「卦位(八進數)」、「卦值(十進數)」，列如下圖，

此圖下方六位數「011101」為卦號，對應於朝右傾倒的「卦圖」 ‖‖‖ =

011101，初卦(下卦)前，末卦(上卦)後。中間「卦位」為粗體「八進數 35」，正好標示「鼎」卦在「重卦方陣」裏，位於「列 3 行 5」。上方左邊標示「十進數 29」，說明在 011101(二進) = 35(八進) = 29(十進)裏，「卦號 011101」對應的「卦值」為「十進數 29」。「卦值」可扮演雙重角色，「29」可以是「鼎卦」在傳統的「伏羲圓鐘」裏的「刻度」位置，也可以當作「鼎卦」在作「統計分析」時的「權重(weight)」。上方右邊「十進數 50」為卦序，而「卦值」與「卦序」的定義，詳見〈附錄二〉。

　　如此，依上下卦，將六十四「重卦」編列為 8x8 的「伏羲方陣」如下表：

行＼列	坤 000	艮 001	坎 010	巽 011	震 100	離 101	兌 110	乾 111
坤 000	0 2 坤 00 000 000	1 23 剝 01 000 001	2 8 比 02 000 010	3 20 觀 03 000 011	4 16 豫 04 000 100	5 35 晉 05 000 101	6 45 萃 06 000 110	7 12 否 07 000 111
艮 001	8 15 謙 10 001 000	9 52 艮 11 001 001	10 39 蹇 12 001 010	11 53 漸 13 001 011	12 62 小過 14 001 100	13 56 旅 15 001 101	14 31 咸 16 001 110	15 33 遯 17 001 111
坎 010	16 7 師 20 010 000	17 4 蒙 21 010 001	18 29 坎 22 010 010	19 59 渙 23 010 011	20 40 解 24 010 100	21 64 未濟 25 010 101	22 47 困 26 010 110	23 6 訟 27 010 111
巽 011	24 46 升 30 011 000	25 18 蠱 31 011 001	26 48 井 32 011 010	27 57 巽 33 011 011	28 32 恆 34 011 100	29 50 鼎 35 011 101	30 28 大過 36 011 110	31 44 姤 37 011 111
震 100	32 24 復 40 100 000	33 27 頤 41 100 001	34 3 屯 42 100 010	35 42 益 43 100 011	36 51 震 44 100 100	37 21 噬嗑 45 100 101	38 17 隨 46 100 110	39 25 无妄 47 100 111
離 101	40 36 明夷 50 101 000	41 22 賁 51 101 001	42 63 既濟 52 101 010	43 37 家人 53 101 011	44 55 豐 54 101 100	45 30 離 55 101 101	46 49 革 56 101 110	47 13 同人 57 101 111
兌 110	48 19 臨 60 110 000	49 41 損 61 110 001	50 60 節 62 110 010	51 61 中孚 63 110 011	52 54 歸妹 64 110 100	53 38 睽 65 110 101	54 58 兌 66 110 110	55 10 履 67 110 111
乾 111	56 11 泰 70 111 000	57 26 大畜 71 111 001	58 5 需 72 111 010	59 9 小畜 73 111 011	60 34 大壯 74 111 100	61 14 大有 75 111 101	62 43 夬 76 111 110	63 1 乾 77 111 111

　　在「重卦」的「胺基酸表象」下，「伏羲方陣」也可視為「動物」的「遺傳密碼表」。關於這方面的說明，以及相關的「基因魔方」，請參閱本章〈第七節〉與〈附錄三〉。

五・四 八宮

A. 上八宮

在六十四重卦裏，將「上卦」相同的八個重卦合為一組，如此可將六十四個重卦分成八組，稱為「上八宮」。例如，以單卦「乾」為「上卦」的重卦有：「否」、「遯」、「訟」、「姤」、「无妄」、「同人」、「履」、「乾」八個重卦，合組成「上乾宮」。除「上乾宮」外，另有「上坤宮」、「上艮宮」、「上坎宮」、「上巽宮」、「上震宮」、「上離宮」、「上兌宮」，總共八個「上宮」，統稱「上八宮」。若將「伏羲方陣」垂直切為「八行」，就正好是這裏所定義的「上八宮」。

B. 下八宮

在六十四重卦裏，將「下卦」相同的八個重卦合為一組，如此可將六十四個重卦分成八組，或稱為「下八宮」。例如，以單卦「乾」為「下卦」的重卦有：「泰」、「大畜」、「需」、「小畜」「大壯」、「大有」、「夬」、「乾」八個重卦，合組成「下乾宮」。另有「下坤宮」、「下艮宮」、「下坎宮」、「下巽宮」、「下震宮」、「下離宮」、「下兌宮」總共八個「下宮」，統稱「下八宮」。若將「伏羲方陣」水平切為「八列」，就正好是這裏所定義的「下八宮」。

五・五 宮卦立方

A. 下宮卦立方

我們也可以將六十四「重卦」以幾何方式組合起來。在「卦立方」的八個隅角方向上，各向外延伸接上一個「卦立方」，可構成以端角相接的九個「卦立方」結構，我們稱此整體結構為「宮卦立方」。若不計中心的「卦立方」，

而僅考慮「宮卦立方」隅角上的八個「卦立方」，則每個「卦立方」各有八個隅角，合起來共有八八六十四個「隅角」，正好可對應六十四個「重卦」。

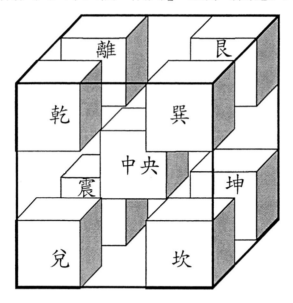

　　「宮卦立方」狀似一個 3x3x3 的「魔方（magic cube 或 Rubik cube）」，在中央的「卦立方」，其「乾兌離巽震坎艮坤」八個隅角外，各懸一個「卦立方」。中央「卦立方」隅角的「單卦」，定為外懸「卦立方」八個隅角「重卦」的「下卦」或「初卦」。而外懸「卦立方」本身的八個隅角，定出六爻「重卦」的「上卦」或「末卦」。要明瞭此「宮卦立方」與「幾何代數」的對應關係，請參閱本書〈附錄九〉。

　　例如，由中央「卦立方」之「兌卦」端，所延伸出的外懸「卦立方」，其八個隅角，分別為以「兌」為下卦的八個「重卦」，如下圖所示：

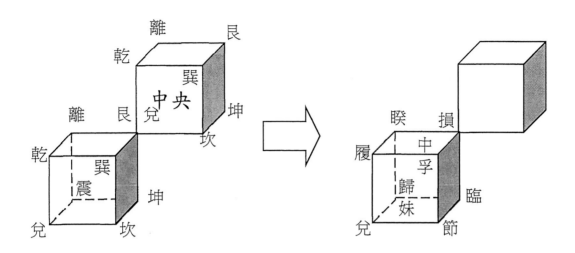

也就是如下八個「重卦」：

乾	兌	離	震	巽	坎	艮	坤
兌	兌	兌	兌	兌	兌	兌	兌
｜	｜	｜	｜	｜	｜	｜	｜
履	兌	睽	歸妹	中孚	節	損	臨

將這個方法推廣到其他七個隅角上，則總共可得到六十四個不同的「重卦」。即「魔方」八個隅角「小方塊」面向外的五十六個端點，以及內部看不到的八個端點，共六十四個隅角或「端點」，各對應一個「重卦」。

　　為更明確表達六十四重卦的幾何位置，我們將「魔方」前一個面、中間兩個面，以及後一個面，各依序稱為甲、乙、丙、丁面。再將上下卦的組合，以及合成的「重卦」，標示在以下的四張圖裏。

（1）宮卦立方甲面：「自綜卦」加「方框」，而「自逆卦」加「三角框」。

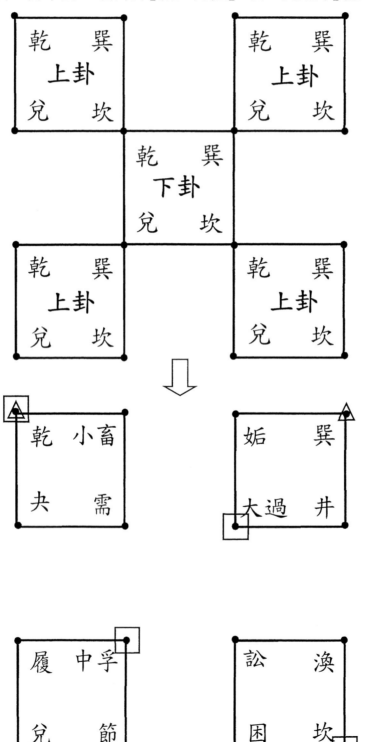

（2）宮卦立方的乙面：「自反卦」加「圓圈」，而「自伴卦」加「菱框」。

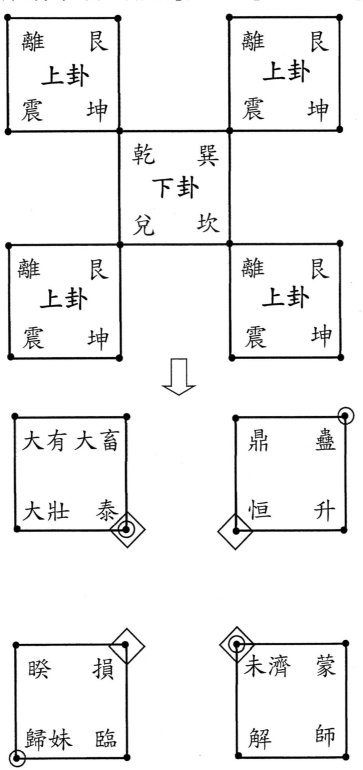

（3）宮卦立方的丙面：「自反卦」加「圓圈」，而「自伴卦」加「菱框」。

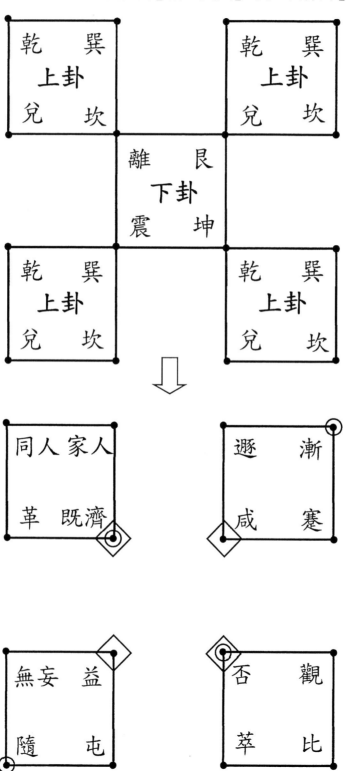

（4）宮卦立方的丁面：「自綜卦」加「方框」，而「自逆卦」加「三角框」。

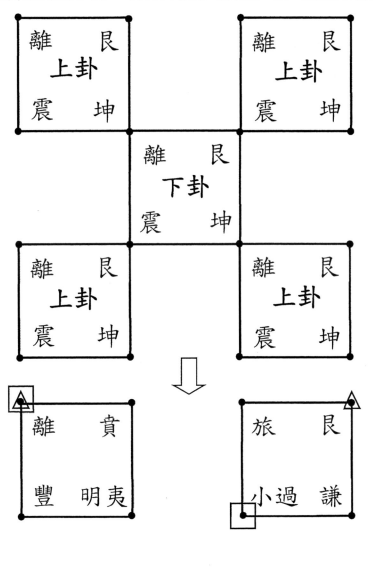

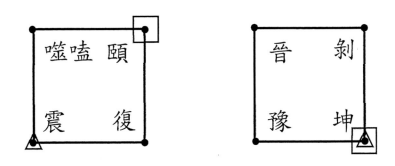

　　之前以甲乙丙丁面展示的「宮卦立方」，特稱為「下宮卦立方」，因為它是以中央「卦立方」的隅角單卦為「下卦」，再配上以外懸八個「卦立方」的隅角單卦為「上卦」，呈現八個「下宮卦」結構，如下圖所示：

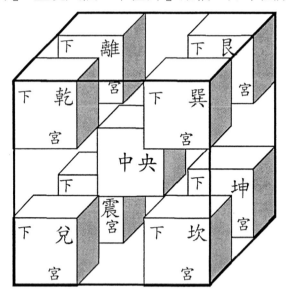

　　現將「下八宮」以立體圖展示如次：

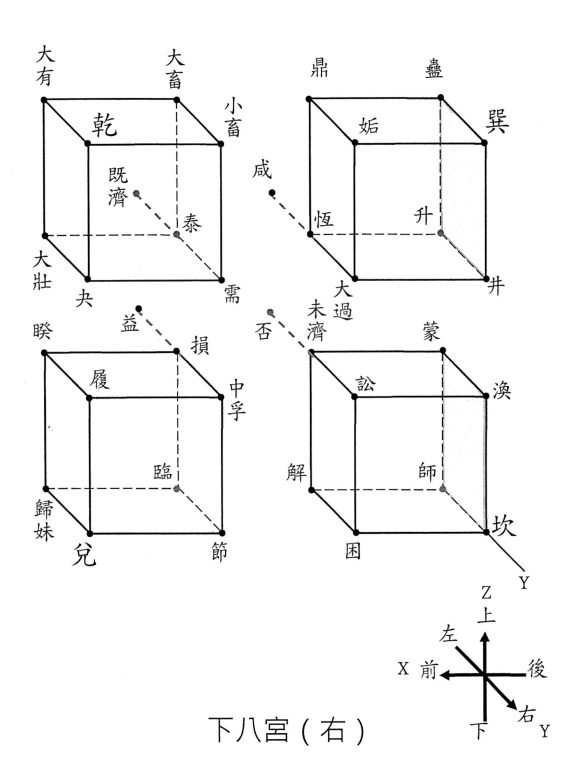

下八宮（右）

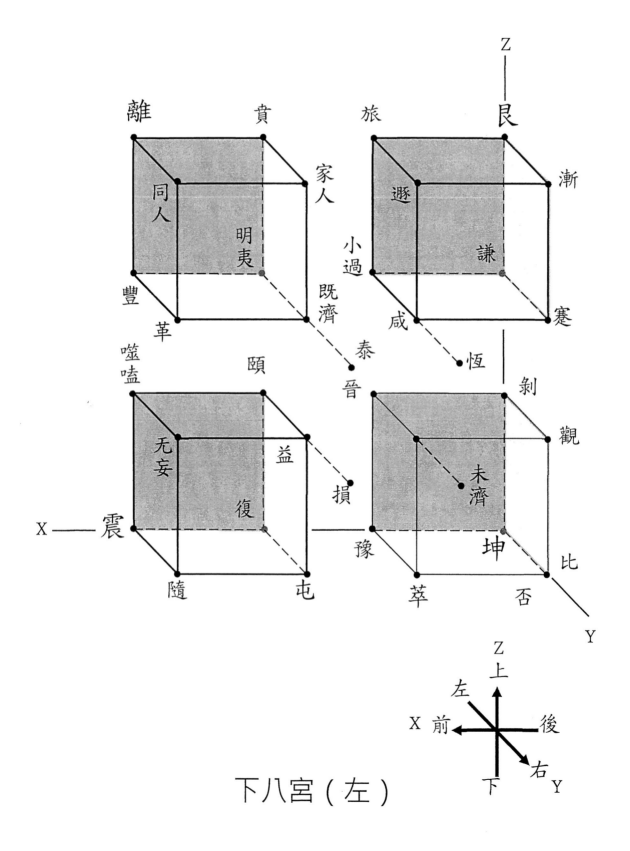

下八宮（左）

B. 上宮卦立方

　　若以中央「卦立方」的隅角單卦為「上卦」，而配上以外懸八個「卦立方」的隅角單卦為「下卦」，則得到八個「上宮卦」結構，稱為「上宮卦立方」，如下圖：

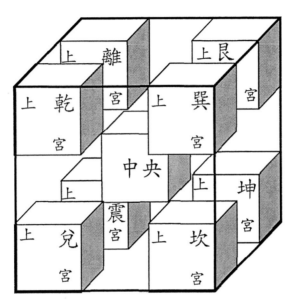

　　例如，得到的「下兌宮」與「上兌宮」如下圖所示：

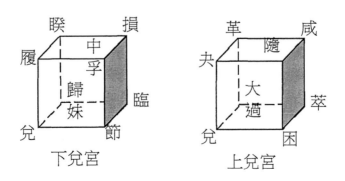

　　現再將「上八宮」，以立體圖展示如次：

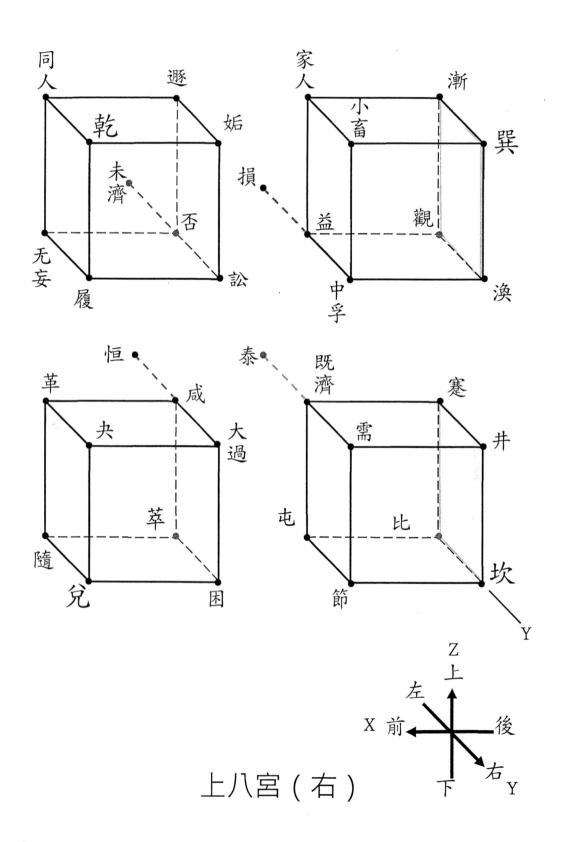

上八宮（右）

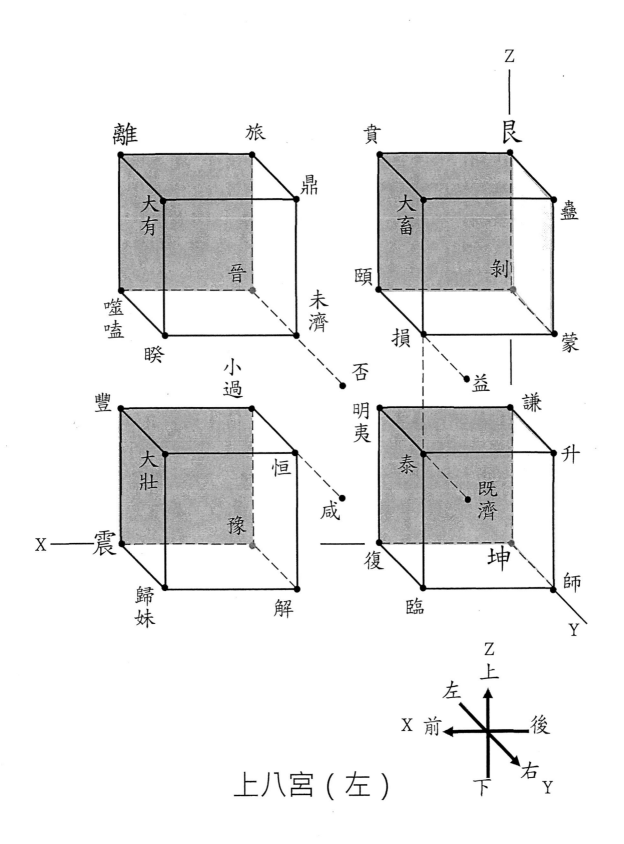

上八宮（左）

　　注意，歷代定義之各類「八宮」，皆各有少許不同。而本書現今所定義之「上八宮」與「下八宮」，依上下幾何位置分類，各「重卦」間的關係，較簡易而對稱。

　　在六十四重卦方圖裏，「上八宮」由「上坤宮」、「上艮宮」、「上坎宮」、「上震宮」、「上巽宮」、「上離宮」、「上兌宮」、「上乾宮」等八個「上宮」組合而成，每個「上宮」含「豎行」的八個重卦。

　　「下八宮」由「下坤宮」、「下艮宮」、「下坎宮」、「下震宮」、「下巽宮」、「下離宮」、「下兌宮」、「下乾宮」等八個「下宮」組合而成，每個「下宮」含「橫列」的八個重卦。

　　現再總結如次：

　　（一）若「上八宮」與「下八宮」皆依「代數序」，即以「坤艮坎巽，震離兌乾」為序，則可得本書定義之「伏羲方陣」。

　　（二）若「上八宮」與「下八宮」皆依「幾何序」，即以「坤艮坎震、巽離兌乾」為序，則可得本書定義之「宮卦陣」，又稱「逆伴陣」，詳細說明見〈第六章〉。

　　（三）若「上八宮」以「坤震坎艮、兌離巽乾」為序，而「下八宮」以「坤艮坎震、巽離兌乾」為序，我們稱此為「異宮序」。依「異宮序」，則可得「異宮陣」，又稱「綜反陣」，詳細說明見〈附錄四〉。

每種排序，各有其優點：「代數序」依二進數，簡單明瞭。「幾何序」及「異宮序」整體方陣的「對稱性」高。

五‧六　卦間爻變數

　　比較兩個不同的卦，若有一爻不同，我們稱此兩卦間有「一爻變」，若有兩爻不同，稱「二爻變」；「單卦」至多可有「三爻變」，也就是其「錯變」，而「重卦」至多可有「六爻變」，即其「錯變」。

　　例如，兩單卦「乾」與「坤」之間有「三爻變」，兩單卦「兌」與「離」之間有「二爻變」等。而兩重卦「乾」與「坤」之間有「六爻變」，「訟」「遯」間有「二爻變」，「泰」「歸妹」間有「二爻變」，「否」「漸」間有「二爻變」，「否」「隨」間有「二爻變」，「漸」「隨」間有「四爻變」等等。

　　於「宮卦立方」裏，在同一宮中，每一邊長代表「一爻變」，最多可有「三爻變」；而相鄰兩宮之間，每一邊長代表「二爻變」。因此，由「宮卦立方」，可直接算出相鄰兩卦之間的「爻變數」。若將「上卦」與「下卦」分開考慮，更可以幾何相對位置，算出任何兩卦之間的「爻變數」。

五・七　重卦表象

A. 胺基酸表象

　　詳見〈附錄三〉，此處僅引「基因魔方」如下：

（一）基因魔方右半：

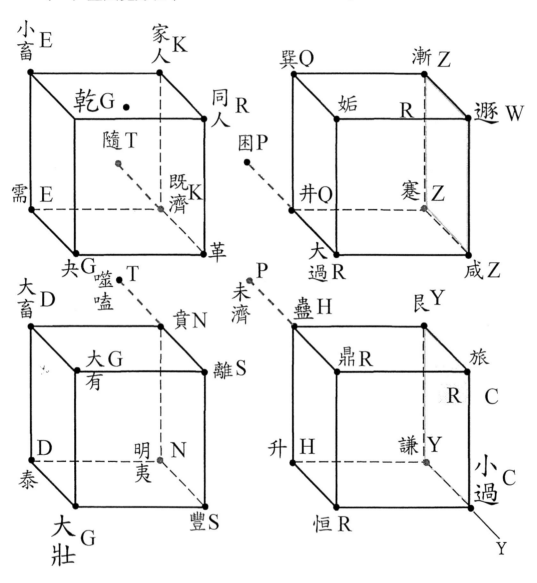

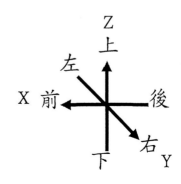

（二）基因魔方左半：

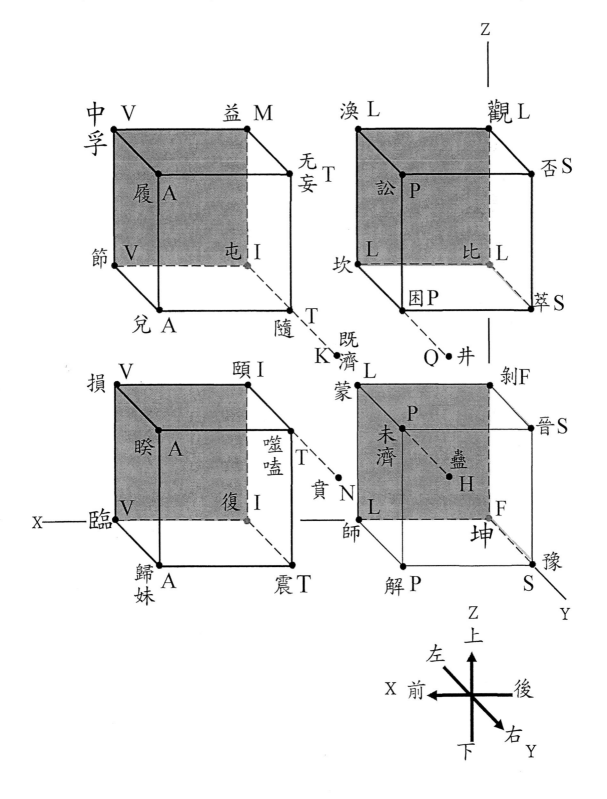

B. 躍遷表象

　　「躍遷表象」可比擬兩「情境」間的「轉換」。在物理學裡，猶如「價電子」於兩「原子」之間的「游走」。

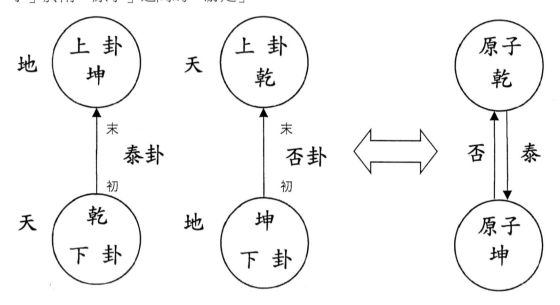

C. 分子表象

「分子表象」可比擬兩「情境」間的「契合」。在物理學裡，猶如兩「原子」結合為「分子」。

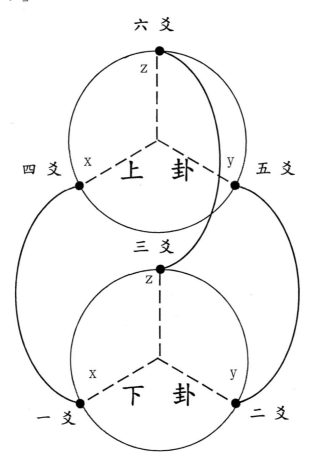

D. 爻波表象

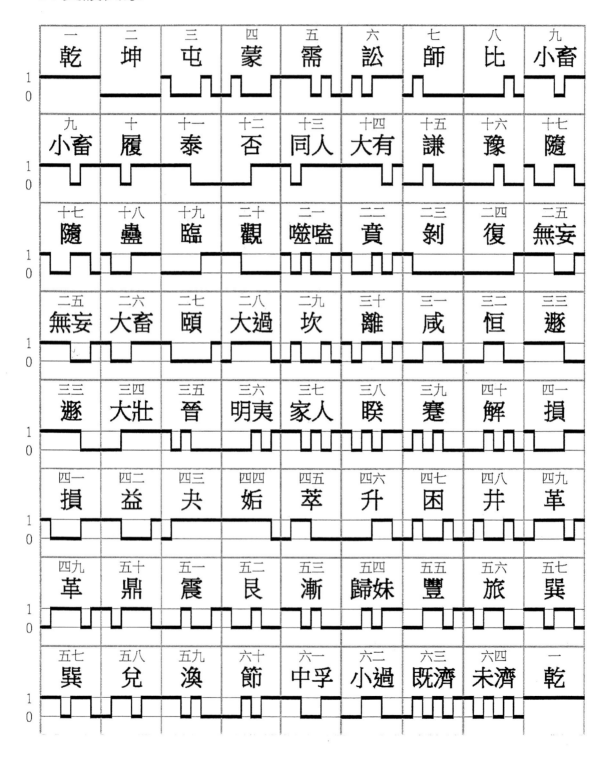

E. 幾何表象

　　由代表「八宮」結構的幾何「中心」，至八八六十四個「隅角」點，可畫出幾何「三維」空間裏的「六十四」個不同「向量」，為六十四「重卦」的「幾何表象」。

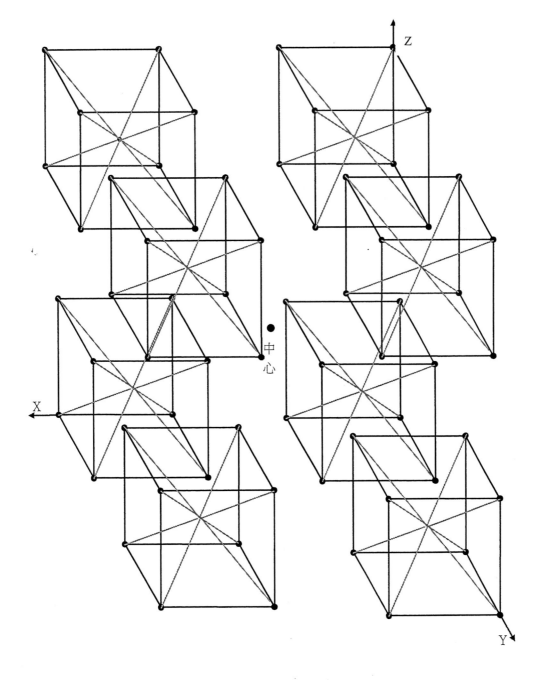

五・八　六爻臆想

「三爻」對應於人類憑「幾何感官」就能察知的「三維位置空間（3-dimensional position space）」，那又為何推廣到「六爻」呢？ 本書最直接的解說是，將「三爻卦」設定為「靜態」的「情境」，而「六爻卦」含「初卦」三爻與「末卦」三爻，則可視為兩個「靜態」間的轉換，是為一種「動態過程」，描述事件的「發展情境」。

然而另一個可能的臆想，則是將「六爻」對應於「六維空間」，其中含原來的「三維位置空間」，再加上額外的「三維空間」。更確切地說，是三個外加的「自由度（degree of freedom）」，應該不是由「幾何感官」得來的，但有其他感官上的「效應（effects）」，可由「抽象理智」推得。我們以最常見的基本粒子「電子」與「光子」為例，解說如次。

A. 電子自由度

在「經典力學」描述下，「電子」有「三維位置空間」的自由度，這就是日常語言裏所謂「左右（x）」、「前後（y）」、「上下（z）」的「位置（position）」$\{x\} \equiv \{x, y, z\}$。然而在一般「量子力學」描述下，「電子」另有先天上的「稟賦結構（intrinsic structure）」。更明確地說，「一個電子」的行為，必然為「概率分佈（probability distribution）」$p(x, t)$ 隨時間 t 的「演化（time-evolution）」，而此「概率演化（probability evolution）」，由「概密幅（probability-density amplitude）」的演化決定。「概密幅」在「量子力學」裏稱為「波函（wave function）」，寫為 $\psi(x, t) \equiv \langle x | \psi(t) \rangle$。此「波函」為「複函（complex function）」，有陰陽結構：$\psi(x, t) \equiv \psi_R(x, t) + i\psi_I(x, t)$ 此處 $\psi_R(x, t)$ 為「陽函」，值為「實數（real number）」，而 $\psi_I(x, t)$ 為「陰函」，其值也為「實數」。

「概密」也就是「概率密度（probability density）」$\rho(x, t)$，其與「概密幅」的關係如下：

$$\rho(x, t) \equiv |\psi(x, t)|^2$$

$$= \psi^*(\boldsymbol{x},t)\,\psi(\boldsymbol{x},t)$$

$$= \psi_R^2(\boldsymbol{x},t) + \psi_I^2(\boldsymbol{x},t)$$

因此，「概密」$\rho(\boldsymbol{x},t)$ 為「陽函」$\psi_R(\boldsymbol{x},t)$ 與「陰函」$\psi_I(\boldsymbol{x},t)$ 的「平方和（square sum）」。於「微體積（differential volume）」$d^3\boldsymbol{x}$ 內，「一個電子」出現的「概率（probability）」$p(\boldsymbol{x},t)$ 為

$$p(\boldsymbol{x},t) \equiv \rho(\boldsymbol{x},t)\,d^3 x$$

$$= \{\psi_R^2(\boldsymbol{x},t) + \psi_I^2(\boldsymbol{x},t)\}\,d^3 x$$

在任意特定「體積（volume）」V 內，「一個電子」於時刻 t 出現的「總概率（total probability）」$P(t)$，則為此體積 V 內的「積分（integral）」，

$$P(t) \equiv \int_V d^3 \boldsymbol{x}\;\rho(\boldsymbol{x},t)$$

$$= \int_V d^3 \boldsymbol{x}\;\{\psi_R^2(\boldsymbol{x},t) + \psi_I^2(\boldsymbol{x},t)\}$$

對於「規化（normalized）」的「波函」而言，「一個電子」在無限空間裡出現的總概率，必然為 1：

$$\int d^3 \boldsymbol{x}\;\rho(\boldsymbol{x},t) \equiv \int_{V=\infty} d^3 \boldsymbol{x}\;\rho(\boldsymbol{x},t) = 1$$

因此我們說，人類活動的「三維位置空間」$\{\boldsymbol{x}\}$，有「稟賦」的「陰陽結構」，「一個電子」的運動由「概密」$\rho(\boldsymbol{x},t) \equiv \psi_R^2(\boldsymbol{x},t) + \psi_I^2(\boldsymbol{x},t)$ 在三維位置空間 $\{\boldsymbol{x}\}$ 裡，隨時間 t 的演化來描述。

在「相對量子力學（relativistic quantum mechanics）」理論裏，人類活動空間益發複雜。除了「三維位置空間」外，尚有「二維自旋空間（two-dimensional spin space）」以及「一維粒子反粒子空間（one-dimensional particle-antiparticle space）」。這額外的「三維空間」有非常「確切（exact）」的「數學形式（mathematical formulation）」，然而很難用「日常語言（common language）」對其作「物理解釋（physical interpretation）」，換句話說，無法在日常生活經驗裏，找到適當的「類比（analogy）」。譬如說，「自旋（spin）」很像是一個物

體自己在「二維空間」裏旋轉，但又不是在「位置空間」裏，而是在額外的二維空間裏旋轉。然而「位置空間」與這額外的「二維空間」又有確切的「關聯性（correlation）」。「粒子反粒子空間」可以用「狄拉克電子海（Dirac electron-sea）」的概念來勉強解釋，但也經不起仔細追根究底。我們姑且這麼說，「一個電子」的「自由度（degree of freedom）」，即活動空間，為「三維位置空間」以及額外的「三維數學空間」，總共合起來的「六維數學空間」。

B. 光子自由度

　　現在來談「光子」。「光子」相當是真空裏的經典「電磁波（electromagnetic wave）」，而「電場（electric field）」與「磁場（magnetic field）」皆各別在「三維位置空間」裏演化，因此，「電磁波」在一個「六維數學空間」裏活動。當然，依據「量子電動力學（quantum electrodynamics）」，「光子」的一切性質皆隱含在「四位能（4-potential）」$\{A^\mu\} \equiv \{\phi, \boldsymbol{A}\}$裏，由「四位能」可推導出相應的「電場」與「磁場」，最後所得的結論，與由經典電磁波所得，並無二致。

　　不論是針對「電子」或「光子」，這「六維數學空間」的結論，都與「重卦」的「六爻」結構呼應。當然，這應該是巧合。

第六章　重卦對稱性

六‧一　變卦

我們可以推廣「卦」的概念為「n 爻卦（n-yau gua）」，則得

1 爻卦 ————— 2^1　兩儀

2 爻卦 ————— 2^2　四象

3 爻卦 ————— 2^3　八卦　　　（單卦）

4 爻卦 ————— 2^4　十六卦

5 爻卦 ————— 2^5　三十二卦

6 爻卦 ————— 2^6　六十四卦　（重卦）

7 爻卦 ————— 2^7　一百二十八卦

$\vdots$　　　　　　$\vdots$

n 爻卦 ————— 2^n

$\vdots$　　　　　　$\vdots$

每一爻代表一「座標軸（axis）」，n 爻卦就有 n 個座標軸，而這 n 個座標軸就整體構成一個「座標系（coordinate system）」。因此，「n 爻卦」在形式上代表一個「n 維空間（n-dimensional space）」，特稱為「卦空間（gua-space）」。

在數學上，我們可以針對一個空間作「座標轉換」。以不同的「座標系」來描述同一件「事物（thing）」的同一個「狀態（state）」或「過程（process）」，或稱「情境（scenario）」，就得到不同的「描繪（description）」。因此，相應於「座標轉換」就有對「情境」的不同「描繪」，也就有「情境轉換」。如果以「卦」代表「情境」，「情境轉換」就是「卦」與「卦」之間的轉換。每一種「情境轉換」以一個「算符（operator）」，簡稱「符」，來表示，所得到的「卦」為原先「本卦」的「變卦」。

六・二　對稱轉換

「單卦」相對於「重卦」而言，為「靜態表象」的描述，而「單卦」的「三爻」如前所述，相當於 $\{X, Y, Z\}$ 位置座標。若將「單卦」的三爻上下倒置，則成 $\{Z, Y, X\}$，「右手定則座標」就轉變為「左手定則座標」，屬於物理學裏的「宇倒轉換（parity inversion）」，簡稱「倒變」。

「重卦」則可視為「動態表象」的描述，用以比擬兩「靜態」之間的「躍遷」。若「初卦（下卦）」與「末卦（上卦）」對調，則有如「時逆轉換（time reversal）」，簡稱「逆變」。換個說法，「重卦」結構也可比擬為兩個原子之間的「分子鍵」，而「價電子」在兩原子間，來回遊走，「初卦」為「原子 A 情境」，「末卦」為「原子 B 情境」，若起初價電子由 A 到 B，「逆變」轉換後，則由 B 到 A。

傳統上的「錯變」，即「陰爻」變「陽爻」、「陽爻」變「陰爻」，有如電荷正負互換，是為「荷錯轉換（charge conjugation）」，簡稱「錯變」。

在物理學裏，對代表「規律（law）」的「基本方程（fundamental equation）」作 $\{$ 錯變，倒變，逆變 $\}$，分別以「符（operators）」$\{C, P, T\}$ 表示。三種轉換一起運作，可稱為「反變（anti transformation）」，以 $F \equiv CPT$ 表示。

「六十四重卦」經由此處提到的每一種「轉換」，或其任意組合而成的「轉換」，都可以得到全部「六十四重卦」。因此，在物理學上這種轉換稱為「么正轉換（unitary transformation）」，而我們統稱這些「重卦」間的轉換為「對稱轉換（symmetry transformation）」，也就是〈第六・一節〉裏提到的「情境轉換」。

在此我們針對「對稱轉換」作一個淺顯的比喻或類比：你或其他人對你的「母親」在不同時刻、不同地點、不同角度、不同心情下，所作的「描繪」都會不同。然而你的「頭腦」能將這些不同的「描繪」都「關聯」起來，並得到結論：你或其他人所「描繪」的是同一個人——你母親。這些「描繪」之間的「關聯」，就是「對稱轉換」；「對稱轉換」將一個「描繪」，轉換成另

一個「描繪」。

　　總而言之，任何不同的「觀察者」對同一個「事件（event）」會作出不同的「描繪」，而這些不同的「描繪」之間的「轉換（transformation）」，就稱為「對稱轉換（symmetry transformation）」。

六‧三　錯卦與綜卦

　　對於卦而言，將其中的爻做「陰陽對換（yin-yang exchange）」，可類比於物理學裏的「電荷（charge）」正負對換。這在物理學上，算是一種「荷錯轉換（charge conjugation）」，簡稱「荷錯」，沿用易學用語，稱為「錯變」，我們姑且以特定的「符」C 來表示。因此，西漢京房所稱的「錯」或「飛伏」為

　　　　　　錯（陽）＝陰
　　　　　　錯（陰）＝陽

口語裏的「陰錯陽差」由此而來。以數學式表達就是

$$C \text{陽} = \text{陰}; \quad C \, ▬ = ▬▬$$

$$C \text{陰} = \text{陽}; \quad C \, ▬▬ = ▬$$

$$C \text{坤} = \text{乾}; \quad C \, ☷ = ☰$$

$$C \text{乾} = \text{坤}; \quad C \, ☰ = ☷$$

$$C \text{否} = \text{泰}; \quad C \, ䷋ = ䷊$$

　　將「爻序」顛倒，在易學裏稱為「綜」或「複變」。對「單卦」而言，在物理學上，可算是一種「宇倒（parity inversion）」，我們以「符」P 來代表；對「重卦」而言，「綜」還連帶有「初卦（下卦）」與「末卦（上卦）」的對調，可類比於物理學裏的「時逆（time reversal）」轉換，我們以「符」T 來代表。因此，「綜」對「重卦」而言，就是「宇倒」加「時逆」。以「符」表示，「綜」對「單卦」而言為 P、對「重卦」而言為 PT，例如，

$$P\,震 = 艮 \qquad ; \qquad P\ ☳ = ☶$$

$$P\,離 = 離 \qquad\qquad P\ ☲ = ☲$$

$$P\,巽 = 兌 \qquad\qquad P\ ☴ = ☱$$

$$PT\,比 = 師 \qquad ; \qquad PT\ ䷇ = ䷆$$

$$PT\,睽 = 家人 \qquad\quad PT\ ䷥ = ䷤$$

因此，傳統《易經》裏談到的「錯」或「錯變」就是「荷錯」C，「綜」或「綜變」就是「宇倒」P 加上「時逆」T。「錯綜」或「綜錯」就是「荷錯」再加「宇倒」與「時逆」$CPT \equiv F$，也就是我們定義的「反變」。

六・四　伏羲方陣之對稱

由於不論是對「單卦」或「重卦」作「錯變」或「綜變」，若以「卦」的「八進數」來表達，可使運作的過程，顯得簡單明瞭。為方便參照，再將〈第五・三節〉定義的「伏羲方陣」列於此：

下卦＼上卦	行0 坤 000	行1 艮 001	行2 坎 010	行3 巽 011	行4 震 100	行5 離 101	行6 兌 110	行7 乾 111
列0 坤 000	0 2　坤　00　000 000	1 23　剝　01　000 001	2 8　比　02　000 010	3 20　觀　03　000 011	4 16　豫　04　000 100	5 35　晉　05　000 101	6 45　萃　06　000 110	7 12　否　07　000 111
列1 艮 001	8 15　謙　10　001 000	9 52　艮　11　001 001	10 39　蹇　12　001 010	11 53　漸　13　001 011	12 62　小過　14　001 100	13 56　旅　15　001 101	14 31　咸　16　001 110	15 33　遯　17　001 111
列2 坎 010	16 7　師　20　010 000	17 4　蒙　21　010 001	18 29　坎　22　010 010	19 59　渙　23　010 011	20 40　解　24　010 100	21 64　未濟　25　010 101	22 47　困　26　010 110	23 6　訟　27　010 111
列3 巽 011	24 46　升　30　011 000	25 18　蠱　31　011 001	26 48　井　32　011 010	27 57　巽　33　011 011	28 32　恆　34　011 100	29 50　鼎　35　011 101	30 28　大過　36　011 110	31 44　姤　37　011 111
列4 震 100	32 24　復　40　100 000	33 27　頤　41　100 001	34 3　屯　42　100 010	35 42　益　43　100 011	36 51　震　44　100 100	37 21　噬嗑　45　100 101	38 17　隨　46　100 110	39 25　无妄　47　100 111
列5 離 101	40 36　明夷　50　101 000	41 22　賁　51　101 001	42 63　既濟　52　101 010	43 37　家人　53　101 011	44 55　豐　54　101 100	45 30　離　55　101 101	46 49　革　56　101 110	47 13　同人　57　101 111
列6 兌 110	48 19　臨　60　110 000	49 41　損　61　110 001	50 60　節　62　110 010	51 61　中孚　63　110 011	52 54　歸妹　64　110 100	53 38　睽　65　110 101	54 58　兌　66　110 110	55 10　履　67　110 111
列7 乾 111	56 11　泰　70　111 000	57 26　大畜　71　111 001	58 5　需　72　111 010	59 9　小畜　73　111 011	60 34　大壯　74　111 100	61 14　大有　75　111 101	62 43　夬　76　111 110	63 1　乾　77　111 111

在此「伏羲方陣」裏，有六十四重卦的「名」、「圖」、「號(二進數)」，也有其對應的「位」與「值」。重卦的「位」，由「坤」的「00」，一直到「乾」

的「77」，以最顯眼的粗體數字標示，為重卦的「列行標」，直接標出此「重卦」在「伏羲方陣」裏，「列」與「行」的位置。

首先來看「錯」C 與「倒」P 對單卦「位」的運作：

$$C\begin{bmatrix} 0 \\ 1 \\ 2 \\ 3 \\ 4 \\ 5 \\ 6 \\ 7 \end{bmatrix} = \begin{bmatrix} 7 \\ 6 \\ 5 \\ 4 \\ 3 \\ 2 \\ 1 \\ 0 \end{bmatrix} \; ; \quad C\begin{bmatrix} 坤 \\ 艮 \\ 坎 \\ 巽 \\ 震 \\ 離 \\ 兌 \\ 乾 \end{bmatrix} = \begin{bmatrix} 乾 \\ 兌 \\ 離 \\ 震 \\ 巽 \\ 坎 \\ 艮 \\ 坤 \end{bmatrix}$$

在「錯」C 的運作下，數字的對應是「和為 7」，

$$0+7=1+6=2+5=\cdots=6+1=7+0=7$$

在「倒」P 的運作下得到

$$P\begin{bmatrix} 0 \\ 1 \\ 2 \\ 3 \\ 4 \\ 5 \\ 6 \\ 7 \end{bmatrix} = \begin{bmatrix} 0 \\ 4 \\ 2 \\ 6 \\ 1 \\ 5 \\ 3 \\ 7 \end{bmatrix} \begin{matrix} \\ \\ \\ \\ ; \\ ; \\ ; \\ ; \end{matrix} \quad P\begin{bmatrix} 坤 \\ 艮 \\ 坎 \\ 巽 \\ 震 \\ 離 \\ 兌 \\ 乾 \end{bmatrix} = \begin{bmatrix} 坤 \\ 震 \\ 坎 \\ 兌 \\ 艮 \\ 離 \\ 巽 \\ 乾 \end{bmatrix}$$

法則是$(1 \leftrightarrow 4)$與$(3 \leftrightarrow 6)$對換，而其他號不改。

現在再來考慮三個基本「對稱轉換」，{錯、倒、逆}$\equiv\{C,P,T\}$，對「重卦」的「位」的運作：

（一）錯 C：運作法則與「單卦」的情況完全一樣，運作前與運作後的數字和為 7，如

$$C\,(42) = (35);\quad C\,屯 = 鼎$$

$$C\,(23) = (54)\quad C\,渙 = 豐$$

$$C\,(17) = (60)\quad C\,遯 = 臨$$

$$C\,(10) = (67)\quad C\,謙 = 履$$

（二）倒 P：運作法則與「單卦」的情況完全一樣，$(1 \leftrightarrow 4)$ 與 $(3 \leftrightarrow 6)$ 對換，而其他號不改，如

$$P\,(26) = (23);\quad P\,困 = 渙$$

$$P\,(14) = (41)\quad P\,小過 = 頤$$

$$P\,(25) = (25)\quad P\,未濟 = 未濟$$

（三）逆 T：運作法則為，將重卦的「位」的二位數，前後對調，如

$$T\,(21) = (12)\quad T\,蒙 = 蹇$$

$$T\,(52) = (25)\quad T\,既濟 = 未濟$$

$$T\,(63) = (36)\quad T\,中孚 = 大過$$

$$T\,(72) = (27)\quad T\,需 = 訟$$

有了這三個基本轉換 { C, P, T } 的運作法則，其他複合轉換 $\{CP,CT,PT,CPT\}$ 的法則，也就水到渠成了，例如：

$$CP\,(35) \;=\; C\,(65) = (12)，\;CP\,鼎 \quad =蹇$$

$$CP\,(51) \;=\; C\,(54) = (23)，\;CP\,賁 \quad =渙$$

$$CP\,(32) \;=\; C\,(62) = (15)，\;CP\,井 \quad =旅$$

$$CT\,(30) \;=\; C\,(03) = (74)，\;CT\,升 \quad =大壯$$

$$CT\,(61) \;=\; C\,(16) = (61)，\;CT\,損 \quad = 損$$

$$CT\,(73) \;=\; C\,(37) = (40)，\;CT\,小畜 = 復$$

$$PT\,(62) \;=\; P\,(26) = (23)，\;PT\,節 \quad = 渙$$

$$PT\,(41) \;=\; P\,(14) = (41)，\;PT\,頤 \quad = 頤$$

$$PT\,(32) \;=\; P\,(23) = (26)，\;PT\,井 \quad = 困$$

$$CPT\,(31) =CP\,(13) =C\,(46) = (31)，CPT\,蠱 \quad = 蠱$$

$$CPT\,(03) =CP\,(30) =C\,(60) = (17)，CPT\,觀 \quad = 遯$$

$$CPT\,(53) =CP\,(35) =C\,(65) = (12)，CPT\,家人 = 蹇$$

六・五　重卦字母標示

（一）錯卦：令 A 代表任意一個「卦」，將之「錯變」C 得到的「錯
　　　　卦」，以有上標「星（star）」的 A^* 來表示，
$$CA = A^*$$

（二）綜卦：由「綜」$Z \equiv PT = TP$ 得到的「綜卦」，以有下標「槓
　　　　（bar）」的 $\underline{A}$ 來表示，
$$ZA = \underline{A}$$

（三）反卦：「先錯再綜」與「先綜再錯」會得到相同的卦。我們將
　　　　「錯綜」或「綜錯」簡稱為「反（anti transformation）」，
　　　　並以「符」F 表示，

$$F \equiv CPT = PTC = TCP = TPC = PCT = CTP$$

如此得到的卦，稱為「反卦」，且以有上標「負（minus）」的 A^- 來表示，

$$FA = \underline{\mathrm{A}}^* \equiv \mathrm{A}^-$$

（四）倒卦：我們稱「倒變」P 後的卦為「倒卦」，且以有上標「撇（prime）」的 A' 來表示，

$$PA = \mathrm{A}'$$

（五）逆卦：「逆變」T 後的卦，稱為「逆卦」，以有上標「陂（tilt）」的 $\widetilde{\mathrm{A}}$ 來表示，

$$TA = \widetilde{\mathrm{A}}$$

（六）鏡卦：「錯變」C 再「倒變」P，或先「倒」再「錯」，我們稱之為「鏡變」，且以符 J 表示，

$$J \equiv CP = PC$$

「鏡變」J 後的卦為「鏡卦」，我們以有上標「叉（cross）」的 $\mathrm{A}^\times$ 來表示，

$$JA = \mathrm{A}^\times$$

（七）伴卦：「錯變」C 再「逆變」T，或先「逆」再「錯」，稱為「伴變」，且以符 B 來表示，

$$B \equiv CT = TC$$

將「重卦」A 作「伴變」得到的卦，稱為「重卦」A 的「伴卦」，我們以有上標「匕（dagger）」的 $\mathrm{A}^\dagger$ 來表示，

$$BA = \mathrm{A}^\dagger$$

我們將這些彼此有某種對稱關係的八個「重卦」，總結於下表：

性質	原	荷	宇	時	荷宇	荷時	宇時	荷宇時
運作	本	錯	倒	逆	鏡	伴	綜	反
符	I	C	P	T	J (CP)	B (CT)	Z (PT)	F (CPT)
卦名	A	A*	A'	$\widetilde{A}$	A$^\times$	A†	$\underline{A}$	A$^-$

注意，「符」的組合依循很簡單的公式：

（一）C、P、T 前後順序可任意對調。

（二）$C^2 = P^2 = T^2 = J^2 = B^2 = Z^2 = F^2 = I$ 為「等同轉換」。

例如，

$$CJ \equiv CCP \qquad = P \qquad ; \qquad 錯鏡＝倒$$
$$JZ \equiv CPPT \quad = CT = B \qquad ; \qquad 鏡綜＝伴$$
$$JF \equiv CPCPT = T \qquad ; \qquad 鏡反＝逆$$
$$PB \equiv PCT \qquad = F \qquad ; \qquad 倒伴＝反$$
$$BF \equiv CTCPT = P \qquad ; \qquad 伴反＝倒$$

　　由 { 荷錯 C、宇倒 P、時逆 T } 三個基本轉換，共可構成八個不同的「轉換」。對任意「卦」A，做此八種「轉換」，可得八個「變卦」，如上表所展示。此處八種形式的「A」，特稱為「八對稱（eightfold symmetry）」，可以利用單音節的「古華語陰陽八聲調」來讀，可當作這八個「字母卦名」的「讀音」，如下表：

運作	本 I	逆 T	綜 Z (PT)	倒 P	錯 C	伴 B (CT)	反 F (CPT)	鏡 J (CP)
卦名	A	$\widetilde{A}$	$\underline{A}$	A'	A*	A†	A$^-$	A$^\times$
古華語八聲調	A$^-$	A$^\diagup$	A$^\checkmark$	A$^\diagdown$	A$^{\bullet-}$	A$^{\bullet\diagup}$	A$^{\bullet\checkmark}$	A$^{\bullet\diagdown}$
八調號	A$_1$	A$_2$	A$_3$	A$_4$	A$_5$	A$_6$	A$_7$	A$_8$

　　有些「重卦」在某種轉換下不改，就是前面提到的「三易原則」之一：「不易（invariance）」。在六十四卦裏，有八個卦｛坤、小過、坎、頤；大過、離、中孚、乾｝，是「綜」不易，稱為「自綜卦」；另有八個卦｛否、漸、未濟、隨；蠱、既濟、歸妹、泰｝是「反」不易，稱為「自反卦」。在〈第六章〉裏提到的「宮卦陣」又稱「逆伴陣」，其「對角線」上的卦為「自逆卦」，而「反對角線」上的卦為「自伴卦」。〈附錄四〉裏的「綜反陣」，其「對角線」上的卦為「自綜卦」，而「反對角線」上的卦為「自反卦」。

六‧六　宮卦陣

　　為展示六十四「重卦」在各種「對稱轉換」下的對稱性，我們將六十四重卦組成以八宮方式呈現的「宮卦陣」。更進一步，在「宮卦陣」的基礎上，建立六十四重卦的「字母代號」，以明確展示重卦間的「對稱性」與「關聯性」，同時也方便記憶及書寫。注意，「宮卦陣」裏的「八卦」是依「幾何序」，不同於「伏羲方陣」的依「代數序」，在「列行」呈現上差異，就是單卦「震」與單卦「巽」的對調。「宮卦陣」定義如圖：

坤	剝	比	豫	觀	晉	萃	否
謙	艮	蹇	小過	漸	旅	咸	遯
師	蒙	坎	解	渙	未濟	困	訟
復	頤	屯	震	益	噬嗑	隨	無妄
升	蠱	井	恆	巽	鼎	大過	姤
明夷	賁	既濟	豐	家人	離	革	同人
臨	損	節	歸妹	中孚	睽	兌	履
泰	大畜	需	大壯	小畜	大有	夬	乾

在此「宮卦陣」裏，已將六十四重卦分為四個區：

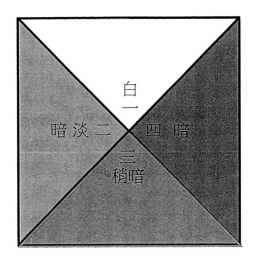

現將第一區裡的卦，以羅馬字母編「代號」，其他區的卦可由對角摺得到：

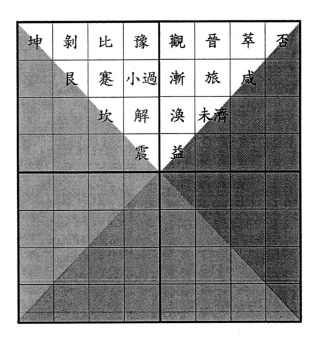

A	J	I	H	O	P	Q	X
	B	G	F	M	N	Y	
		C	E	L	Z		
			D	W			

若以「A」代表任何一「卦」，則 $\{\widetilde{A}、A^*、A^\dagger\}$ 分別代表「A」的 {逆、錯、伴}：

$$\widetilde{A} \equiv 逆（A） \qquad A^* \equiv 錯（A） \qquad A^\dagger \equiv 伴（A）$$

這四類卦，彼此的關係為：

$$A = 逆（\widetilde{A}）；\qquad A^\dagger = 錯（\widetilde{A}）；\qquad A^* = 伴（\widetilde{A}）$$

$$A^\dagger = 逆（A^*）\qquad A = 錯（A^*）\qquad \widetilde{A} = 伴（A^*）$$

$$A^* = 逆（A^\dagger）\qquad \widetilde{A} = 錯（A^\dagger）\qquad A = 伴（A^\dagger）$$

可以利用下圖來簡單表示，

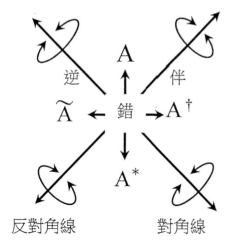

A	J	I	H	O	P	Q	X
$\widetilde{J}$	B	G	F	M	N	Y	$Q^\dagger$
$\widetilde{I}$	$\widetilde{G}$	C	E	L	Z	$N^\dagger$	$P^\dagger$
$\widetilde{H}$	$\widetilde{F}$	$\widetilde{E}$	D	W	$L^\dagger$	$M^\dagger$	$O^\dagger$
$\widetilde{O}$	$\widetilde{M}$	$\widetilde{L}$	W^*	D^*	$E^\dagger$	$F^\dagger$	$H^\dagger$
$\widetilde{P}$	$\widetilde{N}$	Z^*	L^*	E^*	C^*	$G^\dagger$	$I^\dagger$
$\widetilde{Q}$	Y^*	N^*	M^*	F^*	G^*	B^*	$J^\dagger$
X^*	Q^*	P^*	O^*	H^*	I^*	J^*	A^*

也可以利用套色來表示四種不同的「A」，如下圖：

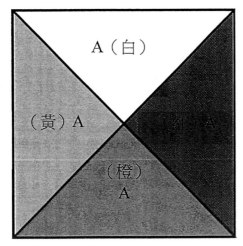

若將全部六十四「重卦」皆以此法處理，則可將「宮卦陣」寫為：

A	J	I	H	O	P	Q	X
J	B	G	F	M	N	Y	Q
I	G	C	E	L	Z	N	P
H	F	E	D	W	L	M	O
O	M	L	W	D	E	F	H
P	N	Z	L	E	C	G	I
Q	Y	N	M	F	G	B	J
X	Q	P	O	H	I	J	A

「對角線」上的「双色卦」為兩色皆可，因此，對角線上的八個卦為「自逆卦」，也就是其「逆卦」與本身相同。同樣，「反對角線」上的「双色卦」也為兩色皆可，因此，「反對角線」上的八個卦為「自伴卦」，即其「伴卦」與本身相同。總之，此圖即為前面寫下的「宮卦陣」，但是以套色的 ABCD 字母，來表達各卦間的「逆錯伴關係」：

卦名	本 卦 A	逆 卦 $\widehat{A}$	錯 卦 A*	伴 卦 A†
色	白 A	黃 A	橙 A	紅 A

將「宮卦陣」填上「字母卦名」與標準「卦序」則得次圖：

本							
A 2坤	J 23剝	I 8比	H 16豫	O 20觀	P 35晉	Q 45萃	X 12否
J 15謙	B 52艮	G 39蹇	F 62小過	M 53漸	N 56旅	Y 31咸	Q 33遯
I 7師	G 4蒙	C 29坎	E 40解	L 59渙	Z 64未濟	N 47困	P 6訟
H 24復	F 27頤	E 3屯	D 51震	W 42益	L 21噬嗑	M 17隨	O 25無妄
O 46升	M 18蠱	L 48井	W 32恆	D 57巽	E 50鼎	F 28大過	H 44姤
P 36明夷	N 22賁	Z 63既濟	L 55豐	E 37家人	C 30離	G 49革	I 13同人
Q 19臨	Y 41損	N 60節	M 54歸妹	F 61中孚	G 38睽	B 58兌	J 10履
X 11泰	Q 26大畜	P 5需	O 34大壯	H 9小畜	I 14大有	J 43夬	A 1乾

逆（左）　伴（右）　錯（下）

由此「宮卦陣」可看出「對稱關係」，例如，{豫、復、小畜、姤} 四卦的代號為 {H（白）、H（淡）、H（稍暗）、H（暗）} 或 {H、$\tilde{H}$、H^{*}、$H^{\dagger}$}。逐由代號可知，此四卦位於「宮卦陣」的四個互相呼應的位置，且對稱關係為：

$$復 ＝逆（豫） \qquad 小畜＝錯（豫） \qquad 姤 ＝伴（豫）$$

$$豫 ＝逆（復） \qquad 姤 ＝錯（復） \qquad 小畜＝伴（復）$$

$$姤 ＝逆（小畜） \qquad 豫 ＝錯（小畜） \qquad 復 ＝伴（小畜）$$

$$小畜＝逆（姤） \qquad 復 ＝錯（姤） \qquad 豫 ＝伴（姤）$$

也可簡示為：

$$豫 \xleftrightarrow{逆} 復 \qquad 豫 \xleftrightarrow{錯} 小畜 \qquad 豫 \xleftrightarrow{伴} 姤$$

$$姤 \xleftrightarrow{逆} 小畜 \qquad 復 \xleftrightarrow{錯} 姤 \qquad 復 \xleftrightarrow{伴} 小畜$$

或以圖示為：

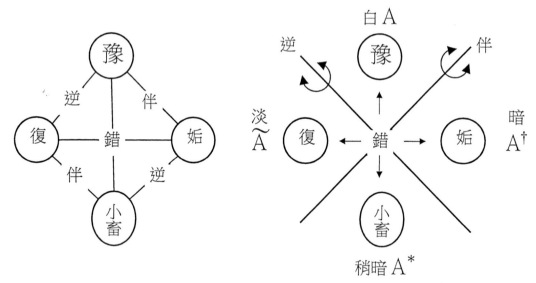

由於「宮卦陣」可以很簡單明白地展示六十四卦間的「逆」與「伴」的關係，我們又稱「宮卦陣」為「逆伴陣」。

六‧七　宮卦陣對稱圖

為了展示六十四重卦間完整的「對稱性」與「關聯性」，我們將本章〈第一節〉「對稱轉換」所得全部結論列於下詳圖：

A A' 坤 Ã A	J H' 剝	I I' 比	H J' 豫	O Q' 觀	P P' 晉	Q O' 萃	X X' 否 X† X
謙 J̃ H	B D' 艮 B̃ D	G 蹇 E	F 小過 F	M 漸 M⁻	N 旅 L⁻	Y W' 咸 Y† W⁻	遯 Q† O⁻
師 Ĩ I	E' 蒙 G̃	C C' 坎 C̃ C	E 解 G	L 渙 N⁻	Z Z' 未濟 Z† Z⁻	L' 困 N†	訟 P† P⁻
復 H̃ J	F' 頤 F̃	G' 屯 Ẽ	D B' 震 D̃ B	W Y' 益 W† Y⁻	N' 噬嗑 L†	M' 隨 M†	無妄 O† Q⁻
升 Õ Q	M× 蠱 M̃	N× 井 L̃	W* Y× 恒 W̃ Y	D* B× 巽 D† B⁻	G× 鼎 E†	F× 大過 F†	姤 H† J⁻
明夷 P̃ P	L× 賁 Ñ	Z* Z× 既濟 Z̃ Z	L* 豐 N	E* G⁻ 家人 C† C	C* C× 離	F× 革 G†	同人 I† I⁻
臨 Q̃ O	Y* W× 損 Ỹ W	N* 節 L	M* 歸妹 M	F* 中孚 F⁻	G* 睽 E⁻	B* D× 兌 B† D⁻	履 J† H⁻
X* X× 泰 X̃ X	Q* O× 大畜	P* P× 需	O* Q× 大壯	H* J× 小畜	I* I× 大有	J* H× 夬	A* A× 乾 A† A⁻

此處 {ABCD，EFG，HIJ} 與 {XYZW，LMN，OPQ}，共「20 字母」，每個字母各有「8 式」，總共有「160 式」，但僅代表「64 卦」。位於「對角線」與「反對角線」上的 16 個卦，皆為「4 式卦」；而其他 48 個卦，皆為「2 式卦」，因此，共出現（16 × 4＋48 × 2）「160 式」，分別對應「64 卦」。同一個卦裡放大的字母為卦的「名」，其他字母為卦的「別號」。上圖也明白展示出各「重卦」的「對稱性」，以及「重卦」之間的「相對關係」。例如，$A = \tilde{A} = A' = \underline{A}$，$J = H'$，$I = I'$，$H = J'$，等。

　　進而言之，從「對稱」的觀點：H 可由 J 衍生，或 J 可由 H 衍生，於 {J，H} 中，擇一即可，而我們選擇採用 J。{D，B} 之間與 {H，J} 之間有類似的衍生關係，而我們選擇 B。同理 {E，G} 之間，而我們選擇 G。{O，Q} 之間，選擇 Q；{W，Y} 之間，選擇 Y；{L，N} 之間，選擇 N。現將此對稱，列表如下：

原本	時逆	荷宇綜	宇倒	荷錯	荷時伴	荷宇時反	宇時鏡
I	T	Z (PT)	P	C	B (CT)	F (CPT)	J (CP)

H	$\tilde{H}$	$\underline{H}$	H'	H*	H†	H⁻	H×
J'	$\underline{J}$	$\tilde{J}$	J	J×	J⁻	J†	J*

D	$\tilde{D}$	$\underline{D}$	D'	D*	D†	D⁻	D×
B'	$\underline{B}$	$\tilde{B}$	B	B×	B⁻	B†	B*
$\underline{B}$	B'	B	$\tilde{B}$	B⁻	B×	B*	B†

E	$\tilde{E}$	$\underline{E}$	E'	E^{*}	$E^{\dagger}$	E^{-}	$E^{\times}$
$\underline{G}$	G'	G	$\tilde{G}$	G^{-}	$G^{\times}$	G^{*}	$G^{\dagger}$

O	$\tilde{O}$	$\underline{O}$	O'	O^{*}	$O^{\dagger}$	O^{-}	$O^{\times}$
Q'	$\underline{Q}$	$\tilde{Q}$	Q	$Q^{\times}$	Q^{-}	$Q^{\dagger}$	Q^{*}

W	$\tilde{W}$	$\underline{W}$	W'	W^{*}	$W^{\dagger}$	W^{-}	$W^{\times}$
Y'	$\underline{Y}$	$\tilde{Y}$	Y	$Y^{\times}$	Y^{-}	$Y^{\dagger}$	Y^{*}
Y^{-}	Y'	Y	$\check{Y}$	$\underline{Y}$	$Y^{\times}$	Y^{*}	$Y^{\dagger}$

$\underline{L}$	$\tilde{L}$	$\underline{L}$	L'	L^{*}	$L^{\dagger}$	L^{-}	$L^{\times}$
$\underline{N}$	N'	N	$\tilde{N}$	N^{-}	$N^{\times}$	N^{*}	$N^{\dagger}$

六‧八　基本卦

　　由上小節「對稱」的觀點，我們可以在六十四重卦裏，簡化出十四個「基本卦」，而其他五十卦皆可由此十四個「基本卦」，經八個「對稱轉換」的運作得到。換而言之，六十四重卦可以分為兩「系」十四「綱」。於任一「綱」中，任選一卦，由「對稱轉換」可得此「綱」中所有其他卦，且不出此「綱」外的卦，可謂「涇渭分明」。為明確起見，姑且選定「基本卦」為{ ABC，FG，IJ；XYZ，PQ，MN }，並定「經緯系表」如次：

經　系									
	綱		坤	艮	坎	小過	蹇	比	剝
目	本 *I*	坤象	坤A	艮B	坎C	小過F	蹇G	比I	剝J
	逆 *T*					頤F̃	蒙G̃	師Ĩ	謙Ĵ
	綜 *PT*			震B̲			解G̲		復J̲
	倒 *P*						屯G'		豫J'
	錯 *C*	乾象	乾A*	兌B*	離C*	中孚F*	睽G*	大有I*	夬J*
	伴 *CT*					大過F†	革G†	同人I†	履J†
	反 *CPT*			巽B⁻			家人G⁻		姤J⁻
	鏡 *CP*						鼎Gˣ		小畜Jˣ
卦位			角卦（A，B，C）			面卦（F，G）		邊卦（I，J）	

緯　系									
	綱		否	咸	未濟	晉	萃	漸	旅
目	本 *I*	否象	否X	咸Y	未濟Z	晉P	萃Q	漸M	旅N
	伴 *CT*					訟P†	遯Q†	隨M†	困N†
	反 *CPT*			益Y⁻			大壯Q⁻		井N⁻
	倒 *P*						觀Q'		噬嗑N'
	錯 *C*	泰象	泰X*	損Y*	既濟Z*	需P*	大畜Q*	歸妹M*	節N*
	逆 *T*					明夷P̃	臨Q̃	蠱M̃	賁Ñ
	綜 *PT*			恒Y̲			升Q̲		豐N̲
	鏡 *CP*						无妄Qˣ		渙Nˣ
卦位			心卦（X，Y，Z）			面卦（P，Q）		邊卦（M，N）	

此處「卦位」指各重卦在「宮卦立方」裏的「幾何位置」:「角卦」處於「宮卦立方」向外的八個「隅角」,「心卦」處於「宮卦立方」向內心的八個「隅角」,「邊卦」處於「宮卦立方」的十二個「邊」線上,「面卦」處於「宮卦立方」的六個「面」上不靠邊的位置。

含「坤艮坎」三綱的「角卦」之「初卦」與「末卦」相同,而含「否咸未濟」三綱的「心卦」之「初卦」與「末卦」為「互錯」。此外「小過綱」之「初卦」與「末卦」為互倒,「漸綱」之「初卦」與「末卦」為互鏡。

甚為有趣的是,由礦物晶體外形的對稱性,可以將一切「晶體(crystal)」分為十四種「三維晶格(3-dimensional lattice)」,在「晶體學」裏稱為十四種「布拉伐晶格(Bravais lattice)」。而這一切晶體的十四種「晶格」,又分屬七類「晶系」:「三斜(triclinic)」、「單斜(monoclinic)」、「正交(orthorhombic)」、「四方(tetragonal)」、「六角(hexagonal)」、「菱面體(rhombohedral)」、「立方(cubic)」,並共含三十二個相關「點群(point group)」。對應目前「六十四重卦」,分屬「經系」與「緯系」各含「三十二卦」,且可分別由七個「基本卦」經「對稱轉換」得到。因此,「晶體結構」與「六十四重卦」之間,必當有「對稱性」的「對應關係」,值得做深入探討。

六‧九　重卦字母圖

A. 陰陽卦圖之字母對應

為方便西方人的書寫與辨認,我們將重卦的「陰陽卦圖」改寫為「字母卦圖」,而「單卦」的「陰陽圖」與「字母」的對應如下表:

坤(地)	艮(山)	坎(水)	巽(風)	震(雷)	離(火)	兌(澤)	乾(天)
Earth	Mountain	Water	Storm	Thunder	Fire	Lake	Heaven
☷	☶	☵	☴	☳	☲	☱	☰
E	M	W	S	T	F	L	H

重卦「陰陽卦圖」裏的「下上卦」，以字母表示時，由左到右排列，對應「爻」的順序由下而上。例如，

$$\text{䷀} = \frac{\text{H}}{\text{E}} = \text{EH} \qquad \text{䷬} = \frac{\text{M}}{\text{W}} = \text{WM}$$

如此，我們可以將重卦的「陰陽卦圖」改畫為「字母卦圖」如次，而「卦名」上的「十進數字」為標準「卦序」，其定義見〈附錄二〉。

上宮＼下宮	坤 E	艮 M	坎 W	震 T	巽 S	離 F	兑 L	乾 H	上宮＼下宮
坤 E	2 坤 EE	23 剝 EM	8 比 EW	16 豫 ET	20 觀 ES	35 晉 EF	45 萃 EL	12 否 EH	坤 E
艮 M	15 謙 ME	52 艮 MM	39 蹇 MW	62 小過 MT	53 漸 MS	56 旅 MF	31 咸 ML	33 遯 MH	艮 M
坎 W	7 師 WE	4 蒙 WM	29 坎 WW	40 解 WT	59 渙 WS	64 未濟 WF	47 困 WL	6 訟 WH	坎 W
震 T	24 復 TE	27 頤 TM	3 屯 TW	51 震 TT	42 益 TS	21 噬嗑 TF	17 隨 TL	25 無妄 TH	震 T
巽 S	46 升 SE	18 蠱 SM	48 井 SW	32 恒 ST	57 巽 SS	50 鼎 SF	28 大過 SL	44 姤 SH	巽 S
離 F	36 明夷 FE	22 賁 FM	63 既濟 FW	55 豐 FT	37 家人 FS	30 離 FF	49 革 FL	13 同人 FH	離 F
兑 L	19 臨 LE	41 損 LM	60 節 LW	54 歸妹 LT	61 中孚 LS	38 睽 LF	58 兑 LL	10 履 LH	兑 L
乾 H	11 泰 HE	26 大畜 HM	5 需 HW	34 大壯 HT	9 小畜 HS	14 大有 HF	43 夬 HL	1 乾 HH	乾 H
下宮＼上宮	坤 E	艮 M	坎 W	震 T	巽 S	離 F	兑 L	乾 H	下宮＼上宮

B. 宮卦陣字母表象

　　至此，我們總結以「字母名」與「字母圖」標示的「宮卦陣」如次。

坤　A' **A** Ã　EE　A	剝　H' **J** EM	比　I' **I'** EW	豫 **J'** ET	觀 **Q'** ES	晉　P' **P** EF	萃 **Q** EL	否　X' **X** X†　EH　X
謙 **J̃** ME	艮 **B** B̃　MM	蹇 **G** MW	小過 **F** MT　F	漸 **M** MS　M⁻	旅 **N** MF	咸 **Y** Y†　ML	遯 **Q†** MH　O⁻
師 **Ĩ** WE	蒙 **G̃** WM	坎　C' **C̃** C̃　WW　C	解 **G** WT	渙 **N⁻** WS	未濟　Z' **Z** Z†　WF　Z	困 **N†** WL	訟 **P†** WH　P⁻
復 **J** TE	頤　F' **F̃** TM	屯 **G'** TW	震　B' **B** TT	益　Y' **Y⁻** TS	噬嗑 **N'** TF	隨　M' **M†** TL	無妄 **Q⁻** TH
升 **Q** SE	蠱　M× **M̃** SM	井 **N×** SW	恒　Y× **Y** ST	巽　B× **B⁻** SS	鼎 **G×** SF	大過　F× **F†** SL	姤 **J** SH
明夷　P **P̃** FE	賁 **Ñ** FM	既濟　Z× **Z̃**　Z* Z̃　FW　Z	豐 **N** FT	家人 **G⁻** FS	離　C× **C*** C†　FF　C	革 **G†** FL	同人 **I†** FH　I⁻
臨 **Q̃** LE	損 **Ỹ**　Y* Ỹ　LM	節 **N*** LW	歸妹 **M*** LT　M	中孚 **F*** LS　F⁻	睽 **G*** LF	兌 **B*** LL　B†	履 **J†** LH
泰　·X× **X̃*** X̃　HE　X	大畜 **Q*** HM	需 **P*** HW	大壯 **Q×** HT	小畜 **J×** HS	大有　I× **I*** HF	夬 **J*** HL	乾　A× **A*** A†　HH　A⁻

我們再對以上「方陣」作詳細說明如下：

（一）此方陣可「橫豎切」均分為「四象」；其中「坤象」與「乾象」
　　　屬「經系」，而「否象」與「泰象」屬「緯系」。

（二）將「乾象」或「坤象」本身各卦作「倒變」或「逆變」，可得回
　　　各象所有的卦。

（三）將「泰象」或「否象」本身各卦作「倒變」或「伴變」，可得回
　　　各象所有的卦。

（四）將「乾象」作「錯變」或「伴變」或「反變」或「鏡變」可得
　　　「坤象」；反之亦然。

（五）將「泰象」作「錯變」或「逆變」或「綜變」或「鏡變」可得
　　　「否象」；反之亦然。

（六）「上卦」與「下卦」所對應的「字母圖」如下表。

☷	☳	☵	☴	☶	☲	☱	☰
E	M	W	T	S	F	L	H

　　　此表中，E、W、F、H 四者皆「自倒」。M 與 T 互「倒」，A 與 L
　　　「互倒」；E 與 H 互「錯」，M 與 L 互「錯」，W 與 F 互「錯」。

（七）以「坤卦」為例，將各卦的說明解說如下。

1.　左上角「坤」為「卦名」，中央「A」為其「字母名」。

2.　「坤卦」的「陰陽圖」☷ 所對應的「字母圖」為中央下方
　　的「EE」；此處左邊 E 表「下卦」☷，右邊 E 表「上卦」
　　☷。

3.　左下角 Ã 為「逆 A」，右下角 A̲ 為「綜 A」，右上角 A' 為「倒
　　A」；而 A＝逆 A＝綜 A＝倒 A。

（八）再以「否卦」為例，將各卦的說明解說如下。

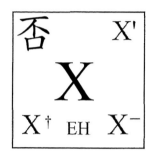

1. 左上角「否」為「卦名」，中央「X」為其「字母名」。

2. 「否卦」的「陰陽圖」䷋所對應的「字母圖」為中央下方「HI」；此「字母圖」左邊 E 表「下卦」☷，右邊 H 表「上卦」☰。

3. 左下角 $X^\dagger$ 為「伴 X」，右下角「X^-」為「反 X」，右上角 X' 為「倒 X」；而 X＝伴 X＝反 X＝倒 X。

（九）「重卦」之「上卦」與「下卦」對調，得「逆卦」；如：逆(EM) ＝ ME，即逆「剝 I」＝「謙 Ĩ」。

六‧十　綱目對稱

　　要簡化展示重卦的「對稱性」，以及兩重卦間的「對稱關係」，最好的方式是利用重卦的「綱目名」。而「重卦」間的「綱目對稱」，可以利用「本卦」的「變卦」序列，更明顯地展示出來。具體地說，我們可以將「本卦」A 的八個「變卦」編上「序號」如下表：

A	Ã	A̲	A'	A^*	$A^\dagger$	A^-	$A^\times$
A_1	A_2	A_3	A_4	A_5	A_6	A_7	A_8

重卦間的轉換關係如次：

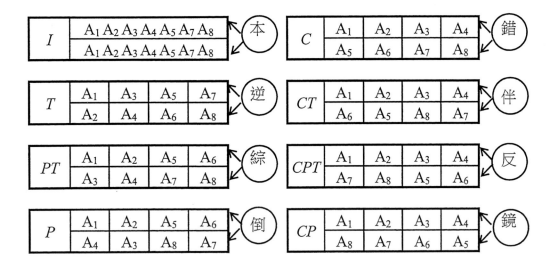

如此利用「重卦」的「目號」，可以改寫「宮卦陣」如次。

A_1　A_4 坤 A_2 EE A_3	J_1 剝 EM	I_1　I_4 比 EW	J_4 豫 ET	Q_4 觀 ES	P_1　P_4 晉 EF	Q_1 萃 EL	X_1　X_4 否 X_6 EH X_7
謙 J_2 ME	B_1 艮 B_2 MM	G_1 蹇 MW	F_1 小過 MT F_3	M_1 漸 MS M_7	N_1 旅 MF	Y_1 咸 Y_6 ML	遯 Q_6 MH
師 I_2 WE I_3	蒙 G_2 WM	C_1　C_4 坎 C_2 WW C_3	解 WT G_3	Z_1 渙 WS N_7	Z_4 未濟 Z_6 WF Z_7	困 N_6 WL	訟 P_6 WH P_7
復 TE J_3	F_4 頤 F_2 TM	G_4 屯 TW	B_4 震 TT B_3	Y_4 益 TS Y_7	N_4 噬嗑 TF	M_4 隨 M_6 TL	无妄 TH Q_7
升 SE Q_3	M_8 蠱 M_2 SM	N_8 井 SW	Y_8 恒 ST Y_3	B_8 巽 SS B_7	G_8 鼎 SF	F_8 大過 F_6 SL	姤 SH J_7
明夷 P_2 FE P_3	賁 N_2 FM	Z_5　Z_8 既濟 Z_2 FW Z_3	豐 FT N_3	家人 FS G_7	C_5　C_8 離 C_6 FF C_7	革 G_6 FL	同人 I_6 FH I_7
臨 Q_2 LE	Y_5 損 Y_2 LM	N_5 節 LW	M_5 歸妹 LT M_3	F_5 中孚 LS F_7	G_5 睽 LF	B_5 兌 B_6 LL	履 J_6 LH
X_5　X_8 泰 X_2 HE X_3	Q_5 大畜 HM	P_5　P_8 需 HW	Q_8 大壯 HT	J_8 小畜 HS	I_5　I_8 大有 HF	J_5 夬 HL	A_5　A_8 乾 A_6 HH A_7

此方陣明示出「十四綱」：{ABC，FG，IJ；XYZ，PQ，MN}。每綱各有「八目」，以字母的「上下標」表示。為清晰起見，將各目依序置於四角如次，如

A_1　A_4 坤 A_2 EE A_3	A_5　A_8 乾 A_6 HH A_7	X_1　X_4 否 X_6 EH X_7	X_5　X_8 泰 X_2 HE X_3

而 $A_1 = A_2 = A_3 = A_4$ ；$A_5 = A_6 = A_7 = A_8$ ；

$X_1 = X_6 = X_7 = X_4$ ；$X_5 = X_2 = X_3 = X_8$ 。

運作	（原）本	（時）逆	(字時)綜	（宇）倒	（荷）錯	(荷時)伴	(荷宇時)反	(荷宇)鏡
符	I	T	Z (PT)	P	C	B (CT)	F (CPT)	J (CP)
卦	A	$\tilde{A}$	$\underline{A}$	A'	A*	A†	A⁻	A×
綱目名	A_1	A_2	A_3	A_4	A_5	A_6	A_7	A_8
音調	陰1	陰2	陰3	陰4	陽1	陽2	陽3	陽4

（一）此表說明「A」 讀為「A音的陰1調」

　　　　「$\tilde{A}$」 讀為「A音的陰2調」

　　　　「$\underline{A}$」 讀為「A音的陰3調」

　　　　「A'」 讀為「A音的陰4調」

　　　　「A*」讀為「A音的陽1調」

　　　　「A†」讀為「A音的陽2調」

　　　　「A⁻」讀為「A音的陽3調」

　　　　「A×」 讀為「A音的陽4調」

（二）「1、2、3、4調」約如「普通話」裡的「第一、二、三、四聲」。

（三）「陰」表喉音，或「胸喉共鳴」，約如南方人發音；

　　　　「陽」表頭音，或「頭鼻共鳴」，約如北方人發音。

六‧十一　綱目四角標示

將「重卦」分綱目後，可知有些「重卦」可具「多目」。為清楚起見，將「綱」分為三類如次。

（一）四目綱 {A, C；X, Z} 共8個卦。

（二）双目綱 $\{B,F,I;Y,P,M\}$ 共 24 個卦。

（三）單目綱 $\{G,J;Q,N\}$ 共 32 個卦。

為明示「重卦」所屬綱目及其對應關係，可採行「立體四角標示法」如下：

$${}^{1}_{2}A{}^{4}_{3}\quad(坤)\qquad{}^{5}_{6}A{}^{8}_{7}\quad(乾)\qquad{}^{1}_{2}C{}^{4}_{3}\quad(坎)\qquad{}^{5}_{6}C{}^{8}_{7}\quad(離)$$

$${}^{1}_{6}X{}^{4}_{7}\quad(否)\qquad{}^{5}_{2}X{}^{8}_{3}\quad(泰)\qquad{}^{1}_{6}Z{}^{4}_{7}\quad(未濟)\qquad{}^{5}_{2}Z{}^{8}_{3}\quad(既濟)$$

此處目 (1,5) 置左上角，目 (2,6) 置左下角，目 (3,7) 置右下角，目 (4,8) 置右上角。目 (1,2,3,4) 屬「低層」，而目 (5,6,7,8) 屬「高層」，因「高低層」見數目自明，故不另標示。「重卦」的這種標示，特稱為重卦的「綱目名」，例如，

（一）「坤」的「綱目名」為 ${}_{2}^{1}A{}_{3}^{4}$，可知此卦為「四目卦」，且

自倒：　$\begin{matrix}1 & — & 4 \\ 2 & — & 3\end{matrix}$　（橫）

自逆：　$\begin{matrix}1 & & 4 \\ | & & | \\ 2 & & 3\end{matrix}$　（豎）

自綜：　$\begin{matrix}1 & & 4 \\ & \times & \\ 2 & & 3\end{matrix}$　（斜）

（二）「乾」的「綱目名」為 ${}_{6}^{5}A{}_{7}^{8}$，可知此卦為「四目卦」，且

自倒：　$\begin{matrix}5 & \bullet\!\!-\!\!\bullet & 8 \\ 6 & \bullet\!\!-\!\!\bullet & 7\end{matrix}$　（橫）

自逆：　$\begin{matrix}5 & & 8 \\ | & & | \\ 6 & & 7\end{matrix}$　（豎）

自綜：　$\begin{matrix}5 & & 8 \\ & \times & \\ 6 & & 7\end{matrix}$　（斜）

此處「高層」以「粗點•」來圖示。

(三)「否」$_6^1X_7^4$，「四目卦」，且

$$
\begin{array}{c}
1 — 4 \\
\text{自倒：} \qquad\qquad （橫） \\
6 •—• 7
\end{array}
$$

$$
\begin{array}{c}
1 \qquad 4 \\
\text{自伴：} \quad \big| \quad \big| \qquad （凸豎） \\
6 \qquad 7
\end{array}
$$

$$
\begin{array}{c}
1 \qquad 4 \\
\text{自反：} \quad \times \qquad （凸斜） \\
6 \qquad 7
\end{array}
$$

(四)「既濟」$_6^1X_7^4$，「四目卦」，且

$$
\begin{array}{c}
5 •—• 8 \\
\text{自倒：} \qquad\qquad （橫） \\
2 — 3
\end{array}
$$

$$
\begin{array}{c}
5 \qquad 8 \\
\text{自伴：} \quad \big| \quad \big| \qquad （凸豎） \\
2 \qquad 3
\end{array}
$$

$$
\begin{array}{c}
5 \qquad 8 \\
\text{自反：} \quad \times \qquad （凸斜） \\
2 \qquad 3
\end{array}
$$

(五)「艮」$_2^1B$，「双目卦」，且

$$
\begin{array}{c}
1 \\
\text{自逆：} \quad \big| \qquad （豎） \\
2
\end{array}
$$

(六)「咸」$_6^1Y$，「双目卦」，且

$$
\begin{array}{c}
1 \\
\text{自伴：} \quad \big| \qquad （凸豎） \\
6
\end{array}
$$

（七）「比」$^1F^4$，「双目卦」，且

自倒：　1 ━ 4　　（橫）

（八）「蠱」$_2Q^8$，「双目卦」，且

自反：　$_2$╱^{8}　　（凸斜）

（九）其他如^1I，$_2I$，I_3，I^4，^5I，$_6I$，I_7，I^8，或 J_3，$_6M$，

N^8等，皆為「單目卦」。

（十）^1I 與$_2I$「互逆」，

$\begin{matrix}1\\|\\2\end{matrix}$　　　　（豎）

（十一）^1I 與 I_3「互綜」，

$\begin{matrix}1\\ \backslash \\3\end{matrix}$　（斜）

（十二）^1I 與 I^4；「互倒」，

1 ━ 4　　（橫）

（十三）^1I 與^5I；「互錯」，

1, 5　●　　（凸）

（十四）^{1}I 與 $_6$I「互伴」，

$$\begin{matrix}1\\ \bullet\\ 6\end{matrix}\qquad（凸豎）$$

（十五）^{1}I 與 I$_7$「互反」，

$$1\diagdown\\ \bullet\,7\qquad（凸斜）$$

（十六）^{1}I 與 I^8；「互鏡」，

$$1\,\rightarrow\!\bullet\,8\qquad（凸橫）$$

（十七）$_2$I 與 I$_3$；「互倒」，

$$2\,—\,3（橫）$$

（十八）$_2$I 與 I^4；「互綜」，

$$\begin{matrix}&4\\ \diagup&\\ 2&\end{matrix}\qquad（斜）$$

（十九）$_2$I 與 ^{5}I；「互逆」，

$$\begin{matrix}5\\ \bullet\\ 2\end{matrix}\qquad（凸豎）$$

（二十）$_2$I 與 $_6$I；「互錯」，

$$2,6\quad\bullet\quad（凸）$$

（二一）$_2$I 與 I$_7$；「互鏡」，

$$2\,\rightarrow\!\bullet\,7\qquad（凸橫）$$

（二二）$_2\text{I}$ 與 I^8；「互反」，

$$\underset{2}{\overset{8}{\diagup\!\!\bullet}}\quad（凸斜）$$

（二三）$_6\text{I}$ 與 I_7；「互倒」，

$$6\bullet\!\!-\!\!\bullet 7\quad（橫）$$

（二四）$_6\text{I}$ 與 I^8；「互綜」，

$$\underset{6}{\overset{8}{\diagup\!\!\bullet}}\quad（斜）$$

（二五）　I_7 與 I^8；「互逆」，

$$\underset{7}{\overset{8}{\begin{smallmatrix}\bullet\\\bullet\end{smallmatrix}}}\quad（豎）$$

其餘以此類推。也可利用「歌謠」配合「筆劃」記憶：

　　倒（橫）　逆（豎）　綜（斜）　錯（凸）

　　鏡（凸橫）伴（凸豎）反（凸斜）。

或利用綱目順序的「歌謠」：

　　本（1）逆（2）綜（3）倒（4）錯（5）伴（6）反（7）鏡（8）

來記憶。這也就是〈第二・四・L 小節〉所稱的八類「變卦」。

我們將「宮卦陣」以各「重卦」的「綱目名」與「卦序」展示如次。

宮卦綱目陣〈二系四象八宮十四綱〉

上宮 ＼ 下宮	坤 E	艮 M	坎 W	震 T	巽 S	離 F	兌 L	乾 H
坤 E	坤 $_2^1A_3^4$ 2	剝 ^1J 23	比 $^1I^4$ 8	豫 J^4 16	觀 Q^4 20	晉 $^1P^4$ 35	萃 ^1Q 45	否 $_6^1X_7^4$ 12
艮 M	謙 $_2J$ 15	艮 $_2^1B$ 52	蹇 ^1G 39	小過 $^1F_3$ 62	漸 $^1M_7$ 53	旅 ^1N 56	咸 $_6Y$ 31	遯 $_6Q$ 33
坎 W	師 $_2I_3$ 7	蒙 $_2G$ 4	坎 $_2^1C_3^4$ 29	解 G_3 40	渙 N_7 59	未濟 $_6^1Z_7^4$ 64	困 $_6N$ 47	訟 P_7 6
震 T	復 J_3 24	頤 $_2F^4$ 27	屯 G^4 3	震 B_3^4 51	益 Y_7^4 42	噬嗑 N^4 21	隨 $_6M^4$ 17	无妄 Q_7 25
巽 S	升 Q_3 46	蠱 $_2M^8$ 18	井 N^8 48	恒 Y_3^8 32	巽 B_7^8 57	鼎 G^8 50	大過 $_6F^8$ 28	姤 J_7 44
離 F	明夷 $_2P_3$ 36	賁 $_2N$ 22	既濟 $_2^5Z_3^8$ 63	豐 N_3 55	家人 G_7 37	離 $_6^5C_7^8$ 30	革 $_6G$ 49	同人 $_6I_7$ 13
兌 L	臨 $_2Q$ 19	損 $_2^5Y$ 41	節 ^5N 60	歸妹 $^5M_3$ 54	中孚 $^5F_7$ 61	睽 ^5G 38	兌 $_6^5B$ 58	履 $_6J$ 10
乾 H	泰 $_3^5X^8$ 11	大畜 ^5Q 26	需 $^5P^8$ 5	大壯 $^5Q^8$ 34	小畜 J^8 9	大有 $^5I^8$ 9	夬 ^5J 43	乾 $_6^5A_7^8$ 1

六・十二　伏羲列行陣

六十四「重卦」可以利用「伏羲方陣」的「矩陣元」來編排。首先將「單

卦」排成一序列，如下表。

卦名	坤	艮	坎	巽	震	離	兌	乾
卦象	地	山	水	風	雷	火	澤	天
八進序	0	1	2	3	4	5	6	7

此處我們以傳統的「二進數」排序。如此依上下卦，將六十四重卦編列為八乘八的「矩陣（matrix）」，每一重卦有其「列標（row index）」與「行標（column index）」，其「列行標」對應一個唯一的「矩陣元（matrix element）」。換句話說，「伏羲方陣」為矩陣 A，以 a_{ij} 為其「矩陣元」，而下標 i 與 j 皆為 0 到 7 的數字：

$$A \equiv (a_{ij}) \quad ; \quad i, j = 0, 1, 2, 3, 4, 5, 6, 7$$

我們稱某「重卦」a_{ij} 的「列行標 ij」為此「重卦」a_{ij} 的「卦位」，因其標示 a_{ij}「位」於「i 列 j 行」。注意，「列」為橫、「行」為縱；在傳統「古書」裏，「行」是上下書寫的。依此，將「伏羲方陣」以「列行標」簡示如次。

伏羲列行陣

坤 00	剝 01	比 02	觀 03	豫 04	晉 05	萃 06	否 07
謙 10	艮 11	蹇 12	漸 13	小過 14	旅 15	咸 16	遯 17
師 20	蒙 21	坎 22	渙 23	解 24	未濟 25	困 26	訟 27
升 30	蠱 31	井 32	巽 33	恒 34	鼎 35	大過 36	姤 37
復 40	頤 41	屯 42	益 43	震 44	噬嗑 45	隨 46	无妄 47
明夷 50	賁 51	既濟 52	家人 53	豐 54	離 55	革 56	同人 57
臨 60	損 61	節 62	中孚 63	歸妹 64	睽 65	兌 66	履 67
泰 70	大畜 71	需 72	小畜 73	大壯 74	大有 75	夬 76	乾 77

此處「卦位 ij」對應於傳統上「重卦」的稱呼，例如：「屯」的「卦位」為「42」，2 為「水」、4 為「雷」，故稱「水雷屯」。注意，將「屯」的「卦號 100010」以「八進數」表示，就正好是「屯」的「卦位 42」。由於在「西方科學」裏，數學「矩陣元」的稱呼，在「定則（convention）」上是先寫「列標」，再寫「行標」，因此，我們以西方「矩陣元」的「定則」為準，以 42 表達「屯卦」。這僅是東西稱呼習慣的次序不同，猶如一個人的「姓名」，「西方」是先呼其「名」

再呼「姓」，而「東方」習慣上是先呼其「姓」再呼其「名」，前後正好相反。
這在「分類法」上是一致的，只是「定則」相反。

六・十三　宮卦消息陣

　　若將六十四「重卦」，以「陰陽爻數」作分類，則可將「宮卦陣」分為
七個區，{六陰卦、一陽卦、二陽卦、三陽卦、四陽卦、五陽卦、六陽卦}，
也就是「重卦」的七種「型（form）」，而得到如下的「宮卦消息陣」。

坤 六陰	剝 一陽	比	豫	觀 二陽	晉	萃	否 三陽
謙	艮	蹇	小過	漸	旅	咸	遯 四陽
師	蒙	坎	解	渙	未濟	困	訟
復	頤	屯	震	益	噬嗑	隨	無妄
升	蠱	井	恒	巽	鼎	大過	姤 五陽
明夷	賁	既濟	豐	家人	離	革	同人
臨	損	節	歸妹	中孚	睽	兌	履
泰	大畜	需	大壯	小畜	大有	夬	乾 六陽

於「卜筮」時，依「六爻」所卜得的「陰陽」可分為七種「型（form）」，另依
「六爻」所卜得的「靜」或「變」，又可分為七種「態（state）」；因此，「卜筮」
時所得「六爻」的「型態（class）」共有七七四十九種。這也可算是「大衍數」
四十九的一個可能解說。

　　關於「卜筮」所得之「重卦」的「型」與「態」，我們在〈第七・七節〉有
更詳細的解說。

第七章　卜筮原理

七‧一　卜筮目的

　　「螻蟻尚且偷生」，生物為了維持「生存」，在本能上就會「趨吉避凶」，追求有「利」於生存的情境，遠離有「害」於生存的情境。如何權衡「利害得失」就是生物自古以來，時常要面臨的選擇。昆蟲靠「潛意識」作迅速的「本能反應」，而「人」不但有「潛意識」的反應，更可貴的是還有經「思維」的「斟酌」，以及「道德」與「價值」的選擇。也就是說，人們除了靠潛意識的「聰明」本能，更仰賴「意識」上生活經驗所累積的「智慧」來判斷。人們在「聰明」與「智慧」不夠用時，就會求助於長老耆宿，甚至期望祖先、神明來指點迷津，原始人類社會的「巫師」以及「卜筮」隨即應運而生。於是預測宇宙的「規律」以及人事的「吉凶」，與相信聽認「命運」的安排，就逐漸形成人類早期文明極為重要的活動。「占卜」就是華夏文明裏「易學」的濫觴，而在以西方為代表的其他文明裏，遠古的「占星」，最主要的發展往往為「宗教」，只是到近世逐漸被「科學」所取代。因此，「西方」與「中華」文化的精髓就是「科學」與「易學」。

　　西方「科學」與中華「易學」的醞釀，細說來皆話長，現簡而言之。人類為了求生存，一般皆稟賦天生的「敬畏感」。如《論語‧季氏》曰：「君子有三畏，畏天命、畏大人、畏聖人之言」。「畏」有「敬畏」、「尊從」之意。「天命」指的就是冥冥之中的「鬼神」或「自然規律」，在西方文明裏，「畏天命」演化出「宗教」。例如，「基督教」崇拜「上帝」，認為上帝創造「自然萬物」，人們可經由研究「自然」，以了解上帝、模仿上帝，更進而征服「自然」。這種「積極」的態度，與中國戰國時代，荀子的思想較相近。中古時代，西方科學思想的醞釀與傳承，甚多出於修道院的神學士。到了近代，「科學」的發展逐漸取代「宗教」，成為西方文明的主流思想。

　　然而，在華夏文明裏，人們對鬼神的「敬畏感」，逐漸形成對「自然」與「土地」環境的崇拜。基本上認為自然或鬼神是不可知的，我們必須「消極」地順從「自然」，並學習如何應對「自然」。就中華傳統文化的認知，西方所謂的「科學方法」，只能「歸納」與「演繹」經由「感官」所塑造的「現象」，如此可以分析約化現象以得到「科學理論」，但卻永遠無法得到最後的真理，以解釋終極的「為什麼」；「為什麼」背後總還有一個「為什麼」。因此，在中華文化裏，只認定某個「道（axioms）」或「公設（postulates）」為起點，而其歷代傳承就稱為「道統」。華夏民族憑藉著源遠流長的文化記錄與傳承，發展出以「易學」為代表的「中華道統」，在世界眾多古文明中，綻放出獨特的耀眼異彩。

　　在遠古時代，由於中華文化對「自然」的崇拜，我們只被動地「詢問（inquire）」天的「意向」，因此，求神問卜的「卜筮」及嘗試洞察天機的「易學」，也就成了中華文化的主流思想。相對而言，西方宗教裏的「禱告」，卻是主動對「上帝」的「要求（request）」。就此而言，西方文化具有《易經》裏「乾卦」的意味，而中華文化則具有「坤卦」的特質，乾陽坤陰、相得益彰。簡而言之「**科學求精以得道，易學求博以濟世**」，可說是：

> *科以求道、易以濟世。*
>
> *乾知大始、作物坤成。*
>
> *乾以易知、坤以簡能。*

　　在中國，有所謂：「不讀易，不可為將相」之說，一般市井小民於日常生活裏，往往求神拜佛，依靠「卜卦算命」，在西方則訴諸「禱告」。「經國處世」在中國靠《易經》，而在西方則靠《聖經》或《可蘭經》。美國總統就職典禮，不就是由總統手放在《聖經》上，說禱告詞開始的。

　　對未來事態的發展進行預測，可說是「占卜」，而「易學」就是中華文化裏最古老的「占卜學」或「預測學」。《周易》應為西周執掌占卜的官員們彙編所得，也是現存最古老又深邃的「占卜經典」。孔子晚年學易，為彌補「儒

學」之不足，與弟子子夏將《周易》納入儒學。

　　《史記‧孔子世家》有云：「孔子晚而喜易」與「讀易韋編三絕」。《論語》裏有兩處提到學易：（一）《論語‧述而》有云：「子曰：加我數年，五十以學易，可以無大過矣」。有學者推測「五十」可能是「卒」字的誤讀，應為「假我數年，卒以學易，可以無大過矣」。此亦言之有理，因其時孔子已年近七十。（二）《論語‧子路》有云：「不恒其德，或承之羞，子曰：不占而已矣」。前言為《周易》「恒卦」九三爻辭，而孔子認為善學易者，不必占筮。此兩處，與《荀子‧子略》「善為易者不占」的說法，皆代表儒家的主流觀點。後世「儒家」更奉《周易》為群經之首。由於儒家的尊崇與推衍，「易學」也因此融入了「倫理」與「哲理」的元素。

七‧二　卜筮內容

　　古代關於「八事」的「占卜」，稱為「八筮」。「八事」即「八故」：（一）征（征伐）（二）象（災變雲物）（三）與（與人以物）（四）謀（謀議）（五）果（事之成敗）（六）至（臻及）（七）雨（晴雨）（八）瘳（病愈）。此為「占卜」時所貞問事的八大類別。時至今日，無事不可占卜，包括婚喪喜慶、良辰吉日、房產股市、風雨陰晴等，不一而足，只要是個人理智無從定奪的事，不妨占卜以決，不傷腦筋。

七‧三　先秦卜筮方法

　　上古時代，人們在徬徨無助時，就會有向祖先或鬼神諮詢的行為。一般說來，不論是自然產生，或祖先神鬼揭示，依據事前可見的「預兆」，以推知事態將來發展的「吉凶福禍」，皆通稱為「占（zhan）」。

　　中國古代先民將龜殼或獸骨鑽孔，再通過灼燒，使其產生裂痕，藉由觀察分析其「裂紋」，以「預測吉凶」，謂之「卜（bu✔）」；而利用手「揲（she

　㇑）」一把「著（shi）」草莖，隨機捏分，以「預測吉凶」，謂之「筮（shi㇂）」。

　　「占」由字形看，像是一個孔而邊上有裂紋，或像是鑽孔的圖像，而「卜」字像裂紋，其「字音」似物品龜裂的聲音。因此，「占」代表「貞問」的整個過程行為或儀式。「占卜」特指以「龜卜」為代表的「貞問」；「占筮」則特指以「揲著」為代表的「貞問」；而「卜筮」指任何「貞問」。此外「貞」字形似，一個「人」的大「目」審視裂紋「卜」。在現代華語一般使用上，此三字通用，也可以用双字詞「占卜」、「占筮」、或「卜筮」通稱之。

　　首先關於「占卜」，根據《周禮・春官・宗伯》記載：「太卜掌三兆之法，一曰玉兆、二曰瓦兆、三曰原兆。其經兆之體，皆百有二十，其頌皆千有二百。」「兆」為「預兆」之意，此處指「裂紋」。「玉兆」與「瓦兆」很容易直接體會，而「原兆」應指平原或田園在乾旱時的裂紋。「經兆」相當於「經卦」，指「基本兆」或「基本裂紋」。「體」指「體現」、「結構型式」，「頌」指「卜辭」。

　　因此，《周禮》指稱龜腹骨或牛肩胛骨的裂紋，有玉紋、瓦紋、田紋三大類型，裂紋的細部結構，總共可分為 120 種，而斷定其吉凶的「卜辭」，稱為「頌」，共有 1200 條。也有學者認為，「皆」指在三大類型中每類「各有」120 種細部結構，三大類型，乘以三，共有 360 種結構。

　　其次，關於「卜筮」，《周禮・春官・宗伯》則記載：「掌三易之法，一曰連山、二曰歸藏、三曰周易。其經卦皆八，其別皆六十有四。」其中《周易》利用「揲著」的「卜筮」，而由於官方提倡，得以流傳後世，但「連山」與「歸藏」的「卜筮法」，即使流傳民間，皆無跡可尋、不得而知。《周禮》，似乎指稱，連山、歸藏、周易等「三易」皆有八個「基本卦」，由此所得六十四重卦，代表「卜筮」結果的一切可能「卦象」，但其「卜筮法」以及「釋卦」的方式與內容，則各有不同。也許，「卜筮法」隨時代的變遷，有不同的演進，「釋卦」的方式與內容，也會因社會的型態改變與複雜程度，得有不同的刪減與增益。

　　狹義的「占卜」與「占筮」的差別在於：「占卜」有如「讀掌紋」、有如

「測字」,「掌紋」與「字跡」隨人而異。以科技產物來譬喻,就有如舊式相機,或舊式黑膠唱片,以唱片上細凹槽的深淺寬窄形狀,解讀出音樂或話語,是所謂採「類比(analog)」方式。在「占卜」時,當作「預兆」的「紋理」可分為 120 種,甚或 360 種,但較細緻,在「判讀」時,也較含糊有爭議。當然,讀「掌紋」、「相面」、或「測字」的原理較直接,也比較容易體會。「掌紋」與個人的生理「基因」有關聯性,而「成人」的「面相儀態」以及臉上「皺紋」,與個人「經歷」以及平日「心態」有關。正所謂「貌由心生」、「字如其人」。

　　而狹義的「占筮」將「預兆」以「數位(digital)」形式呈現,如數位硬碟 DVD、或數位相機,「判讀」時,較明確無爭議,但僅分成 64 種「基本卦象」。就「預兆」的呈現而論,「占筮」較明確且方便,因此,周朝以後,「占筮」就逐漸取代「占卜」。不過,兩者「預兆」的呈現,皆為「隨機性(probablistic)」。其依據的原理,皆為「天人感應」,環境改變個人,更有所謂「時勢造英雄」。「卜筮」原理的可信程度,有時像是「宗教信仰」,有一定的道理,但隨個人的「意識型態」,各有堅持。

　　然而就廣義而言,「占卜」與「占筮」的意義相當,可通用。

七‧四　卜筮配合條件

　　古時的「卜筮師」有如現代的「咨詢師」或氣象局的「預報員」或看病的「醫生」。在進行「卜筮」時,宜「活用」六十四卦,有如中醫的「望、聞、問、切」,北宋邵雍就提出了「卜筮三要」,意指「耳、目、心」的靈活配合運用。在起卦斷卦時,要「耳聰、目明、心細」。「耳」不但要聽人的「語氣」、「聲息」,還要傾聽周遭環境的「聲響」;「目」不衹要觀察來人的「臉色」與「眼神」,還要留意四周環境的「變化」。由外界搜尋基本「預兆訊息」後,再以「心」的思慮感應,來綜合分析有效的訊息,以仔細判讀「貞問事務」的「動靜取向」。

在「卜筮三要」之下，更有具體的「卜筮十應」，即「天時、地理、人品、行為、方卦、生物、器物、言語、聲色、文字」之應。也就是以卜筮出的「本卦」為主「體」；以「用卦、交卦、互卦、之卦、變卦」為「用」。本書將僅利用具體的「本卦、用卦、交卦、互卦、之卦、變卦」來進行「卜筮」的，稱為「內占」，而將周遭環境的種種預兆作參考的，稱為抽象的「外占」，如此內外結合，進行綜合斷卦。

七‧五　卜筮方法演進

根據大批殷商考古文物「甲骨文」得知，商朝的卜筮以「龜甲」與「牛骨」為主。周朝則依據《周易》，積極推廣以「蓍草」來簡化卜筮。「卜筮方法」也由「類比（analog）」時代進入「數位（digital）」時代。早期卜筮的記錄多為天子、諸侯、貴族們有關政治、軍事、祭祀、工程建設，或大規模較長期的氣象預測。秦漢之後，逐漸推廣到一般庶民的生活層面，包括風水、醫藥、健康等。這時就出現了「相面術、解夢術、金錢占」等，後世更有新的卜筮術如「六壬、太乙、九宮、奇門遁甲」等。

唐朝初年，有李淳風與袁天罡利用天象預測未來的「推背圖」。到了北宋，華山道士陳摶，更發展出以星象為依據的命理學「紫微斗數」。另外還有，邵雍以字畫數建立的「梅花易數」。明清時有劉伯溫的《靈棋經注》，以及袁詳的《六壬大全》等集大成著作。以上種種「卜筮術」，其中當然不乏大量的穿鑿附會之「迷信」成份。

七‧六　金錢占

恰如「戲曲」多為虛構，然觀賞仍有「怡情養性」的功效。本書避談「迷信」，但為完整起見，介紹最簡單、最方便的「金錢占」。其過程分「占卦」、「選卦」、與「釋卦」，現分項詳細說明如下：

A. 占卦

（一）先誠心「禱告」祖先或鬼神，告知要貞問的「事」或「行為」，再進行「占卦」：進行步驟為，取三枚銅幣同時擲出，一「次」得一「爻」，每次可能的結果有四種組合，如下表：

組合	爻名	本爻	之爻
三正	陽變（老陽, Yango）	—— o	—— ——
二正一反	陽靜　（少陽, Yang）	——	——
一正二反	陰靜　（少陰, Yin）	—— ——	—— ——
三反	陰變　（老陰, Yino）	—— —— o	——

　　在「本卦」裏，「爻」加附圈「o」，表示此爻為「變爻」；將此爻「錯變」，得「本爻」的「之爻」。

（二）將連續擲「六次」所得六「爻」，「由下而上」依序記錄為「本卦」與「之卦」。例如，六次擲得如下結果：

爻	本卦	之卦
6	—— ——	—— ——
5	—— o	—— ——
4	——	——
3	—— —— o	——
2	—— ——	—— ——
1	——	——

由於「本卦」為「隨」，而「之卦」為「豐」，因此稱為〈隨〉之〈豐〉。

（三）由「宮卦陣」查出「本卦」與「之卦」的「卦序號」。再依「卦序」，翻閱得「卦辭」及「爻辭」。於上例中，「占卦」得〈隨〉之〈豐〉，查得如下的「卦辭」及「爻辭」：

17 澤雷隨　元亨。利貞。无咎。
6 ▬ ▬ 拘係之，乃從維之，王用亨于西山。
5 ▬▬▬ 孚于嘉，吉。
4 ▬▬▬ 隨有獲，貞凶，有孚在道以明，何咎。
3 ▬ ▬ 係丈夫，失小子，隨有求得，利居貞。
2 ▬ ▬ 係小子，失丈夫。
1 ▬▬▬ 官有渝，貞吉，出門交有功。

55 雷火豐　亨。王假之，勿憂，宜日中。
6 ▬ ▬ 豐其屋，蔀其家，闚其戶，闃其无人，三歲不覿，凶。
5 ▬ ▬ 來章，有慶譽，吉。
4 ▬▬▬ 豐其蔀，日中見斗，遇其夷主，吉。
3 ▬▬▬ 豐其沛，日中見沬，折其右肱，无咎。
2 ▬ ▬ 豐其蔀，日中見斗，往得疑疾，有孚發若，吉。
1 ▬▬▬ 遇其配主，雖旬无咎，往有尚。

B. 選卦

「選卦」分八種情況：

（一）無「變爻」，以本卦的「卦辭」來釋卦。

（二）一「變爻」，以本卦「變爻」的「爻辭」來釋卦。

（三）二「變爻」，以本卦「變爻」的「爻辭」來釋卦。但以上端的「變爻」為主。

（四）三「變爻」，以本卦的「卦辭」，結合「變爻」的「爻辭」來綜合釋卦。

（五）四「變爻」，以本卦「靜爻」的「爻辭」來釋卦，但以下端的「靜爻」為主。

（六）五「變爻」，以「之卦」的「靜爻」的「爻辭」來釋卦。

（七）六「變爻」而「乾」或「坤」為本卦，分別以「用九」或「用六」來釋卦。

（八）六「變爻」，而本卦非「乾」非「坤」，則以「之卦」的「卦辭」來釋卦。

於上例中，有「三」與「五」兩個「變爻」，故屬第 3 種情況，應以〈隨〉的三五爻的「爻辭」來釋卦，但以「五爻」為主。

C. 釋卦

最後根據已選擇的「卦辭」或「爻辭」，憑「感性」的直覺、「客觀」的心態、「類比」的隱喻、「靈活」的理解、「自由」的聯想，再加上「理性」與「道德」的判斷，來作出決策，同時還要作「適宜」的心理準備，與「適度」的實際應對。

在上例中，以〈隨〉上端「變爻」，即第 5 爻的「爻辭」：「孚于嘉，吉。」為主來「釋卦」，並且配合〈隨〉卦中蘊含的簡義「順勢」，以及〈豐〉的簡義「豐盛」。首先根據「卦辭」、「爻辭」以及「卦象」在心裏感應到一個情境，再依照「占卜」前的「貞問」，來作適當的「解答」。關於這「釋卦」階段，牽涉較廣，我們將於〈第八章〉再作詳細的一般說明。

七‧七　卜筮所得型態

相傳〈連山易〉與〈歸藏易〉皆有好多種卜筮法，或許留傳於民間，但不得而知。一般傳統下的卜筮法，除上節介紹的「金錢占」外，還有較古老的記在〈繫辭傳〉裏的「蓍草占」，不過稍嫌繁複。然而各種「卜筮法」原理大同小異，基本上將「卜筮過程」所得之「爻」分為四類，除了「陰」與「陽」外，再分「靜」與「變」：

　　{陰靜，陰變，陽靜，陽變}

　　因為「重卦」有六爻，所以共有 4×4×4×4×4×4＝4096 個不同的組合，也就能對應到 4096 個不同的「情境」。換句話說，每次「貞問」或「卜筮」，可有 4096 個不同的可能答案。

　　在分析討論「卜筮」所得可能的 4096 個「結果」時，我們將這些「結果」以「型（form）」來分，共有七「型」，以「態（state）」來分，也共有七「態」。「型」與「態」的組合共可有 7×7＝49 種不同的「型態（class）」，這可算是「大衍數」49 的另一個可能解釋。此處先將七型七態羅列如下。

型	
1	六陰
2	五陰一陽
3	四陰二陽
4	三陰三陽
5	二陰四陽
6	一陰五陽
7	六陽

態	
1	六靜
2	五靜一變
3	四靜二變
4	三靜三變
5	二靜四變
6	一靜五變
7	六變

　　卜筮所得四十九種「型態」，每一種「型態」可能的「本卦」與「之卦」的組合數，可以列成一方陣如下：

型態	六陰	五陰一陽	四陰二陽	三陰三陽	二陰四陽	一陰五陽	六陽	本卦之卦組合總數
六靜	1	6	15	20	15	6	1	64
五靜一變	6	36	90	120	90	36	6	384
四靜二變	15	90	225	300	225	90	15	960
三靜三變	20	120	300	400	300	120	20	1280
二靜四變	15	90	225	300	225	90	15	960
一靜五變	6	36	90	120	90	36	6	384
六變	1	6	15	20	15	6	1	64
本卦之卦組合總數	64	384	960	1280	960	384	64	4096

　　總而言之，卜筮所得「本卦」與其「之卦」相同的情況有 64 種，「本卦」配上不同「之卦」的情況有 4032 種；因此，「本卦」與「之卦」的不同組合可有 64×64＝4096 種，也就是說，每次「卜筮貞問」可得到 4096 種不同的可能「答案」。

七・八　卜筮基本原則

　　以「現代」的眼光看來，「卜筮」應屬於基本需求「食衣住行」之外的「育」與「樂」，為精神層面的文化活動，當然與食衣住行仍有密切的牽連關係。這就像是，我們需要藝術、音樂、戲曲、電影、文學等來陶冶性情、品格、氣

質，或指引人生旅程。有關「迷信」的部份，不妨當成一種儀式，或虛擬的小說情境視之。因此，古人早已有「善易者不卜」的說法，只有在「理智」無法判斷、猶豫不決的情況下，為免延宕生活的緊湊步調，不妨以「卜筮」行之。傳統上有以下的「卜筮原則」，可作參考：

> （一）不疑不占。
>
> （二）不善不占。
>
> （三）不誠不占。
>
> （四）心意已決不占。
>
> （五）心神不定或不清醒不占。
>
> （六）一事不得一占再占，但以他法占則無妨。
>
> （七）確認卜筮時所採行方法的「隨機性」。

其實以上所列原則，其「基本精神」有如在物理學裏推導「統計熱力學（statistical thermodynamics）」所採行的「不偏袒原則（principle of least bias）」或「等原概率公設（postulate of equal *a priori* probabilities）」。就此而言，「金錢占」要比「蓍草占」更不偏坦某些「卦」。

就目前已有的一切物理「實驗證據」而言，對超過「理智」範圍的「運（luck）」，既使「上帝都得擲骰子」。也就是說，上帝只能決定「命（fate）」如骰子的結構與投擲方式，而最終擲得的點數，只有靠「運」。再換句話說，人的「理智」決定「命」，最終結果的「運」靠「天」了，上帝也幫不了忙。這有如，現代物理裏的「電子双隙實驗」，「量子力學」（上帝）只能告訴我們，「概率分布」決定無數多個電子在「屏幕」上所產生的「干涉條紋」，但是無法預知，任何「特定」的一個「電子」，在「屏幕」上的「落點」。

同樣「道理」，看「手相」或「面相」，有如科學地檢測一個「骰子」，不論檢測得多麼仔細，也只能算出骰子的「命」，就是擲出每個點數的「概率」。同一個「骰子」，或者指同一個「人」，每次擲得的「點數」，不但是靠骰子的「命」，還要靠骰子的「運」。難怪我們祇有聽說「算命」，沒聽說有「算運」。

七・九 簡易卜筮

碰到疑難或爭議無法選擇時，我們往往以「擲銅板」或「猜拳」的方式來定奪。這裡提供兩個簡易的「易經占卜」。

A. 骰占

首先我們要製作兩個「八卦骰」。如下圖的「正錐方體」有六個「四錐角」、八個「三角面」、十二條「錐角邊」，看似淹在水裏的「金字塔」加上水面上的倒影。反而言之，埃及「金字塔」有如一半埋在黃沙裏的「八卦骰」，見證人類古文明「意念相通」之處。

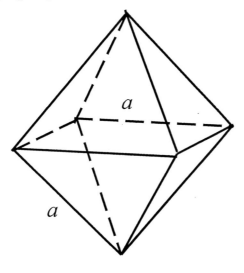

正錐方體

（正八面體）

一般的「骰子」為一個「正六面體」，而「八卦骰」為一個「正八面體」。依據個人的喜好，可有以下四種不同的選擇：

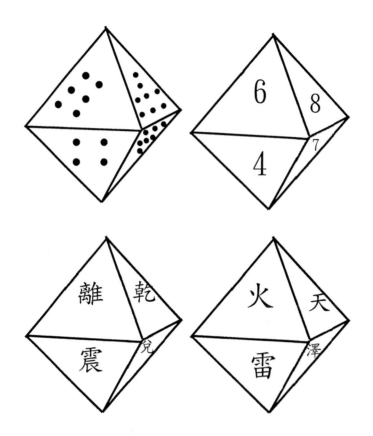

　　若將卦名「凹刻」與「凸刻」分「陰陽」，或以「黑白」分。如此可得「陰骰」與「陽骰」，各代表重卦的「下卦」與「上卦」。同時擲「陰骰」與「陽骰」，則每次可得一「重卦」，並以此「重卦」之「卦辭」與「爻辭」來綜合簡易「釋卦」。

　　制作「八卦骰」很容易，於厚紙板上畫出如下圖形：

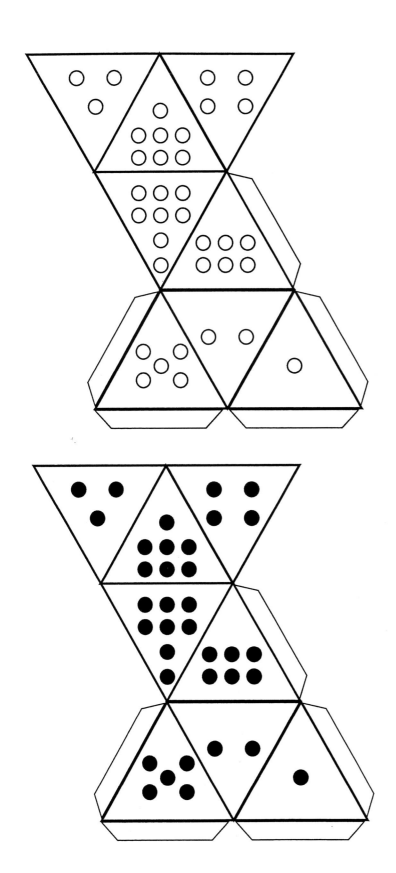

再依圖形剪下，沿實線向後摺，長條梯形邊為黏貼用，可得陰陽兩骰。

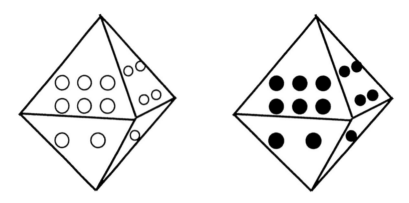

B. 數占

　　這或許是最簡易，也是最原始的「易經占卜」，取一包「米」或「黃豆」，如果是感情問題，就選「紅豆」或「相思豆」吧。隨手抓起一把，「雙數」得「陰爻」、「單數」得「陽爻」，抓六次得一「重卦」。當然，手邊如果只有一個「銅板」，不妨就以「反正」為「陰陽」，擲六次就得一「重卦」。再以此「重卦」之「卦辭」與「爻辭」來綜合「釋卦」，但記得要誠心為之，必得祖先與神明保佑。

第八章　釋卦

八‧一　概論

　　伏羲「一劃開天」發明「八卦」，這無從考證，後世姑且信之。然而「六十四重卦」為周文王在羑里獄中推演創作，就太戲劇化了，應是後世的誇言。而且根據考古文物推測，「重卦」在周文王之前早已有之。依邏輯推論，若僅有八個「單卦」，在「卜筮」上用處不大，而將兩個「單卦」上下重疊得「重卦」，是最自然不過的，這對遠古的聖賢而言，絕非難想到的推衍。換個角度來看，八個「單卦」很有趣，屬「靜態」的「情境」，把玩起來也蠻有意思的，但要能實際應用在卜筮上，就至少得發展為「動態」的六十四「重卦」，而「三重卦」或「四重卦」又太繁複，沒什麼實用價值。因此，「六十四重卦」不多不少，正合用。何況「上卦」與「下卦」，或「初卦」與「末卦」，又正符合「陰陽二分法」的「道」。

　　這也好像發明了「球」或「輪子」，很有趣很好玩，但要造出「滾輪」、「獨輪車」、「雙輪車」、「參輪車」、甚或「四輪車」才真正有用。因此，發明「輪子」後，至少「獨輪車」或「雙輪車」不久或同時就發明了。

　　《周易》通行本中的原始「經文」，加標點後，於本章〈第五節〉刊出，以供讀者作參考。至於《周易》的「傳文」部分，也就是〈十翼〉，為「儒家」的「釋文」，將置於〈第九章〉，以免讀者受儒家思想的影響，有了「先入為主」的想法。

八‧二　卦爻辭

　　判斷所貞問事件的吉凶辭句，古代稱為「筮辭」，為當年整理「卜筮」所得的部分原始記錄，而且通常經過驗証屬實或適宜。《周易》之原始經文包括

六十四重卦之「卦辭」與三百八十四爻之「爻辭」，應該皆來自「筮辭」。筮辭非一人一時之作，而是長年以來「筮師們」累積與整理後的結果或早先的「判例」，以作為而後「卜筮」時的參考或依據。此「卦辭」與「爻辭」即狹義的《周易》，本書將其全部經文列於本章〈第五節〉。

　　「卦辭」概括描述卜筮所得卦象，並推斷吉凶禍福。「爻辭」為「教戰手則」或「錦囊妙計」，解說在不同情境下，如何盡力而為、變通應對。由「初爻」到「上爻」六個爻，未必依時序先後，通常表達對不同「情境」的應對。現以「乾坤」與「泰否」四卦的原始經文，以及本書嘗試作的解說，舉例如下：

（一）乾為天：元亨。利貞。

　　　　隆重盛大感恩祭祀。必能圓滿通達，心想事成。

初九：潛龍勿用。

　　　　年輕有為而時運不佳或事業低潮隱居山林時，
　　　　得潛心進修但求韜光養晦蓄勢待發。

九二：見龍在田，利見大人。

　　　　入世未深或初露頭角時，當審時度勢更就教於社會賢達。

九三：君子終日乾乾，夕惕若，厲，无咎。

　　　　創業唯艱或在其位但無實權時，當勤勉戒懼，日三省其身但求
　　　　無凶險禍害。

九四：或躍在淵，无咎。

　　　　新闢疆土拓展事業時，宜如臨深淵如履薄冰，不應涉險冒進。

九五：飛龍在天，利見大人。

　　　　形勢我與、大展鴻圖之際，宜低調進取，更當感恩知報並廣結
　　　　善緣。

上九：亢龍有悔。

　　高處不勝寒，居安思危，戒唯我獨尊。

　　為人處世多留餘地，才得迴旋空間以謀共榮。

用九：見群龍无首，吉。

　　六爻皆陽，得濟濟多士襄助，宜百花齊放，同心協力，各司其
　　職各盡所能。

　　適人適時適地，群策群力齊頭並進。集思廣益，不宜獨裁。

　　不居功不獨享，則必然吉利順暢心想事成。

(二)　坤為地：元亨，利牝馬之貞。君子有攸往，先迷，後得主，
　　　　利。西南得朋，東北喪朋，安貞，吉。

　　隆重盛大感恩祭祀。不論為臣僕、經理、或持家，執行者所卜
　　問之事皆功德圓滿。君子所作所為，間或有迷失，終得貴人指
　　點迷津而順利達成。

　　天下事必有得有失，收之東牆失之西隅，塞翁失馬無需掛齒。

　　只要秉持正途，終得吉利順遂。

初六：履霜，堅冰至。

　　冰凍三尺非一日之寒。一葉知秋，履霜則堅冰將至。

　　宜為蕭條前景，預作應對演練以免措手不及。

六二：直，方，大。不習，无不利。

　　上下四方，結局寬廣無垠，暗喻天地悠悠過客匆匆，人生漂浮
　　起伏不定。

　　姑且放手一搏邊做邊學，總能找到出路。

六三：含章可貞，或從王事，无成有終。

　　征服殷商可望可期，既使戰事膠著未即成王業，也定獲相當績

效。

六四：括囊，无咎无譽。

謹言慎行韜光養晦，雖無贊譽當免失誤。

六五：黃裳，元吉。

修身養性儲備潛能，必能大吉大利。

上六：龍戰于野，其血玄黃。

鞠躬盡瘁死而後已。天將降大任於斯人也，必先苦其心智勞其
筋骨，終得留取丹心照汗青。

用六：利永貞。

六爻皆陰，以靜制動永續經營而不求急功近利，終將大吉大
利。

「用九」與「用六」為附注：「乾卦」為主事者的表率，而「坤卦」為成
事者的表率；乾為決策者，而坤為執行者。乾天坤地、乾皇帝坤宰相、乾官
坤吏、乾政坤治、乾父坤母，分工職責各有不同。「君子」和而不同，「小人」
同而不和。主事者以「乾卦」為警惕為標桿，而成事者以「坤卦」為激勵為
標桿。

例如，在西方的男女「双人交際舞」裏，男仕為「乾」，以「導（lead）」
為要務，女仕為「坤」，以「隨（follow）」為要務。換句話說，男女共舞，在
傳統上男仕要學會「帶」，女仕要學會「跟」；「雙頭馬車」那兒也去不了。

（三）地天泰：小往大來，吉。亨。

絢爛歸於平靜，事半功倍，損少益多，吉祥。感恩祭祀。

初九：拔茅茹，以其彙，征吉。

如拔茅草，連根夥同帶出，適宜推進開拓。

九二：包荒用馮河，不遐遺，朋亡。得尚于中行。

以充氣皮囊渡河，旋即沉沒，兼破財。

若能合乎中道則破財消災，且終必得賞。

九三：无平不陂，无往不復。艱貞，无咎。

勿恤其孚，于食有福。

人生事業皆順逆起伏不定，有來有往有得有失。

前途雖有艱險，若待人處世正直，則船到橋頭自然直。

不需憂慮一時得失，終會享有福祿。

六四：翩翩，不富以其鄰，不戒以孚。

巧言令色浮誇不實，連累同夥。

待人以誠，厚道不存戒心，定當名孚眾望。

六五：帝乙歸妹，以祉元吉。

商紂之父帝乙，將女兒許配周文王。降臨福祉、大吉大利。

上六：城復于隍，勿用師。自邑告命，貞吝。

城牆傾覆於護城壕中，切勿用兵於外。應當自我警惕團結、加強戒備，但仍有過失蒙羞之象。

（四）天地否：否之匪人，不利君子貞。大往小來。

非人道的環境，不利於君子的行事作風，以及其觀念想法。

道高一尺魔高一丈，三分努力一分收獲，損多益少。

初六：拔茅茹，以其彙。貞吉。亨。

將茅草連根夥同拔出，除惡務盡。貞問之事大吉。感恩祭祀。

六二：包承，小人吉，大人否。亨。

縱容順從的行為，對庶民而言，相當不錯，但對於在位的王公

貴人，則不適宜。感恩祭祀。

六三：包羞。

包容羞辱。

九四：有命，无咎。疇離祉。

天注定的，順其自然，應無大礙。分享福祉。

九五：休否，大人吉。其亡其亡，繫于苞桑。

禍害休止，在上位者必得吉祥。戒慎警惕危在旦夕，緊依盤根大桑樹。

上九：傾否，先否後喜。

終結歹運，光明歡愉即將到來。

於「釋卦」時，卦之「象數理」以及其「卦辭」與「爻辭」，皆有如「詩句」、「藥引」或零碎的「意識流」，可以觸動靈感，也有如詩人感受到的「詩興」或「氛圍」，「釋卦者」扮演的角色，如現代「咨詢師」或「心靈輔導師」，他們與「貞問者」通過半理性、半感性地互動，循序漸進。

八·三　重卦的吉凶

於各卦的「卦辭」中，最常出現的字為「亨」，有三十九卦之多，有獨立出現者，或以雙字詞「元亨」或「小亨」的形式出現。此外，在「比」卦中之「元永貞」疑為「元亨永貞」之誤。另，「損」卦中之「可用亨」或可等同於「可用亨」。若皆然，則出現「亨」的有四十一卦之多。

有多處若以「通達順利」來解釋〔亨〕，很明顯不通。僅就統計而言，在六十四卦中幾近三分之二的卦內含通達順利的「情境」，未免也不近情理。而且「亨」亦為「享」及「烹」的古字，「享」主要含義為「供奉」、「祭祀」，「烹」為「調理」、「燒煮」食材。因此，於各卦「亨」釋為「供奉」或「祭

祀」可能更貼切，而「元亨」可釋為「盛大祭祀」、小亨為「從簡祭祀」。更何況在三、四千年前，為感恩報答而對祖先或鬼神「祭祀」或「供奉」，應比現代社會來得更為頻繁。另有一個理由，除了在「萃」卦的卦辭「亨，王假有廟，利見大人。亨，利貞，用大牲吉，利有攸往。」中，「亨」出現兩次，於其他四十卦中，則僅各出現一次，可見「亨」非表「吉凶」之字。

　　此外，本書認為「亨」字表「祭祀」，而非表「吉凶」的理由，尚有以下佐證。「亨」字在「爻辭」中，僅出現三處：（一）第十七卦「隨」的「爻辭」上九曰：「拘係之，乃從維之，王用亨于西山。」此處「亨」字顯然作「祭祀」解，而非表「吉凶」。（二）第二十六卦「大畜」的「爻辭」上九曰：「何天之衢，亨。」此處「亨」作「祭祀上天」解，亦甚恰當。（三）第六十卦「節」的「爻辭」六四曰：「安節，亨。」此句也可解為「知足常樂，安於節制慾念，感恩祭祀。」如果「亨」為表示「吉凶」的用字，為何「爻辭」中，除以上三處出現外，皆不見「亨」字？因此「亨」字古時作「祭祀」解或通祭祀用詞「尚饗，尚享」之「享」字，可能性較高。

　　「利」字於「卦辭」中，總共出現五十五次，其中兩次為「名詞」，是「歸妹」與「未濟」中的「无攸利」。其他皆為「動詞」或「形容詞」，出現在「利貞」、「利建侯（行師）」、「利見大人」、「不利涉大川」、「（小）（不）利有攸往」、「利西南」、「不利東北」、「（不）利君子貞」、「不利既戎」、「利用獄」裏，也有重複出現，但遍及三十八卦。此外，「升」卦中的「用見大人」疑為「利見大人」之誤。若皆然，則「利」字遍及三十九卦。此「利」表「吉凶」，可釋為「順利、有益、適宜」。

　　「貞」字於「卦辭」中出現三十五次，其中在「坤」卦中重複出現兩次，因此，「貞」遍及三十四卦。以「利貞」形式最多，共二十卦，其他形式有：「利牝馬之貞」、「安貞吉」、「貞吉」、「貞丈人吉」、「永貞」、「（不）利君子貞」、「利艱貞」、「利女貞」、「可貞」、「貞大人吉」、「女貞吉」、「不可貞」。此「貞」皆可釋為「貞問」。

　　《周易》裏對吉凶的「斷語」，可分為八個等第，依序為：

吉、利、无咎、厲、悔、吝、咎、凶

「吉」為吉祥如意，而「利」為適宜有利。「厲」為風險極大，但吉凶未卜，走著瞧、看著辦。「悔」為小瑕疵、不圓滿，惟得承受內心的譴責。「吝」為小過失，但不僅承受內心譴責，還會招致外來羞辱。「咎」表示確有較嚴重過失，且要承擔適當的懲罰後果。「凶」為凶惡、難以承受的凶險，可說是最壞的情況。

「无咎」介於「吉」與「凶」之間，為無過錯，但結果平庸差強人意。因此，「吉、利、无咎」屬「正面」的預測，而「厲、悔、吝、咎、凶」就屬「負面」的不祥預測。

小事或短暫的吉凶，謂之「利害」或「得失」；而大事或長久的吉凶，可謂「福禍」。俗稱「塞翁失馬，焉知非福」即此意。此外，更有「禍福相依」的說法。

現將「八卦」的「吉凶表象」擬如次。以「福祿壽」的「有」與「無」為三爻：

$$三爻\text{——}壽$$
$$二爻\text{——}祿$$
$$初爻\text{——}福$$

乾	兌	離	巽	震	坎	艮	坤
☰	☱	☲	☴	☳	☵	☶	☷
吉	利	无咎	悔	厲	吝	咎	凶

值得一提的是「序」15「位」10「值」8 的「謙卦」☷☶ ₂J。在六十四重卦裏，只有「謙卦」從其「卦辭」到「爻辭」，徹頭徹尾非「吉」即「利」，這也是中華道統追求的「謙和」與「謙恭」。

八・四　卦爻辭簡義

　　將六十四重卦的簡義，依〈雜卦傳〉裡的「對比（contrast）」順序，列表如次：

乾$_1$ $^5_6A^8_7$ 剛健	坤$_2$ $^1_2A^4_3$ 柔順	比$_8$ $^1I^4$ 朋比	師$_7$ $_2I_3$ 開拓	臨$_{19}$ $_2Q$ 臨幸	觀$_{20}$ Q^4 觀察	屯$_3$ G^4 萌始	蒙$_4$ $_2G$ 啟蒙
震$_{51}$ B^4_3 暴躁	艮$_{52}$ $_2B$ 局限	損$_{41}$ ^5_2Y 減損	益$_{42}$ Y^4_7 增益	大畜$_{26}$ ^5Q 積德	無妄$_{25}$ Q_7 循規	萃$_{45}$ ^1Q 薈萃	升$_{46}$ Q_3 提升
謙$_{15}$ $_2J$ 謙恭	豫$_{16}$ J^4 耽樂	噬嗑$_{21}$ N^4 司法	賁$_{22}$ $_2N$ 文飾	兌$_{58}$ ^5_6B 溝通	巽$_{57}$ B^8_7 溫馴	隨$_{17}$ $_6M^4$ 順勢	蠱$_{18}$ $_2M^8$ 飭蠱
剝$_{23}$ ^1J 挫敗	復$_{24}$ J_3 修復	晉$_{35}$ $^1P^4$ 黎明	明夷$_{36}$ $_2P_3$ 黃昏	井$_{48}$ N^8 泉源	困$_{47}$ $_6N$ 窘迫	咸$_{31}$ ^1_6Y 情動	恒$_{32}$ Y^8_3 堅持
渙$_{59}$ N_7 渙散	節$_{60}$ ^5N 節制	解$_{40}$ G_3 緩解	蹇$_{39}$ ^1G 跛滯	睽$_{38}$ ^5G 睽別	家人$_{37}$ G_7 家庭	否$_{12}$ $^1_2X^4_7$ 否閉	泰$_{11}$ $^5_2X^8_3$ 舒泰
大壯$_{34}$ Q^8 強盛	遯$_{33}$ $_6Q$ 退避	大有$_{14}$ $^5I^8$ 大獲	同人$_{13}$ $_6I_7$ 團結	革$_{49}$ $_6G$ 除舊	鼎$_{50}$ G^8 佈新	小過$_{62}$ $^1F_3$ 適可	中孚$_{61}$ $^5F_7$ 誠信
豐$_{55}$ N_3 豐盛	旅$_{56}$ ^1N 旅途	離$_{30}$ $^5_6C^8_7$ 火附	坎$_{29}$ $^1_2C^4_3$ 水陷	小畜$_9$ J^8 蓄財	履$_{10}$ $_6J$ 履踐	需$_5$ $^5P^8$ 需求	訟$_6$ $_6P_7$ 爭訟
大過$_{28}$ $_6F^8$ 過度	姤$_{44}$ J_7 機遇	漸$_{53}$ $^1M_7$ 循序	頤$_{27}$ $_2F^4$ 頤養	既濟$_{63}$ $^5_2Z^8_3$ 完事	歸妹$_{54}$ $^5M_3$ 婚嫁	未濟$_{64}$ $^1_6Z^4_7$ 未成	夬$_{43}$ ^5J 果決

　　若將「卦爻辭」簡義依「經緯綱目」編排，則可得如次「經緯綱目卦辭表」：

經緯綱目卦辭表

經　系							
綱	坤 A	艮 B	坎 C	小過 F	蹇 G	比 I	剝 J
1 本 *I*	坤 $_2$A$_3^4$ 柔順	艮 $_2^1$B 局限	坎 $_2^1$C$_3^4$ 水陷	小過 ^{1}F$_3$ 適可	蹇^{1}G 跛滯	比 ^{1}I^4 朋比	剝 ^{1}J 挫敗
2 逆 *T*	坤象			頤 $_2$F^4 頤養	蒙 $_2$G 啟蒙	師 $_2$I$_3$ 開拓	謙 $_2$J 謙恭
3 綜 *PT*		震 B$_3^4$ 暴躁			解 G$_3$ 緩解		復 J$_3$ 修復
4 倒 *P*					屯 G^4 萌始		豫 J^4 耽樂
5 錯 *C*	乾 $_6^5$A$_7^8$ 剛健	兌 $_6^5$B 溝通	離 $_6^5$C$_7^8$ 火附	中孚 $_5$F$_7$ 誠信	睽 $_5$G 睽別	大有 $_5$I^8 大獲	夬 ^{5}J 果決
6 伴 *CT*	乾象			大過 $_6$F^8 過度	革 $_6$G 除舊	同人 $_6$I$_7$ 團結	履 $_6$J 履踐
7 反 *CPT*		巽 B$_7^8$ 溫馴			家人 G$_7$ 家庭		姤 J$_7$ 機遇
8 鏡 *CP*					鼎 G^8 佈新		小畜 J^8 蓄財
卦位	角卦（**A, B, C**）			面卦（**F, G**）		邊卦（**I, J**）	

（目）

緯　系							
綱		否 X	咸 Y	未濟 Z	晉 P	萃 Q	漸 M	旅 N
目　1本 I	否象	否$_6^1$X$_7^4$ 否閉	咸$_6^1$Y 情動	未濟$_6^1$Z$_7^4$ 未成	晉^{1}P$_7$ 黎明	萃^{1}Q 薈萃	漸^{1}M^4 循序	旅^{1}N 旅途
6伴 CT					訟$_6$P^4 爭訟	遯$_6$Q 退避	隨$_6$M$_7$ 順勢	困$_6$N 窘迫
7反 CPT			益Y$_7^4$ 增益			无妄Q$_7$ 循規		渙N$_7$ 渙散
4倒 P						觀Q^4 觀察		噬嗑N^4 司法
5錯 C	泰象	泰$_2^5$X$_3^8$ 舒泰	損$_2^5$Y 減損	既濟$_2^5$Z$_3^8$ 完事	需^{5}P$_3$ 需求	大畜^{5}Q 積德	歸妹^{5}M^8 婚嫁	節^{5}N 節制
2逆 T					明夷$_2$P^8 黃昏	臨$_2$Q 臨幸	蠱$_2$M$_3$ 飭蠱	賁$_2$N 文飾
3綜 PT			恒Y$_3^8$ 堅持			升Q$_3$ 提升		豐N$_3$ 豐盛
8鏡 CP						大壯Q^8 強盛		井N^8 泉源
卦位		心卦（X, Y, Z）			面卦（P, Q）		邊卦（M, N）	

若依「宮卦陣」排列，則得下表：

宮卦卦辭陣

坤 2 柔順	剝 23 挫敗	比 8 朋比	豫 16 耽樂	觀 20 觀察	晉 35 黎明	萃 45 薈萃	否 12 否閉
謙 15 謙恭	艮 52 局限	蹇 39 跛滯	小過 62 適可	漸 53 循序	旅 56 旅途	咸 31 情動	遯 33 退避
師 7 開拓	蒙 4 啟蒙	坎 29 水陷	解 40 緩解	渙 59 渙散	未濟 64 未成	困 47 窘迫	訟 6 爭訟
復 24 修復	頤 27 頤養	屯 3 萌始	震 51 暴躁	益 42 增益	噬嗑 21 司法	隨 17 順勢	無妄 25 循規
升 46 提升	蠱 18 飭蠱	井 48 泉源	恒 32 堅持	巽 57 溫馴	鼎 50 佈新	大過 28 過度	姤 44 機遇
明夷 36 黃昏	賁 22 文飾	既濟 63 完事	豐 55 豐盛	家人 37 家庭	離 30 火附	革 49 除舊	同人 13 團結
臨 19 臨幸	損 41 減損	節 60 節制	歸妹 54 婚嫁	中孚 61 誠信	睽 38 睽別	兌 58 溝通	履 10 履踐
泰 11 舒泰	大畜 26 積德	需 5 需求	大壯 34 強盛	小畜 9 蓄財	大有 14 大獲	夬 43 果決	乾 1 剛健

八・五　易經

A. 上經

01,乾為天　元亨。利貞。
　━━━━　亢龍有悔。
　━━━━　飛龍在天，利見大人。
　━━━━　或躍在淵，无咎。
　━━━━　君子終日乾乾，夕惕若，厲，无咎。
　━━━━　見龍在田，利見大人。
　━━━━　潛龍勿用。
　用九　見群龍无首，吉。

02,坤為地　元亨。利牝馬之貞。君子有攸往，先迷，後得主，利。
　　　　　西南得朋，東北喪朋，安貞，吉。
　━ ━　龍戰于野，其血玄黃。
　━ ━　黃裳，元吉。
　━ ━　括囊，无咎无譽。
　━ ━　含章可貞，或從王事，无成有終。
　━ ━　直，方，大，不習，无不利。
　━ ━　履霜，堅冰至。
　用六　利永貞。

03,水雷屯　元亨。利貞。勿用有攸往，利建侯。
　━ ━　乘馬班如，泣血漣如。
　━━━━　屯其膏，小貞吉，大貞凶。
　━ ━　乘馬班如，求婚媾，往吉，无不利。
　━ ━　即鹿无虞，惟入于林中，君子幾，不如舍，往吝。
　━ ━　屯如，邅如，乘馬班如。匪寇，婚媾，女子貞不字，十年乃
　　　　字。
　━━━━　磐桓，利居貞，利建侯。

04,山水蒙　亨。匪我求童蒙，童蒙求我。初筮告，再三瀆，瀆則不告，利貞。

————　擊蒙，不利為寇，利禦寇。

— —　童蒙，吉。

— —　困蒙，吝。

— —　勿用取女，見金夫，不有躬，无攸利。

————　包蒙吉，納婦吉，子克家。

— —　發蒙，利用刑人，用說桎梏，以往吝。

05,水天需　有孚光，亨。貞吉，利涉大川。

— —　入于穴，有不速之客三人來，敬之，終吉。

————　需于酒食，貞吉。

— —　需于血，出自穴。

— —　需于泥，致寇至。

————　需于沙，小有言，終吉。

————　需于郊，利用恆，无咎。

06,天水訟　有孚窒，惕，中吉，終凶。利見大人，不利涉大川。

————　或錫之鞶帶，終朝三褫之。

————　訟，元吉。

————　不克訟，復即命，渝，安貞吉。

— —　食舊德，貞厲，終吉。或從王事，无成。

————　不克訟，歸而逋，其邑人三百戶，无眚。

— —　不永所事，小有言，終吉。

07,地水師　貞丈人，吉，无咎。

— —　大君有命，開國承家，小人勿用。

— —　田有禽，利執言，无咎。長子帥師，弟子輿尸，貞凶。

— —　師左次，无咎。

— —　師或輿尸，凶。

————　在師，中吉，无咎。王三錫命。

— —　師出以律，否藏凶。

08,水地比　吉，原筮，元永貞，无咎。不寧方來，後夫凶。
　　　— —　比之无首，凶。
　　　———　顯比，王用三驅，失前禽，邑人不誡，吉。
　　　— —　外比之，貞吉。
　　　— —　比之匪人。
　　　— —　比之自內，貞吉。
　　　— —　有孚比之，无咎。有孚盈缶，終來有它，吉。

09,風天小畜　亨。密雲不雨，自我西郊。
　　　———　既雨既處，尚德載，婦貞厲，月幾望，君子征凶。
　　　———　有孚攣如，富以其鄰。
　　　— —　有孚，血去惕出，无咎。
　　　———　輿說輻，夫妻反目。
　　　———　牽復，吉。
　　　———　復自道，何其咎，吉。

10,天澤履　履虎尾，不咥人，亨。
　　　———　視履考祥，其旋元吉。
　　　———　夬履，貞厲。
　　　———　履虎尾，愬愬，終吉。
　　　— —　眇能視，跛能履，履虎尾，咥人，凶，武人為于大君。
　　　———　履道坦坦，幽人貞吉。
　　　———　素履，往无咎。

11,地天泰　小往大來，吉，亨。
　　　— —　城復于隍，勿用師，自邑告命，貞吝。
　　　— —　帝乙歸妹，以祉元吉。
　　　— —　翩翩，不富以其鄰，不戒以孚。
　　　———　无平不陂，无往不復，艱貞，无咎，勿恤其孚，于食有福。
　　　———　包荒用馮河，不遐遺，朋亡，得尚于中行。
　　　———　拔茅茹，以其彙，征吉。

12,天地否　　否之匪人，不利君子貞。大往小來。
　　────　傾否，先否後喜。
　　────　休否，大人吉，其亡其亡，繫于苞桑。
　　────　有命，无咎，疇離祉。
　　── ──　包羞。
　　── ──　包承，小人吉，大人否，亨。
　　── ──　拔茅茹，以其彙，貞吉，亨。

13,天火同人　　同人于野，亨。利涉大川，利君子貞。
　　────　同人于郊，无悔。
　　────　同人，先號咷而後笑，大師克相遇。
　　────　乘其墉，弗克攻，吉。
　　────　伏戎于莽，升其高陵，三歲不興。
　　── ──　同人于宗，吝。
　　── ──　同人于門，无咎。

14,火天大有　　元亨。
　　────　自天祐之，吉无不利。
　　── ──　厥孚交如，威如，吉。
　　────　匪其彭，无咎。
　　────　公用亨于天子，小人弗克。
　　────　大車以載，有攸往，无咎。
　　────　无交害，匪咎，艱則无咎。

15,地山謙　　亨。君子有終。
　　── ──　鳴謙，利用行師，征邑國。
　　── ──　不富以其鄰，利用侵伐，无不利。
　　── ──　无不利，撝謙。
　　────　勞謙，君子有終，吉。
　　── ──　鳴謙，貞吉。
　　── ──　謙謙君子，用涉大川，吉。

16,雷地豫　利建侯行師。
　　━ ━　冥豫成，有渝无咎。
　　━ ━　貞疾，恆不死。
　　━━━　由豫，大有得，勿疑，朋盍簪。
　　━ ━　盱豫，悔，遲，有悔。
　　━ ━　介于石，不終日，貞吉。
　　━ ━　鳴豫，凶。

17,澤雷隨　元亨。利貞，无咎。
　　━ ━　拘係之，乃從維之，王用亨于西山。
　　━━━　孚于嘉，吉。
　　━━━　隨有獲，貞凶，有孚在道以明，何咎。
　　━ ━　係丈夫，失小子，隨有求得，利居貞。
　　━ ━　係小子，失丈夫。
　　━━━　官有渝，貞吉，出門交有功。

18,山風蠱　元亨。利涉大川，先甲三日，後甲三日。
　　━━━　不事王侯，高尚其事。
　　━ ━　幹父之蠱，用譽。
　　━ ━　裕父之蠱，往見咎。
　　━━━　幹父之蠱，小有悔，无大咎。
　　━━━　幹母之蠱，不可貞。
　　━ ━　幹父之蠱，有子，考无咎，屬終吉。

19,地澤臨　元亨。利貞。至于八月有凶。
　　━ ━　敦臨，吉，无咎。
　　━ ━　知臨，大君之宜，吉。
　　━ ━　至臨，无咎。
　　━ ━　甘臨，无攸利，既憂之，无咎。
　　━━━　咸臨，吉，无不利。
　　━━━　咸臨，貞吉。

20, 風地觀　　盥而不薦，有孚顒若。
━━━━　觀其生，君子无咎。
━━━━　觀我生，君子无咎。
━　━　觀國之光，利用賓于王。
━　━　觀我生，進退。
━　━　闚觀，利女貞。
━　━　童觀，小人无咎，君子吝。

21, 火雷噬嗑　亨。利用獄。
━━━━　何校滅耳，凶。
━　━　噬乾肉，得黃金，貞厲，无咎。
━━━━　噬乾胏，得金矢，利艱貞，吉。
━　━　噬腊肉，遇毒，小吝，无咎。
━　━　噬膚，滅鼻，无咎。
━━━━　屨校滅趾，无咎。

22, 山火賁　亨。小利有攸往。
━━━━　白賁，无咎。
━　━　賁于丘園，束帛戔戔，吝，終吉。
━　━　賁如，皤如，白馬翰如，匪寇，婚媾。
━━━━　賁如，濡如，永貞吉。
━　━　賁其須。
━━━━　賁其趾，舍車而徒。

23, 山地剝　不利有攸往。
━━━━　碩果不食，君子得輿，小人剝廬。
━　━　貫魚以宮人寵，无不利。
━　━　剝床以膚，凶。
━　━　剝之，无咎。
━　━　剝床以辨，蔑，貞凶。
━　━　剝床以足，蔑，貞凶。

24,地雷復　亨。出入无疾，朋來无咎。反復其道，七日來復，利有攸
　　　　　　往。

　— —　迷復，凶，有災眚，用行師，終有大敗，以其國君凶，至于十
　　　　　年不克征。

　— —　敦復，无悔。

　— —　中行獨復。

　— —　頻復，厲无咎。

　— —　休復，吉。

　———　不遠復，无祗悔，元吉。

25,天雷无妄　元亨。利貞。其匪正有眚，不利有攸往。

　———　无妄，行有眚，无攸利。

　———　无妄之疾，勿藥有喜。

　———　可貞，无咎。

　— —　无妄之災，或繫之牛，行人之得，邑人之災。

　— —　不耕穫，不菑畬，則利有攸往。

　———　无妄，往吉。

26,山天大畜　利貞。不家食吉，利涉大川。

　———　何天之衢，亨。

　— —　豶豕之牙，吉。

　— —　童牛之牿，元吉。

　———　良馬逐，利艱貞，曰閑輿衛，利有攸往。

　———　輿說輹。

　———　有厲，利已。

27,山雷頤　貞吉。觀頤，自求口實。

　———　由頤，厲吉，利涉大川。

　— —　拂經，居貞吉，不可涉大川。

　— —　顛頤，吉，虎視耽耽，其欲逐逐，无咎。

　— —　拂頤，貞凶，十年勿用，无攸利。

　— —　顛頤，拂經于丘頤，征凶。

　———　舍爾靈龜，觀我朵頤，凶。

28, 澤風**大過**　棟橈，利有攸往。亨。

　　━　━　過涉滅頂，凶，无咎。
　　━━━　枯楊生華，老婦得其士夫，无咎无譽。
　　━━━　棟隆，吉，有它，吝。
　　━━━　棟橈，凶。
　　━━━　枯楊生稊，老夫得其女妻，无不利。
　　━　━　藉用白茅，无咎。

29, **坎**為水　有孚，維心。亨。行有尚。

　　━　━　係用徽纆，寘于叢棘，三歲不得，凶。
　　━━━　坎不盈，祗既平，无咎。
　　━　━　樽酒，簋貳，用缶，納約自牖，終无咎。
　　━　━　來之坎坎，險且枕，入于坎窞，勿用。
　　━━━　坎有險，求小得。
　　━　━　習坎，入于坎窞，凶。

30, **離**為火　利貞。亨。畜牝牛吉。

　　━━━　王用出征，有嘉折首，獲匪其醜，无咎。
　　━　━　出涕沱若，戚嗟若，吉。
　　━━━　突如其來如，焚如，死如，棄如。
　　━━━　日昃之離，不鼓缶而歌，則大耋之嗟，凶。
　　━　━　黃離，元吉。
　　━━━　履錯然，敬之，无咎。

B. 下經

31, 澤山**咸**　亨。利貞。取女吉。

　　━　━　咸其輔頰舌。
　　━━━　咸其脢，无悔。
　　━━━　貞吉，悔亡，憧憧往來，朋從爾思。
　　━━━　咸其股，執其隨，往吝。
　　━　━　咸其腓，凶，居吉。
　　━　━　咸其拇。

32,雷風恆　　亨。无咎，利貞。利有攸往。
━ ━　　振恆，凶。
━ ━　　恆其德，貞，婦人吉，夫子凶。
━━━　　田无禽。
━━━　　不恆其德，或承之羞，貞吝。
━━━　　悔亡。
━ ━　　浚恆，貞凶，无攸利。

33,天山遯　　亨。小利貞。
━━━　　肥遯，无不利。
━━━　　嘉遯，貞吉。
━━━　　好遯，君子吉，小人否。
━━━　　係遯，有疾厲，畜臣妾吉。
━ ━　　執之用黃牛之革，莫之勝說。
━ ━　　遯尾，厲，勿用有攸往。

34,雷天大壯　利貞。
━ ━　　羝羊觸藩，不能退，不能遂，无攸利，艱則吉。
━ ━　　喪羊于易，无悔。
━━━　　貞吉，悔亡，藩決不羸，壯于大輿之輹。
━━━　　小人用壯，君子用罔，貞厲，羝羊觸藩，羸其角。
━━━　　貞吉。
━━━　　壯于趾，征凶，有孚　。

35,火地晉　　康侯用錫馬蕃庶，晝日三接。
━━━　　晉其角，維用伐邑，厲吉，无咎，貞吝。
━ ━　　悔亡，失得勿恤，往吉，无不利。
━━━　　晉如鼫鼠，貞厲。
━ ━　　眾允，悔亡。
━ ━　　晉如愁如，貞吉，受茲介福，于其王母。
━ ━　　晉如摧如，貞吉，罔孚，裕无咎。

36,地火明夷　利艱貞。

　— —　不明晦，初登于天，後入于地。
　— —　箕子之明夷，利貞。
　— —　入于左腹，獲明夷之心，于出門庭。
　———　明夷于南狩，得其大首，不可疾貞。
　— —　明夷，夷于左股，用拯馬壯，吉。
　———　明夷于飛，垂其翼，君子于行，三日不食，有攸往，主人有言。

37,風火家人　利女貞。

　———　有孚，威如，終吉。
　———　王假有家，勿恤，吉。
　— —　富家，大吉。
　———　家人嗃嗃，悔厲吉，婦子嘻嘻，終吝。
　— —　无攸遂，在中饋，貞吉。
　———　閑有家，悔亡。

38,火澤睽　小事吉。

　———　睽孤，見豕負塗，載鬼一車，先張之弧，後說之弧，匪寇，婚媾，往遇雨則吉。
　— —　悔亡，厥宗噬膚，往何咎。
　———　睽孤，遇元夫，交孚，厲无咎。
　— —　見輿曳，其牛掣，其人天且劓，无初有終。
　———　遇主于巷，无咎。
　———　悔亡，喪馬，勿逐自復，見惡人，无咎。

39,水山蹇　利西南，不利東北，利見大人，貞吉。

　— —　往蹇，來碩，吉，利見大人。
　———　大蹇，朋來。
　— —　往蹇，來連。
　———　往蹇，來反。
　— —　王臣蹇蹇，匪躬之故。
　— —　往蹇，來譽。

40,雷水解　利西南，无所往，其來復吉，有攸往，夙吉。
　　━━　━━　公用射隼于高墉之上，獲之，无不利。
　　━━　━━　君子維有解，吉，有孚于小人。
　　━━━━━　解而拇，朋至斯孚。
　　━━　━━　負且乘，致寇至，貞吝。
　　━━━━━　田獲三狐，得黃矢，貞吉。
　　━━　━━　无咎。

41,山澤損　有孚，元吉。无咎，可貞，利有攸往。曷之用，二簋可用
　　　　　　享。
　　━━━━━　弗損益之，无咎，貞吉，利有攸往，得臣无家。
　　━━　━━　或益之十朋之龜，弗克違，元吉。
　　━━　━━　損其疾，使遄有喜，无咎。
　　━━　━━　三人行，則損一人，一人行，則得其友。
　　━━━━━　利貞，征凶，弗損益之。
　　━━━━━　已事遄往，无咎，酌損之。

42,風雷益　利有攸往，利涉大川。
　　━━━━━　莫益之，或擊之，立心勿恆，凶。
　　━━━━━　有孚惠心，勿問元吉，有孚惠我德。
　　━━　━━　中行告公從，利用為依遷國。
　　━━　━━　益之用凶事，无咎，有孚中行，告公用圭。
　　━━　━━　或益之十朋之龜，弗克違，永貞吉，王用享于帝，吉。
　　━━━━━　利用為大作，元吉，无咎。

43,澤天夬　揚于王庭，孚號有厲。告自邑，不利即戎，利有攸往。
　　━━　━━　无號，終有凶。
　　━━━━━　莧陸夬夬，中行无咎。
　　━━━━━　臀无膚，其行次且，牽羊悔亡，聞言不信。
　　━━━━━　壯于頄，有凶，君子夬夬，獨行遇雨，若濡有慍，无咎。
　　━━━━━　惕號，莫夜有戎，勿恤。
　　━━━━━　壯于前趾，往不勝為咎。

44,天風姤　女壯，勿用取女。

━━━━　姤其角，吝，无咎。

━━━━　以杞包瓜，含章，有隕自天。

━━━━　包无魚，起凶。

━━━━　臀无膚，其行次且，厲，无大咎。

━━━━　包有魚，无咎，不利賓。

━━　━━　繫于金柅，貞吉，有攸往，見凶，羸豕孚，蹢躅。

45,澤地萃　亨。王假有廟，利見大人，亨。利貞。用大牲吉，利有攸往。

━━　━━　齎咨涕洟，无咎。

━━━━　萃有位，无咎，匪孚，元永貞，悔亡。

━━━━　大吉，无咎。

━━　━━　萃如嗟如，无攸利，往无咎，小吝。

━━　━━　引吉，无咎，孚乃利用禴。

━━　━━　有孚不終，乃亂乃萃，若號，一握為笑，勿恤，往无咎。

46,地風升　元亨。用見大人，勿恤，南征吉。

━━　━━　冥升，利于不息之貞。

━━　━━　貞吉，升階。

━━　━━　王用亨于岐山，吉无咎。

━━━━　升虛邑。

━━━━　孚乃利用禴，无咎。

━━　━━　允升，大吉。

47,澤水困　亨。貞。大人吉，无咎，有言不信。

━━　━━　困于葛藟，于臲卼，曰動悔有悔，征吉。

━━━━　劓刖，困于赤紱，乃徐有說，利用祭祀。

━━━━　來徐徐，困于金車，吝，有終。

━━　━━　困于石，據于蒺藜，入于其宮，不見其妻，凶。

━━━━　困于酒食，朱紱方來，利用享祀，征凶，无咎。

━━　━━　臀困于株木，入于幽谷，三歲不覿。

48,水風井　改邑不改井，无喪无得。往來井井，汔至亦未繘井，羸其
瓶，凶。
 ━　━　井收，勿幕，有孚，元吉。
 ━━━　井洌，寒泉食。
 ━　━　井甃，无咎。
 ━━━　井渫不食，為我心惻，可用汲，王明，並受其福。
 ━━━　井谷射鮒，甕敝漏。
 ━　━　井泥不食，舊井无禽。

49,澤火革　巳日乃孚，元亨，利貞。悔亡。
 ━　━　君子豹變，小人革面，征凶，居貞吉。
 ━━━　大人虎變，未占有孚。
 ━━━　悔亡，有孚改命，吉。
 ━━━　征凶，貞屬，革言三就，有孚。
 ━　━　巳日乃革之，征吉，无咎。
 ━━━　鞏用黃牛之革。

50,火風鼎　元吉，亨。
 ━━━　鼎玉鉉，大吉，无不利。
 ━　━　鼎黃耳金鉉，利貞。
 ━━━　鼎折足，覆公餗，其形渥，凶。
 ━━━　鼎耳革，其行塞，雉膏不食，方雨虧悔，終吉。
 ━━━　鼎有實，我仇有疾，不我能即，吉。
 ━　━　鼎顛趾，利出否，得妾以其子，无咎。

51,震為雷　亨。震來虩虩，笑言啞啞，震驚百里，不喪匕鬯。
 ━　━　震索索，視矍矍，征凶，震不于其躬，于其鄰，无咎，婚媾
有言。
 ━　━　震往來屬，億无喪，有事。
 ━━━　震遂泥。
 ━　━　震蘇蘇，震行无眚。
 ━　━　震來屬，億喪貝，躋于九陵，勿逐，七日得。
 ━━━　震來虩虩，後笑言啞啞，吉。

52,艮為山　　艮其背，不獲其身，行其庭，不見其人，无咎。

━━━　　敦艮，吉。

━　━　　艮其輔，言有序，悔亡。

━　━　　艮其身，无咎。

━━━　　艮其限，列其夤，厲薰心。

━　━　　艮其腓，不拯其隨，其心不快。

━　━　　艮其趾，无咎，利永貞。

53,風山漸　　女歸吉，利貞。

━━━　　鴻漸于陸，其羽可用為儀，吉。

━━━　　鴻漸于陵，婦三歲不孕，終莫之勝，吉。

━　━　　鴻漸于木，或得其桷，无咎。

━━━　　鴻漸于陸，夫征不復，婦孕不育，凶，利禦寇。

━　━　　鴻漸于磐，飲食衎衎，吉。

━　━　　鴻漸于干，小子厲，有言，无咎。

54,雷澤歸妹　　征凶，无攸利。

━　━　　女承筐，无實，士刲羊，无血，无攸利。

━　━　　帝乙歸妹，其君之袂，不如其娣之袂良，月幾望，吉。

━━━　　歸妹愆期，遲歸有時。

━　━　　歸妹以須，反歸以娣。

━━━　　眇能視，利幽人之貞。

━━━　　歸妹以娣，跛能履，征吉。

55,雷火豐　　亨。王假之，勿憂，宜日中。

━　━　　豐其屋，蔀其家，闚其戶，闃其无人，三歲不覿，凶。

━　━　　來章，有慶譽，吉。

━━━　　豐其蔀，日中見斗，遇其夷主，吉。

━━━　　豐其沛，日中見沫，折其右肱，无咎。

━　━　　豐其蔀，日中見斗，往得疑疾，有孚發若，吉。

━━━　　遇其配主，雖旬无咎，往有尚。

56,火山旅　　小亨。旅貞吉。
━━━━　鳥焚其巢，旅人先笑後號咷，喪牛于易，凶。
━━ ━━　射雉，一矢亡，終以譽命。
━━━━　旅于處，得其資斧，我心不快。
━━━━　旅焚其次，喪其童僕，貞厲。
━━ ━━　旅即次，懷其資，得童僕，貞。
━━ ━━　旅瑣瑣，斯其所取災。

57,巽為風　　小亨。利有攸往，利見大人。
━━━━　巽在床下，喪其資斧，貞凶。
━━━━　貞吉，悔亡无不利，无初有終，先庚三日後庚三日，吉。
━━ ━━　悔亡，田獲三品。
━━━━　頻巽，吝。
━━━━　巽在床下，用史巫紛若，吉无咎。
━━ ━━　進退，利武人之貞。

58,兌為澤　　亨。利貞。
━━ ━━　引兌。
━━━━　孚于剝，有厲。
━━━━　商兌未寧，介疾有喜。
━━ ━━　來兌，凶。
━━━━　孚兌，吉，悔亡。
━━━━　和兌，吉。

59,風水渙　　亨。王假有廟，利涉大川，利貞，
━━━━　渙其血去逖出，无咎。
━━━━　渙汗其大號，渙王居，无咎。
━━ ━━　渙其群，元吉，渙有丘，匪夷所思。
━━ ━━　渙其躬，无悔。
━━━━　渙奔其机，悔亡。
━━ ━━　用拯馬壯，吉。

60,水澤節　　亨。苦節不可貞。

‑　‑　　苦節，貞凶，悔亡。

‑‑‑‑‑　　甘節，吉，往有尚。

‑　‑　　安節，亨。

‑　‑　　不節若，則嗟若，无咎。

‑‑‑‑‑　　不出門庭，凶。

‑‑‑‑‑　　不出戶庭，无咎。

61,風澤中孚　　豚魚吉，利涉大川，利貞。

‑‑‑‑‑　　翰音登于天，貞凶。

‑‑‑‑‑　　有孚攣如，无咎。

‑　‑　　月幾望，馬匹亡，无咎。

‑　‑　　得敵，或鼓或罷，或泣或歌。

‑‑‑‑‑　　鳴鶴在陰，其子和之，我有好爵，吾與爾靡之。

‑‑‑‑‑　　虞吉，有它不燕。

62,雷山小過　　亨。利貞。可小事，不可大事。飛鳥遺之音，不宜上宜
　　　　　　　　下，大吉。

‑　‑　　弗遇過之，飛鳥離之，凶，是謂災眚。

‑　‑　　密雲不雨，自我西郊，公弋取彼在穴。

‑‑‑‑‑　　无咎，弗過遇之，往屬必戒，勿用，永貞。

‑‑‑‑‑　　弗過防之，從或戕之，凶。

‑　‑　　過其祖，遇其妣，不及其君，遇其臣，无咎。

‑　‑　　飛鳥以凶。

63,水火既濟　　亨。小利貞。初吉終亂。

‑　‑　　濡其首，厲。

‑‑‑‑‑　　東鄰殺牛，不如西鄰之禴祭，實受其福。

‑　‑　　繻有衣袽，終日戒。

‑‑‑‑‑　　高宗伐鬼方，三年克之，小人勿用。

‑　‑　　婦喪其茀，勿逐，七日得。

‑‑‑‑‑　　曳其輪，濡其尾，无咎。

64,火水未濟　　亨。小狐汔濟，濡其尾，无攸利。

━━━━　有孚于飲酒，无咎，濡其首，有孚失是。

━　━　貞吉，无悔，君子之光，有孚，吉。

━━━━　貞吉，悔亡，震用伐鬼方，三年有賞于大國。

━　━　未濟，征凶，利涉大川。

━━━━　曳其輪，貞吉。

━　━　濡其尾，吝。

第九章　易傳

　　《周易》成書之後，「易學」不再是卜筮師徒間私相授受的一門學問，而是作為周朝在思想上潛移默化的教誨工具，也就是後世所指稱的《易經》。然而《周易》文簡意賅，艱澀難懂，需要多方說明注解，以推衍闡述其中哲理，於是坊間先後另有十篇稱為「十翼」的論述。後世將之合稱為《易傳》，而儒家子弟更有「十翼」為孔子編寫的說法。

　　根據孔子早期的言論，知其不談鬼神，反對迷信占卜，如

　　　「子不語怪力亂神。」
　　　「敬鬼神而遠之。」
　　　「未知生，焉知死。」
　　　「不占而已矣。」

晚年近七十歲時則說：

　　　「假我數年，卒（五十）以學易，可以無大過矣。」

因此，有學者認為，孔子雖早年已讀《周易》，接觸易學思想，但晚年才逐漸深入體會「易學」，轉而推崇《周易》，嘗試注入並加強其中的「倫理」導向，更取其精髓納入儒家思想。

　　據學者推論，「十翼」應於戰國末期先後完稿，其論述應非孔子或其子弟一家之言，有些內容甚至在《周易》成書前後，就已經流傳坊間。然而「十翼」為儒家子弟編寫整理成書的，應是不爭的論斷。由於所謂「傳文」，是指春秋戰國時期的學者，對「經文」的詮釋，為方便讀者，本書也將《易傳》羅列於後。又由於坊間，闡釋《易傳》的書籍也相當多，甚至多處莫衷一是，讀者宜多方推敲原始「經文」與「傳文」，不可囿於一家之言。

九‧一　彖

A. 彖上篇

01.乾：大哉乾元，萬物資始，乃統天。雲行雨施，品物流形。大明始終，六
位時成，時乘六龍以御天。乾道變化，各正性命，保合大和，乃利貞。
首出庶物，萬國咸寧。

02.坤：至哉坤元，萬物資生，乃順承天。坤厚載物，德合无疆。含弘光大，品
物咸亨。牝馬地類，行地无疆，柔順利貞。君子攸行，先迷失道，後順
得常。西南得朋，乃與類行；東北喪朋，乃終有慶。安貞之吉，應地无
疆。

03.屯：屯，剛柔始交而難生，動乎險中，大亨貞。雷雨之動滿盈，天造草昧，
宜建侯而不寧。

04.蒙：蒙；山下有險，險而止，蒙。蒙亨，以亨行時中也。匪我求童蒙，童蒙
求我，志應也。初噬告，以剛中也。再三瀆，瀆則不告，瀆蒙也。蒙以
養正，聖功也。

05.需：需，須也；險在前也。剛健而不陷，其義不困窮矣。需有孚，光亨，貞
吉。位乎天位，以正中也。利涉大川，往有功也。

06.訟：訟，上剛下險，險而健訟。訟有孚窒，惕中吉，剛來而得中也。終凶；
訟不可成也。利見大人；尚中正也。不利涉大川；入于淵也。

07.師：師，眾也，貞正也，能以眾正，可以王矣。剛中而應，行險而順，以此
毒天下，而民從之，吉又何咎矣。

08.比：比，吉也，比，輔也，下順從也。原筮元永貞，无咎，以剛中也。不寧
方來，上下應也。後夫凶，其道窮也。

09.小畜：小畜；柔得位，而上下應之，曰小畜。健而巽，剛中而志行，乃亨。

密雲不雨，尚往也。自我西郊，施未行也。

10.履：履，柔履剛也。說而應乎乾，是以履虎尾，不咥人，亨。剛中正，履帝位而不疚，光明也。

11.泰：泰，小往大來，吉亨。則是天地交，而萬物通也；上下交，而其志同也。內陽而外陰，內健而外順，內君子而外小人，君子道長，小人道消也。

12.否：否之匪人，不利君子貞。大往小來，則是天地不交，而萬物不通也；上下不交，而天下无邦也。內陰而外陽，內柔而外剛，內小人而外君子。小人道長，君子道消也。

13.同人：同人，柔得位得中，而應乎乾，曰同人。同人曰，同人于野，亨。利涉大川，乾行也。文明以健，中正而應，君子正也。唯君子為能通天下之志。

14.大有：大有，柔得尊位，大中而上下應之，曰大有。其德剛健而文明，應乎天而時行，是以元亨。

15.謙：謙，亨，天道下濟而光明，地道卑而上行。天道虧盈而益謙，地道變盈而流謙，鬼神害盈而福謙，人道惡盈而好謙。謙尊而光，卑而不可踰，君子之終也。

16.豫：豫，剛應而志行，順以動，豫。豫，順以動，故天地如之，而況建侯行師乎？天地以順動，故日月不過，而四時不忒；聖人以順動，則刑罰清而民服。豫之時義大矣哉！

17.隨：隨，剛來而下柔，動而說，隨。大亨貞，无咎，而天下隨時，隨時之義大矣哉！

18.蠱：蠱，剛上而柔下，巽而止，蠱。蠱，元亨，而天下治也。利涉大川，往有事也。先甲三日，後甲三日，終則有始，天行也。

19.**臨**：臨，剛浸而長。說而順，剛中而應，大亨以正，天之道也。至于八月有凶，消不久也。

20.**觀**：大觀在上，順而巽，中正以觀天下。觀，盥而不薦，有孚顒若，下觀而化也。觀天之神道，而四時不忒，聖人以神道設教，而天下服矣。

21.**噬嗑**：頤中有物，曰噬嗑，噬嗑而亨。剛柔分，動而明，雷電合而章。柔得中而上行，雖不當位，利用獄也。

22.**賁**：賁，亨；柔來而文剛，故亨。分剛上而文柔，故小利有攸往。天文也；文明以止，人文也。觀乎天文，以察時變；觀乎人文，以化成天下。

23.**剝**：剝，剝也，柔變剛也。不利有攸往，小人長也。順而止之，觀象也。君子尚消息盈虛，天行也。

24.**復**：復亨；剛反，動而以順行，是以出入无疾，朋來无咎。反復其道，七日來復，天行也。利有攸往，剛長也。復其見天地之心乎？

25.**无妄**：无妄，剛自外來，而為主於內。動而健，剛中而應，大亨以正，天之命也。其匪正有眚，不利有攸往。无妄之往，何之矣？天命不佑，行矣哉？

26.**大畜**：大畜，剛健篤實輝光，日新其德，剛上而尚賢。能止健，大正也。不家食吉，養賢也。利涉大川，應乎天也。

27.**頤**：頤貞吉，養正則吉也。觀頤，觀其所養也；自求口實，觀其自養也。天地養萬物，聖人養賢，以及萬民；頤之時大矣哉！

28.**大過**：大過，大者過也。棟橈，本末弱也。剛過而中，巽而說行，利有攸往，乃亨。大過之時大矣哉！

29.**坎**：習坎，重險也。水流而不盈，行險而不失其信。維心亨，乃以剛中也。行有尚，往有功也。天險不可升也，地險山川丘陵也，王公設險以守其國，坎之時用大矣哉！

30.**離**：離，麗也；日月麗乎天，百穀草木麗乎土，重明以麗乎正，乃化成天
下。柔麗乎中正，故亨；是以畜牝牛吉也。

B. 彖下篇

31.**咸**：咸，感也。柔上而剛下，二氣感應以相與，止而說，男下女，是以亨利
貞，取女吉也。天地感而萬物化生，聖人感人心而天下和平，觀其所
感，而天地萬物之情可見矣。

32.**恆**：恆，久也。剛上而柔下，雷風相與，巽而動，剛柔皆應，恆。恆亨无
咎，利貞；久於其道也，天地之道，恆久而不已也。利有攸往，終則有
始也。日月得天，而能久照，四時變化，而能久成，聖人久於其道，而
天下化成；觀其所恆，而天地萬物之情可見矣！

33.**遯**：遯亨，遯而亨也。剛當位而應，與時行也。小利貞，浸而長也。遯之時
義大矣哉！

34.**大壯**：大壯，大者壯也。剛以動，故壯。大壯利貞；大者正也。正大而天地
之情可見矣！

35.**晉**：晉，進也。明出地上，順而麗乎大明，柔進而上行。是以康侯用錫馬蕃
庶，晝日三接也。

36.**明夷**：明入地中，明夷。內文明而外柔順，以蒙大難，文王以之。利艱貞，
晦其明也，內難而能正其志，箕子以之。

37.**家人**：家人，女正位乎內，男正位乎外，男女正，天地之大義也。家人有嚴
君焉，父母之謂也。父父，子子，兄兄，弟弟，夫夫，婦婦，而家道
正；正家而天下定矣。

38.**睽**：睽，火動而上，澤動而下；二女同居，其志不同行；說而麗乎明，柔進
而上行，得中而應乎剛；是以小事吉。天地睽，而其事同也；男女睽，
而其志通也；萬物睽，而其事類也；睽之時用大矣哉！

39.**蹇**：蹇，難也，險在前也。見險而能止，知矣哉！蹇利西南，往得中也；不利東北，其道窮也。利見大人，往有功也。當位貞吉，以正邦也。蹇之時用大矣哉！

40.**解**：解，險以動，動而免乎險，解。解利西南，往得眾也。其來復吉，乃得中也。有攸往夙吉，往有功也。天地解，而雷雨作，雷雨作，而百果草木皆甲坼，解之時大矣哉！

41.**損**：損，損下益上，其道上行。損而有孚，元吉，无咎，可貞，利有攸往。曷之用？二簋可用享；二簋應有時。損剛益柔有時，損益盈虛，與時偕行。

42.**益**：益，損上益下，民說无疆，自上下下，其道大光。利有攸往，中正有慶。利涉大川，木道乃行。益動而巽，日進无疆。天施地生，其益无方。凡益之道，與時偕行。

43.**夬**：夬，決也，剛決柔也。健而說，決而和，揚于王庭，柔乘五剛也。孚號有厲，其危乃光也。告自邑，不利即戎，所尚乃窮也。利有攸往，剛長乃終也。

44.**姤**：姤，遇也，柔遇剛也。勿用取女，不可與長也。天地相遇，品物咸章也。剛遇中正，天下大行也。姤之時義大矣哉！

45.**萃**：萃，聚也；順以說，剛中而應，故聚也。王假有廟，致孝享也。利見大人亨，聚以正也。用大牲吉，利有攸往，順天命也。觀其所聚，而天地萬物之情可見矣。

46.**升**：柔以時升，巽而順，剛中而應，是以大亨。用見大人，勿恤；有慶也。南征吉，志行也。

47.**困**：困，剛掩也。險以說，困而不失其所，亨；其唯君子乎？貞大人吉，以剛中也。有言不信，尚口乃窮也。

48.井：巽乎水而上水，井；井養而不窮也。改邑不改井，乃以剛中也。汔至亦
　　　未繘井，未有功也。羸其瓶，是以凶也。

49.革：革，水火相息，二女同居，其志不相得，曰革。巳日乃孚；革而信也。
　　　文明以說，大亨以正，革而當，其悔乃亡。天地革而四時成，湯武革
　　　命，順乎天而應乎人，革之時大矣哉！

50.鼎：鼎，象也。以木巽火，亨飪也。聖人亨以享上帝，而大亨以養聖賢。巽
　　　而耳目聰明，柔進而上行，得中而應乎剛，是以元亨。

51.震：震，亨。震來虩虩，恐致福也。笑言啞啞，後有則也。震驚百里，驚遠
　　　而懼邇也。出可以守宗廟社稷，以為祭主也。

52.艮：艮，止也。時止則止，時行則行，動靜不失其時，其道光明。艮其止，
　　　止其所也。上下敵應，不相與也。是以不獲其身，行其庭不見其人，无
　　　咎也。

53.漸：漸之進也，女歸吉也。進得位，往有功也。進以正，可以正邦也。其位
　　　剛，得中也。止而巽，動不窮也。

54.歸妹：歸妹，天地之大義也。天地不交，而萬物不興，歸妹人之終始也。說
　　　以動，所歸妹也。征凶，位不當也。无攸利，柔乘剛也。

55.豐：豐，大也。明以動，故丰。王假之，尚大也。勿憂宜日中，宜照天下
　　　也。日中則昃，月盈則食，天地盈虛，與時消息，而況人於人乎？況於
　　　鬼神乎？

56.旅：旅，小亨，柔得中乎外，而順乎剛，止而麗乎明，是以小亨，旅貞吉
　　　也。旅之時義大矣哉！

57.巽：重巽以申命，剛巽乎中正而志行。柔皆順乎剛，是以小亨，利有攸往，
　　　利見大人。

58.兌：兌，說也。剛中而柔外，說以利貞，是以順乎天，而應乎人。說以先

民，民忘其勞；說以犯難，民忘其死；說之大，民勸矣哉！

59.**渙**：渙，亨。剛來而不窮，柔得位乎外而上同。王假有廟，王乃在中也。利
　　　　涉大川，乘木有功也。

60.**節**：節，亨，剛柔分，而剛得中。苦節不可貞，其道窮也。說以行險，當位
　　　　以節，中正以通。天地節而四時成，節以制度，不傷財，不害民。

61.**中孚**：中孚，柔在內而剛得中。說而巽，孚，乃化邦也。豚魚吉，信及豚魚
　　　　也。利涉大川，乘木舟虛也。中孚以利貞，乃應乎天也。

62.**小過**：小過，小者過而亨也。過以利貞，與時行也。柔得中，是以小事吉
　　　　也。剛失位而不中，是以不可大事也。有飛鳥之象焉，有飛鳥遺之音，
　　　　不宜上宜下，大吉；上逆而下順也。

63.**既濟**：既濟，亨，小者亨也。利貞，剛柔正而位當也。初吉，柔得中也。終
　　　　止則亂，其道窮也。

64.**未濟**：未濟，亨；柔得中也。小狐汔濟，未出中也。濡其尾，无攸利；不續
　　　　終也。雖不當位，剛柔應也。

九・二　象

A. 象上篇

01.**乾**：　天行健，君子以自強不息。

　　　　潛龍勿用，陽在下也。

　　　　見龍再田，德施普也。

　　　　終日乾乾，反復道也。

　　　　或躍在淵，進無咎也。

　　　　飛龍在天，大人造也。

　　亢龍有悔，盈不可久也。

　　用九，天德不可為首也。

02.坤：　地勢坤，君子以厚德載物。

　　　　履霜堅冰，陰始凝也。　馴致其道，至堅冰也。

　　　　六二之動，直以方也。　不習無不利，地道光也。

　　　　含章可貞，以時發也。　或從王事，知光大也。

　　　　括囊無咎，慎不害也。

　　　　黃裳元吉，文在中也。

　　　　戰龍於野，其道窮也。

　　　　用六永貞，以大終也。

03.屯：　雲雷，屯；君子以經綸。

　　　　雖磐桓，志行正也。　以貴下賤，大得民也。

　　　　六二之難，乘剛也。　十年乃字，反常也。

　　　　即鹿無虞，以縱禽也。　君子舍之，往吝窮也。

　　　　求而往，明也。

　　　　屯其膏，施未光也。

　　　　　泣血漣如，何可長也。

04.蒙：　山下出泉，蒙；君子以果行育德。

　　　　利用刑人，以正法也。

　　　　子克家，剛柔接也。

　　　　勿用娶女，行不順也。

　　　　困蒙之吝，獨遠實也。

　　　　童蒙之吉，順以巽也。

　　　　利用御寇，上下順也。

05.需：　雲上於天，需；君子以飲食宴樂。

　　　　需于郊，不犯難行也。　利用恆，無咎；未失常也。

　　　　需于沙，衍在中也。　雖小有言，以終吉也。

　　　　需于泥，災在外也。　自我致寇，敬慎不敗也。

　　　　需于血，順以聽也。

　　　　酒食貞吉，以中正也。

　　　　不速之客來，敬之終吉。　雖不當位，未大失也。

06.訟：　天與水違行，訟；君子以作事謀始。

　　　　不永所事，訟不可長也。　雖有小言，其辯明也。

　　　　不克訟，歸而逋也。　自下訟上，患至掇也。

　　　　食舊德，從上吉也。

　　　　復即命，渝安貞；不失也。

　　　　訟元吉，以中正也。

　　　　以訟受服，亦不足敬也。

07.師：　地中有水，師；君子以容民畜眾。

　　　　師出以律，失律凶也。

　　　　在師中吉，承天寵也。王三錫命，懷萬邦也。

　　　　師或輿尸，大無功也。

　　　　左次無咎，未失常也。

　　　　長子帥師，以中行也。弟子輿師，使不當也。

　　　　大君有命、以正功也，小人勿用、必亂邦也。

08.比：　地上有水，比；先王以建萬國，親諸侯。

　　　　比之初六，有他吉也。

　　　　比之自內，不自失也。

比之匪人，不亦傷乎！

外比於賢，以從上也。

顯比之吉，位正中也。舍逆取順，失前禽也。邑人不誡，上使中也。

比之無首，無所終也。

09.小畜：　風行天上，小畜；君子以懿文德。

復自道，其義吉也。

牽復在中，亦不自失也。

夫妻反目，不能正室也。

有孚惕出，上合志也。

有孚攣如，不獨富也。

既雨既處，德積載也。　君子征凶，有所疑也。

10.履：　上天下澤，履；君子以辨上下，安民志。

素履之往，獨行願也。

幽人貞吉，中不自亂也。

眇能視、不足以有明也。跛能履、不足以與行也。咥人之凶、位不當也。

武人為于大君、志剛也。

愬愬終吉，志行也。

夬履、貞厲，位正當也。

元吉在上，大有慶也。

11.泰：　天地交、泰，後以財成天地之道，輔相天地之宜，以左右民。

拔茅征吉，志在外也。

包荒，得尚于中行，以光大也。

無往不復，天地際也。

翩翩不富，皆失實也。　不戒以孚，中心願也。

以祉元吉，中以行願也。

城復于隍，其命亂也。

12.否：　天地不交、否；君子以儉德辟難，不可榮以祿。

拔茅貞吉，志在君也。

大人否亨，不亂群也。

包羞，位不當也。

有命無咎，志行也。

大人之吉，位正當也。

否終則傾，何可長也。

13.同人：　天與火，同人；君子以類族辨物。

出門同人，又誰咎也。

同人于宗，吝道也。

伏戎于莽，敵剛也。　三歲不興，安行也。

乘其墉，義弗克也，其吉，則困而反則也。

同人之先，以中直也。大師相遇，言相克也。

同人于郊，志未得也。

14.大有：　火在天上，大有；君子以遏惡揚善，順天休命。

大有初九，無交害也。

大車以載，積中不敗也。

公用亨于天子，小人害也。

匪其彭，無咎；明辨晳也。

厥孚交如，信以發志也。　威如之吉，易而無備也。

大有上吉，自天佑也。

15.謙：　地中有山，謙；君子以裒多益寡，稱物平施。

　謙謙君子，卑以自牧也。

鳴謙貞吉，中心得也。

勞謙君子，萬民服也。

無不利，撝謙，不違則也。

利用侵伐，征不服也。

鳴謙，志未得也。　可用行師，征邑國也。

16.**豫**：　雷出地、奮，豫。先王以作樂崇德，殷荐之上帝，以配祖考。

初六鳴豫，志窮凶也。

不終日，貞吉，以中正也。

盱豫有悔，位不當也。

由豫，大有得，志大行也。

六五貞疾，乘剛也。　恆不死，中未亡也。

冥豫在上，何可長也。

17.**隨**：　澤中有雷，隨；君子以嚮晦入宴息。

官有渝，從正吉也。　出門交有功，不失也。

繫小子，弗兼與也。

繫丈夫，志舍下也。

隨有獲，其義凶也。　有孚在道，明功也。

孚于嘉，吉，位正中也。

拘繫之，上窮也。

18.**蠱**：　山下有風，蠱；君子以振民育德。

幹父之蠱，意承考也。

幹母之蠱，得中道也。

幹父之蠱，終無咎也。

　　　　　裕父之蠱，往未得也。

　　　　　幹父之蠱，承以德也。

　　　　　不事王侯，志可則也。

19.臨：　澤上有地，臨；君子以教思無窮，容保民無疆。

　　　　　咸臨貞吉，志行正也。

　　　　　咸臨，吉無不利，未順命也。

　　　　　甘臨，位不當也。　既憂之，咎不長也。

　　　　　至臨無咎，位當也。

　　　　　大君之宜，行中之謂也。

　　　　　敦臨之吉，志在內也。

20.觀：　風行地上，觀；先王以省方，觀民設教。

　　　　　初六童觀，小人道也。

　　　　　窺觀女貞，亦可醜也。

　　　　　觀我生，進退；未失道也。

　　　　　觀國之光，尚賓也。

　　　　　觀我生，觀民也。

　　　　　觀其生，志未平也。

21.噬嗑：　雷電噬嗑；先王以明罰敕法。

　　　　　屨校滅趾，不行也。

　　　　　噬膚滅鼻，乘剛也。

　　　　　遇毒，位不當也。

　　　　　利艱貞吉，未光也。

　　　　　貞厲無咎，得當也。

　　　　　何校滅耳，聰不明也。

22.賁： 山下有火，賁；君子以明庶政，無敢折獄。

舍車而徒，義弗乘也。

賁其鬚，與上興也。

永貞之吉，終莫之陵也。

六四，當位疑也。 匪寇婚媾，終無尤也。

六五之吉，有喜也。

23.剝： 山附地上，剝；上以厚下，安宅。

剝床以足，以滅下也。

剝床以辨，未有與也。

剝床無咎，失上下也。

剝床以膚，切近災也。

以宮人寵，終無尤也。

君子得輿，民所載也。 小人剝廬，終不可用也。

24.復： 雷在地中，復；先王以至日閉關，商旅不行，後不省方。

不遠之復，以修身也。

休復之吉，以下仁也。

頻復之厲，義無咎也。

中行獨復，以從道也。

敦復無悔，中以自考也。

迷復之凶，反君道也。

25.無妄： 天下雷行，物與無妄；先王以茂，對時、育萬物。

無妄之往，得志也。

不耕獲，未富也。

行人得牛，邑人災也。

可貞無咎，固有之也。

無妄之藥，不可試也。

無妄之行，窮之災也。

26.**大畜**：　天在山中，大畜；君子以多識前言往行，以畜其德。

有厲利已，不犯災也。

輿說輻，中無尤也。

利有攸往，上合志也。

六四元吉，有喜也。

六五之吉，有慶也。

何天之衢，道大行也。

27.**頤**：　山下有雷，頤；君子以慎言語，節飲食。

觀我朵頤，亦不足貴也。

六二征凶，行失類也。

十年勿用，道大悖也。

顛頤之吉，上施光也。

居貞之吉，順以從上也。

由頤厲吉，大有慶也。

28.**大過**：　澤滅木，大過；君子以獨立不懼，遯世無悶。

藉用白茅，柔在下也。

老夫女妻，過以相與也。

棟橈之凶，不可以有輔也。

棟橈之凶，不可以有輔也。

棟隆之吉，不橈乎下也。

枯楊生華，何可久也。　老婦士夫，亦可醜也。

過涉之凶，不可咎也。

29.坎： 水洊至，習坎；君子以常德行，習教事。

習坎入坎，失道凶也。

求小得，未出中也。

來之坎坎，終無功也。

樽酒簋貳，剛柔際也。

坎不盈，中未大也。

上六失道，凶三歲也。

30.離： 明兩作、離，大人以繼明照于四方。

履錯之敬，以辟咎也。

黃離元吉，得中道也。

日昃之離，何可久也。

突如其來如，無所容也。

六五之吉，離王公也。

王用出征，以正邦也。

B. 象下篇

31.咸： 山上有澤，咸；君子以虛受人。

咸其拇，志在外也。

雖凶，居吉，順不害也。

咸其股，亦不處也。 志在隨人，所執下也。

貞吉，悔亡，未感害也。憧憧往來，未光大也。

咸其脢，志末也。

咸其輔頰舌，滕口說也。

32.恆： 雷風，恆；君子以立不易方。

浚恆之凶，始求深也。

九二悔亡，能久中也。

不恆其德，無所容也。

久非其位，安得禽也。

婦人貞吉，從一而終也。　夫子制義，從婦凶也。

振恆在上，大無功也。

33.遯：　天下有山，遯；君子以遠小人，不惡而嚴。

遯尾之厲，不往、何災也？

執用黃牛，固志也。

繫遯之厲，有疾、憊也。　畜臣妾吉，不可大事也。

君子好遯，小人否也。

嘉遯，貞吉，以正志也。

肥遯，無不利，無所疑也。

34.大壯：　雷在天上，大壯；君子以非禮勿履。

壯于趾，其孚窮也。

九二貞吉，以中也。

小人用壯，君子罔也。

藩決不羸，尚往也。

喪羊于易，位不當也。

不能退，不能遂，不祥也。　艱則吉，咎不長也。

35.晉：　明出地上，晉；君子以自昭明德。

晉如摧如，獨行正也。　裕無咎；未受命也。

受之介福，以中正也。

眾允之，志上行也。

碩鼠貞厲，位不當也。

失得勿恤，往有慶也。

維用伐邑，道未光也。

36.**明夷：** 明入地中，明夷；君子以蒞眾，用晦而明。

君子於行，義不食也。

六二之吉，順以則也。

南狩之志，乃大得也。

入于左腹，獲心意也。

箕子之貞，明不可息也。

初登于天，照四國也。　後入于地，失則也。

37.**家人：** 風自火出，家人；君子以言有物，而行有恆。

閑有家，志未變也。

六二之吉，順以巽也。

家人嗃嗃，未失也；婦子嘻嘻，失家節也。

富家大吉，順在位也。

王假有家，交相愛也。

威如之吉，反身之謂也。

38.**睽：** 上火下澤，睽；君子以同而異。

見惡人，以辟咎也。

遇主于巷，未失道也。

見輿曳，位不當也。　無初有終，遇剛也。

交孚無咎，志行也。

厥宗噬膚，往有慶也。

遇雨之吉，群疑亡也。

39.**蹇**：　山上有水，蹇；君子以反身修德。

　　　往蹇，來譽，宜待也。

　　　王臣，蹇蹇，終無尤也。

　　　往蹇，來反，內喜之也。

　　　往蹇，來連，當位實也。

　　　大蹇，朋來，以中節也。

　　　往蹇，來碩，志在內也。　利見大人，以從貴也。

40.**解**：　雷雨作，解；君子以赦過宥罪。

　　　剛柔之際，義無咎也。

　　　九二貞吉，得中道也。

　　　負且乘，亦可醜也，自我致戎，又誰咎也。

　　　解而拇，未當位也。

　　　君子有解，小人退也。

　　　公用射隼，以解悖也。

41.**損**：　山下有澤，損；君子以懲忿窒欲。

　　　己事遄往，尚合志也。

　　　九二利貞，中以為志也。

　　　一人行，三則疑也。

　　　損其疾，亦可喜也。

　　　六五元吉，自上佑也。

　　　弗損益之，大得志也。

42.**益**：　風雷，益；君子以見善則遷，有過則改。

　　　元吉無咎，下不厚事也。

　　　或益之，自外來也。

　益用凶事，固有之也。

　告公從，以益志也。

　有孚惠心，勿問之矣。 惠我德，大得志也。

　莫益之，偏辭也。 或擊之，自外來也。

43.夬： 澤上于天，夬；君子以施祿及下，居德則忌。

　　不勝而往，咎也。

　　莫夜有戎，得中道也。

　　君子夬夬，終無咎也。

　　其行次且，位不當也。聞言不信，聰不明也。

　　中行無咎，中未光也。

　　無號之凶，終不可長也。

44.姤： 天下有風，姤；後以施命誥四方。

　　繫于金柅，柔道牽也。

　　包有魚，義不及賓也。

　　其行次且，行未牽也。

　　無魚之凶，遠民也。

　　無魚之凶，遠民也。

　　九五含章，中正也。 有隕自天，志不舍命也。

　　姤其角，上窮吝也。

45.萃： 澤上於地，萃；君子以除戎器，戒不虞。

　　乃亂乃萃，其志亂也。

　　引吉無咎，中未變也。

　　往無咎，上巽也。

　　大吉無咎，位不當也。

萃有位，志未光也。

齎咨涕洟，未安上也。

46.升： 地中生木，升；君子以順德，積小以高大。

允升大吉，上合志也。

九二之孚，有喜也。

升虛邑，無所疑也。

王用亨于岐山，順事也。

貞吉升階，大得志也。

冥升在上，消不富也。

47.困： 澤無水，困；君子以致命遂志。

入于幽谷，幽不明也。

困于酒食，中有慶也。

據于蒺藜，乘剛也。　入于其宮，不見其妻，不祥也。

來徐徐，志在下也。　雖不當位，有與也。

劓刖，志未得也。乃徐有說，以中直也。利用祭祀，受福也。

困于葛藟，未當也。　動悔有悔，吉行也。

48.井： 木上有水，井；君子以勞民勸相。

井泥不食，下也。　舊井無禽，時舍也。

井谷射鮒，無與也。

井渫不食，行惻也。　求王明，受福也。

井甃無咎，修井也。

寒泉之食，中正也。

元吉在上，大成也。

49.革： 澤中有火，革；君子以治歷明時。

鞏用黃牛，不可以有為也。

己日革之，行有嘉也。

革言三就，又何之矣。

改命之吉，信志也。

大人虎變，其文炳也。

君子豹變，其文蔚也。 小人革面，順以從君也。

50.鼎： 木上有火，鼎；君子以正位凝命。

鼎顛趾，未悖也。 利出否，以從貴也。

鼎有實，慎所之也。 我仇有疾，終無尤也。

鼎耳革，失其義也。

覆公餗，信如何也。

鼎黃耳，中以為實也。

玉鉉在上，剛柔節也。

51.震： 洊雷，震；君子以恐懼修省。

震來虩虩，恐致福也。 笑言啞啞，後有則也。

震來厲，乘剛也。

震蘇蘇，位不當也。

震遂泥，未光也。

震往來、厲，危行也。其事在中，大無喪也。

震索索，未得中也。 雖凶無咎，畏鄰戒也。

52.艮： 兼山，艮；君子以思不出其位。

艮其趾，未失正也。

不拯其隨，未退聽也。

艮其限，危薰心也。

艮其身，止諸躬也。

艮其輔，以中正也。

敦艮之吉，以厚終也。

53.漸：　山上有木，漸；君子以居賢德，善俗。

小子之厲，義無咎也。

飲食衎衎，不素飽也。

夫征不復，離群醜也。婦孕不育，失其道也。利用御寇，順相保也。

或得其桷，順以巽也。

終莫之勝，吉，得所願也。

其羽可用為儀，吉，不可亂也。

54.歸妹：　澤上有雷，歸妹；君子以永終知敝。

歸妹以娣，以恆也。　跛能履吉，相承也。

利幽人之貞，未變常也。

歸妹以須，未當也。

愆期之志，有待而行也。

帝乙歸妹，不如其娣之袂良也。　其位在中，以貴行也。

上六無實，承虛筐也。

55.豐：　雷電皆至，豐；君子以折獄致刑。

雖旬無咎，過旬災也。

有孚發若，信以發志也。

豐其沛，不可大事也。折其右肱，終不可用也。

豐其蔀，位不當也。日中見斗，幽不明也。遇其夷主、吉，行也。

六五之吉，有慶也。

豐其屋，天際翔也。窺其戶，闃其無人，自藏也。

56.旅： 山上有火，旅；君子以明慎用刑，而不留獄。

旅瑣瑣，志窮災也。

得童僕貞，終無尤也。

旅焚其次，亦以傷矣。 以旅與下，其義喪也。

旅于處，未得位也。 得其資斧，心未快也。

終以譽命，上逮也。

以旅在上，其義焚也。 喪牛于易，終莫之聞也。

57.巽： 隨風，巽；君子以申命行事。

進退，志疑也。 利武人之貞，志治也。

紛若之吉，得中也。

頻巽之吝，志窮也。

田獲三品，有功也。

九五之吉，位正中也。

巽在床下，上窮也。 喪其資斧，正乎凶也。

58.兌： 麗澤，兌；君子以朋友講習。

和兌之吉，行未疑也。

孚兌之吉，信志也。

來兌之凶，位不當也。

九四之喜，有慶也。

孚于剝，位正當也。

上六引兌，未光也。

59.渙： 風行水上，渙；先王以享于帝立廟。

初六之吉，順也。

渙奔其机，得愿也。

渙其躬，志在外也。

渙其群，元吉；光大也。

王居無咎，正位也。

渙其血，遠害也。

60.節：　澤上有水，節；君子以制數度，議德行。

不出戶庭，知通塞也。

不出門庭，失時極也。

不節之嗟，又誰咎也。

安節之亨，承上道也。

甘節之吉，居位中也。

苦節貞凶，其道窮也。

61.中孚：　澤上有風，中孚；君子以議獄緩死。

初九虞吉，志未變也。

其子和之，中心願也。

可鼓或罷，位不當也。

馬匹亡，絕類上也。

有孚攣如，位正當也。

翰音登于天，何可長也。

62.小過：　山上有雷，小過；君子以行過乎恭，喪過乎哀，用過乎儉。

飛鳥以凶，不可如何也。

不及其君，臣不可過也。

從或戕之，凶如何也。

弗過遇之，位不當也。往厲必戒，終不可長也。

密雲不雨，已上也。

弗遇過之，已亢也。

63.**既濟**：　水在火上，既濟；君子以思患而預防之。

曳其輪，義無咎也。

七日得，以中道也。

三年克之，憊也。

終日戒，有所疑也。

東鄰殺牛，不如西鄰之時也；實受其福，吉大來也。

濡其首厲，何可久也。

64.**未濟**：　火在水上，未濟；君子以慎辨物居方。

濡其尾，亦不知極也。

九二貞吉，中以行正也。

未濟征凶，位不當也。

貞吉悔亡，志行也。

君子之光，其暉吉也。

飲酒濡首，亦不知節也。

九‧三　繫辭

A. 繫辭上篇

第一章

天尊地卑，乾坤定矣。卑高以陳，貴賤位矣。動靜有常，剛柔斷矣。方以類聚，物以群分，吉凶生矣。在天成象，在地成形，變化見矣。

是故，剛柔相摩，八卦相盪。鼓之以雷霆，潤之以風雨。日月運行，一寒一暑。乾道成男，坤道成女。乾知大始，坤作成物。乾以易知，坤以簡能。

易則易知，簡則易從。易知則有親，易從則有功。有親則可久，有功則可大。可久則賢人之德，可大則賢人之業。易簡而天下之理得矣！天下之理得，而成位乎其中矣。

第二章

聖人設卦觀象，繫辭焉而明吉凶，剛柔相推而生變化。是故，吉凶者，失得之象也。悔吝者，憂虞之象也。變化者，進退之象也。剛柔者，晝夜之象也。

六爻之動，三極之道也。是故，君子所居而安者，易之序也。所樂而玩者，爻之辭也。是故，君子居則觀其象而玩其辭，動則觀其變而玩其占，是以自天祐之，吉无不利。

第三章

象者，言乎象者也。爻者，言乎變者也。吉凶者，言乎其失得也。悔吝者，言乎其小疵也。无咎者，善補過也。是故，列貴賤者存乎位，齊小大者存乎卦，辯吉凶者存乎辭，憂悔吝者存乎介，震无咎者存乎悔。是故，卦有小大，辭有險易。辭也者，各指其所之。

第四章

易與天地準，故能彌綸天地之道。

仰以觀於天文，俯以察於地理，是故知幽明之故，原始反終，故知死生之說。精氣為物，遊魂為變，是故知鬼神之情狀，與天地相似，故不違。知周乎萬物，而道濟天下，故不過。旁行而不流，樂天知命，故不憂。安土敦乎仁，故能愛。範圍天地之化而不過，曲成萬物而不遺，通乎晝夜之道而知，故神无方而易无體。

第五章

一陰一陽之謂道，繼之者善也，成之者性也。仁者見之謂之仁，知者見之謂之知，百姓日用而不知，故君子之道鮮矣。顯諸仁，藏諸用，鼓萬物而不與聖人同憂，盛德大業，至矣哉。富有之謂大業，日新之謂盛德，生生之謂易，成象之謂乾，效法之謂坤，極數知來之謂占，通變之謂事，陰陽不測

之謂神。

第六章

夫易，廣矣，大矣。以言乎遠則不禦，以言乎邇則靜而正，以言乎天地之間則備矣。夫乾，其靜也專，其動也直，是以大生焉。夫坤，其靜也翕，其動也闢，是以廣生焉。廣大配天地，變通配四時，陰陽之義配日月，易簡之善配至德。

第七章

子曰，易其至矣乎。夫易，聖人所以崇德而廣業也。知崇禮卑，崇效天，卑法地，天地設位而易行乎其中矣。

成性存存，道義之門。

第八章

聖人有以見天下之賾，而擬諸其形容，象其物宜，是故謂之象。聖人有以見天下之動，而觀其會通，以行其典禮。繫辭焉，以斷其吉凶，是故謂之爻。言天下之至賾而不可惡也，言天下之至動而不可亂也，擬之而後言，議之而後動，擬議以成其變化。

「鳴鶴在陰，其子和之，我有好爵，吾與爾靡之。」子曰，君子居其室，出其言善，則千里之外應之，況其邇者乎。居其室，出其言不善，則千里之外違之，況其邇者乎。言出乎身，加乎民。行發乎邇，見乎遠。言行，君子之樞機，樞機之發，榮辱之主也。言行，君子之所以動天地也，可不慎乎。

同人「先號咷而後笑」，子曰，君子之道，或出或處，或默或語。二人同心，其利斷金，同心之言，其臭如蘭。

初六，「藉用白茅，无咎。」子曰，苟錯諸地而可矣。藉之用茅，何咎之有。慎之至也。夫茅之為物薄而用可重也，慎斯術也以往，其无所失矣。

「勞謙，君子有終，吉。」子曰，勞而不伐，有功而不德，厚之至也。語以其功下人者也。德言盛，禮言恭。謙也者，致恭以存其位者也。

「亢龍有悔」，子曰，貴而无位，高而无民，賢人在下位而无輔，是以動而有悔也。

「不出戶庭，无咎」，子曰，亂之所生也，則言語以為階。君不密則失臣，臣不密則失身，幾事不密則害成，是以君子慎密而不出也。

子曰，作易者，其知盜乎？易曰：「負且乘，致寇至。」負也者，小人之事也。乘也者，君子之器也。小人而乘君子之器，盜思奪之矣。上慢下暴，盜思伐之矣。慢藏誨盜，冶容誨淫。易曰「負且乘，致寇至」，盜之招也。

第九章

天一，地二，天三，地四，天五，地六，天七，地八，天九，地十。

天數五，地數五，五位相得而各有合。天數二十有五，地數三十，凡天地之數，五十有五，此所以成變化，而行鬼神也。

乾之策，二百一十有六。坤之策，百四十有四，凡三百有六十，當期之日。二篇之策，萬有一千五百二十，當萬物之數也，

是故，四營而成易，十有八變而成卦，八卦而小成，引而伸之，觸類而長之，天下之能事畢矣。

顯道，神德行，是故，可與酬酢，可與祐神矣。子曰：「知變化之道者，其知神之所為乎。」

第十章

易有聖人之道四焉，以言者尚其辭，以動者尚其變，以制器者尚其象，以卜筮者尚其占。

大衍之數五十，其用四十有九，分而為二以象兩，掛一以象三，揲之以四以象四時，歸奇於扐以象閏，五歲再閏，故再扐而後掛。

是以君子將有為也，將有行也。問焉而以言，其受命也如響。无有遠近幽深，遂知來物。非天下之至精，其孰能與於此。

參伍以變，錯綜其數。通其變，遂成天地之文；極其數，遂定天下之象，非天下之至變，其孰能與於此。

易，无思也，无為也，寂然不動，感而遂通，天下之故，非天下之至神，其孰能與於此。

夫易，聖人之所以極深而研幾也，唯深也，故能通天下之志。唯幾也，

故能成天下之務。唯神也，故不疾而速，不行而至。

子曰，易有聖人之道四焉者，此之謂也。

第十一章

子曰，夫易，何為者也？夫易，開物成務，冒天下之道，如斯而已者也。是故，聖人以通天下之志，以定天下之業，以斷天下之疑。

是故，蓍之德圓而神，卦之德方以知，六爻之義易以貢。聖人以此洗心，退藏於密，吉凶與民同患。神以知來，知以藏往，其孰能與此哉？古之聰明叡知，神武而不殺者夫？

是以明於天之道，而察於民之故，是興神物，以前民用。聖人以此齊戒，以神明其德夫。

是故，闔戶謂之坤，闢戶謂之乾，一闔一闢謂之變，往來不窮謂之通，見乃謂之象，形乃謂之器，制而用之謂之法，利用出入，民咸用之謂之神。

是故，易有太極，是生兩儀，兩儀生四象，四象生八卦，八卦定吉凶，吉凶生大業。

是故，法象莫大乎天地，變通莫大乎四時，縣象著明莫大乎日月，崇高莫大乎富貴。備物致用，立成器以為天下利，莫大乎聖人。探賾索隱，鉤深致遠，以定天下之吉凶，成天下之亹亹者，莫大乎蓍龜。

是故，天生神物，聖人則之，天地變化，聖人效之。天垂象，見吉凶，聖人象之。河出圖，洛出書，聖人則之。

易有四象，所以示也。繫辭焉，所以告也。定之以吉凶，所以斷也。

第十二章

易曰「自天祐之，吉，无不利」。子曰：「祐者，助也。」天之所助者順也，人之所助者信也。履信思乎順，又以尚賢也。是以自天祐之，吉，无不利也。

子曰：「書不盡言，言不盡意。」然則聖人之意，其不可見乎？子曰：「聖人立象以盡意，設卦以盡情偽，繫辭以盡其言，變而通之以盡利，鼓之舞之以盡神，乾坤其易之縕邪？」

乾坤成列，而易立乎其中矣，乾坤毀，則无以見易。易不可見，則乾坤
或幾乎息矣。

是故，形而上者謂之道，形而下者謂之器，化而裁之謂之變，推而行之
謂之通，舉而錯之天下之民，謂之事業。

是故，夫象，聖人有以見天下之蹟，而擬諸其形容。象其物宜，是故謂
之象。聖人有以見天下之動，而觀其會通，以行其典禮，繫辭焉以斷其吉凶，
是故謂之爻。

極天下之蹟者存乎卦，鼓天下之動者存乎辭，化而裁之存乎變，推而行
之存乎通，神而明之存乎其人。默而成之，不言而信，存乎德行。

B. 繫辭下篇

第一章

八卦成列，象在其中矣。因而重之，爻在其中矣。剛柔相推，變在其中
矣。繫辭焉而命之，動在其中矣。

吉凶悔吝者，生乎動者也。剛柔者，立本者也。變通者，趣時者也。吉
凶者，貞勝者也。天地之道，貞觀者也。日月之道，貞明者也。天下之動，
貞夫一者也。

夫乾，確然，示人易矣。夫坤，隤然，示人簡矣。爻也者，效此者也。象
也者，像此者也。爻象動乎內，吉凶見乎外，功業見乎變，聖人之情見乎辭。

天地之大德曰生，聖人之大寶曰位。何以守位，曰仁；何以聚人，曰財。
理財正辭，禁民為非，曰義。

第二章

古者包犧氏之王天下也，仰則觀象於天，俯則觀法於地，觀鳥獸之文，
與地之宜，近取諸身，遠取諸物，於是始作八卦，以通神明之德，以類萬物
之情。作結繩而為罔罟，以佃以漁，蓋取諸離。

包犧氏沒，神農氏作。斲木為耜，揉木為耒，耒耨之利，以教天下，蓋
取諸益。

日中為市，致天下之民，聚天下之貨，交易而退，各得其所，蓋取諸噬嗑。

神農氏沒，黃帝堯舜氏作，通其變，使民不倦，神而化之，使民宜之。易，窮則變，變則通，通則久，是以自天祐之，吉，无不利。黃帝堯舜，垂衣裳而天下治，蓋取諸乾坤。

刳木為舟，剡木為楫，舟楫之利，以濟不通，致遠以利天下，蓋取諸渙。

服牛乘馬，引重致遠，以利天下，蓋取諸隨。重門擊柝，以待暴客，蓋取諸豫。

斷木為杵，掘地為臼，臼杵之利，萬民以濟，蓋取諸小過。弦木為弧，剡木為矢，弧矢之利，以威天下，蓋取諸睽。

上古穴居而野處，後世聖人易之以宮室。上棟下宇，以待風雨，蓋取諸大壯。古之葬者，厚衣之以薪，葬之中野，不封不樹，喪期无數，後世聖人易之以棺槨，蓋取諸大過。

上古結繩而治，後世聖人易之以書契，百官以治，萬民以察，蓋取諸夬。

第三章

是故，易者，象也；象也者，像也。彖者，材也；爻也者，效天下之動者也。是故，吉凶生而悔吝著也。

第四章

陽卦多陰，陰卦多陽，其故何也？陽卦奇，陰卦耦。其德行何也？陽一君而二民，君子之道也；陰二君而一民，小人之道也。

第五章

易曰：「憧憧往來，朋從爾思。」子曰：「天下何思何慮？天下同歸而殊塗，一致而百慮，天下何思何慮？」

日往則月來，月往則日來，日月相推而明生焉。寒往則暑來，暑往則寒來，寒暑相推而歲成焉。往者屈也，來者信也，屈信相感而利生焉。

尺蠖之屈，以求信也。龍蛇之蟄，以存身也。精義入神，以致用也。利用安身，以崇德也。過此以往，未之或知也。窮神知化，德之盛也。

易曰：「困于石，據于蒺藜，入于其宮，不見其妻，凶。」子曰：非所困而困焉，名必辱；非所據而據焉，身必危，既辱且危，死期將至，妻其可得見耶？

易曰：「公用射隼于高墉之上，獲之，无不利。」子曰：隼者禽也，弓矢者器也，射之者人也，君子藏器於身，待時而動，何不利之有。動而不括，是以出而有獲，語成器而動者也。

子曰：小人不恥不仁，不畏不義，不見利不勸，不威不懲，小懲而大誡，此小人之福也。易曰「履校滅趾，无咎」，此之謂也。

善不積不足以成名，惡不積不足以滅身。小人以小善為无益而弗為也，以小惡為无傷而弗去也，故惡積而不可揜，罪大而不可解。易曰：「何校滅耳，凶。」

子曰：危者，安其位者也，亡者保其存者也，亂者有其治者也，是故，君子安而不忘危，存而不忘亡，治而不忘亂，是以身安而國家可保也。易曰：「其亡其亡，繫于苞桑。」

子曰：德薄而位尊，知小而謀大，力小而任重，鮮不及矣。易曰：「鼎折足，覆公餗，其形渥，凶。」言不勝其任也。

子曰：知幾其神乎！君子上交不諂，下交不瀆。其知幾乎！幾者動之微，吉之先見者也。君子見幾而作，不俟終日。易曰：「介于石，不終日，貞吉。」介如石焉，寧用終日，斷可識矣。君子知微知彰，知柔知剛，萬夫之望。

子曰：顏氏之子，其殆庶幾乎！有不善未嘗不知，知之未嘗復行也。易曰：「不遠復，无祇悔，元吉。」

天地絪縕，萬物化醇，男女構精，萬物化生。易曰：「三人行，則損一人，一人行，則得其友。」言致一也。

子曰：君子安其身而後動，易其心而後語，定其交而後求。君子脩此三者，故全也。危以動，則民不與也；懼以語，則民不應也；无交而求，則民不與也。莫之與，則傷之者至矣。易曰：「莫益之，或擊之，立心勿恆，凶。」

第六章

子曰：乾坤其易之門邪！乾，陽物也；坤，陰物也。陰陽合德，而剛柔有體，以體天地之撰，以通神明之德，其稱名也雜而不越，於稽其類，其衰世之意邪！

夫易，彰往而察來，而微顯闡幽，開而當名，辨物正言，斷辭則備矣。其

稱名也小，其取類也大。其旨遠，其辭文。其言曲而中，其事肆而隱。因貳以濟民行，以明失得之報。

第七章

易之興也，其於中古乎？作易者，其有憂患乎？是故，履，德之基也。謙，德之柄也。復，德之本也。恒，德之固也。損，德之脩也。益，德之裕也。困，德之辨也。井，德之地也。巽，德之制也。

履，和而至。謙，尊而光。復，小而辨於物。恒，雜而不厭。損，先難而後易。益，長裕而不設。困，窮而通。井，居其所而遷。巽，稱而隱。

履以和行，謙以制禮，復以自知，恒以一德，損以遠害，益以興利，困以寡怨，井以辯義，巽以行權。

第八章

易之為書也不可遠，為道也屢遷，變動不居，周流六虛。上下无常，剛柔相易，不可為典要，唯變所適。

其出入以度，外內使知懼，又明於憂患與故，无有師保，如臨父母。初率其辭，而揆其方，既有典常，苟非其人，道不虛行。

第九章

易之為書也，原始要終以為質也。六爻相雜，唯其時物也。其初難知，其上易知，本末也。初辭擬之，卒成之終。若夫雜物撰德，辨是與非，則非其中爻不備。噫！亦要存亡吉凶，則居可知矣。知者觀其彖辭，則思過半矣。

二與四同功而異位，其善不同，二多譽，四多懼，近也。柔之為道，不利遠者，其要无咎，其用柔中也。三與五同功而異位，三多凶，五多功，貴賤之等也。其柔危，其剛勝邪。

第十章

易之為書也，廣大悉備，有天道焉，有人道焉，有地道焉，兼三材而兩之，故六。六者，非它也，三材之道也。

道有變動，故曰爻。爻有等，故曰物。物相雜，故曰文。文不當，故吉凶生焉。

第十一章

易之興也，其當殷之末世，周之盛德邪？當文王與紂之事邪？是故其辭危，危者使平，易者使傾。其道甚大，百物不廢，懼以終始，其要无咎，此之謂易之道也。

第十二章

夫乾，天下之至健也，德行恒易以知險。夫坤，天下之至順也，德行恒簡以知阻。

能說諸心，能研諸侯之慮，定天下之吉凶，成天下之亹亹者。是故，變化云為，吉事有祥，象事知器，占事知來。

天地設位，聖人成能，人謀鬼謀，百姓與能。八卦以象告，爻象以情言，剛柔雜居，而吉凶可見矣。

變動以利言，吉凶以情遷，是故愛惡相攻而吉凶生，遠近相取而悔吝生，情偽相感而利害生。凡易之情，近而不相得則凶。或害之，悔且吝。

將叛者其辭慚，中心疑者其辭枝，吉人之辭寡，躁人之辭多，誣善之人其辭游，失其守者其辭屈。

九‧四　文言

A. 乾

「元」者，善之長也；「亨」者，嘉之會也；「利」者，義之和也；「貞」者，事之幹也。君子體仁足以長人，嘉會足以合禮，利物足以和義，貞固足

以幹事。君子行此四德者，故曰「乾、元、亨、利、貞」。

初九曰、「潛龍勿用」，何謂也？子曰：「龍、德而隱者也。不易乎世，不成乎名，遯世无悶，不見是而无悶。樂則行之，憂則違之，確乎其不可拔，潛龍也。」

九二曰：「見龍在田，利見大人」，何謂也？子曰：「龍德而正中者也。庸言之信，庸行之謹，閑邪存其誠，善世而不伐，德博而化。《易》曰：『見龍在田，利見大人』，君德也。」

九三曰：「君子終日乾乾、夕惕若、厲、无咎」。何謂也？子曰：「君子進德脩業，忠信，所以進德也，脩辭立其誠，所以居業也。知至至之，可與幾也，知終終之，可與存義也。是故居上位而不驕，在下位而不憂，故乾乾因其時而惕，雖危无咎矣。」

九四曰：「或躍在淵，无咎。」何謂也？子曰：「上下无常，非為邪也。進退无恆，非離群也。君子進德脩業，欲及時也，故无咎。」

九五曰：「飛龍在天，利見大人」。何謂也？子曰：「同聲相應，同氣相求。水流濕，火就燥，雲從龍，風從虎，聖人作而萬物覩。本乎天者親上，本乎地者親下，則各從其類也。」

上九曰：「亢龍有悔」，何謂也？子曰：「貴而无位，高而无民，賢人在下位而无輔，是以動而有悔也。」

「潛龍勿用」，下也；「見龍在田」，時舍也；「終日乾乾」，行事也；「或躍在淵」，自試也；「飛龍在天」，上治也；「亢龍有悔」、窮之災也。乾元「用九」，天下治也。

「潛龍勿用」，陽氣潛藏。「見龍在田」，天下文明。「終日乾乾」，與時偕行。「或躍在淵」，乾道乃革。「飛龍在天」，乃位乎天德。「亢龍有悔」，與時偕極。乾元「用九」，乃見天則。

《乾》「元」者，始而亨者也。「利貞」者，性情也。乾始能以美利利天下，不言所利，大矣哉！

大哉乾乎！剛健中正，純粹精也。六爻發揮，旁通情也。「時乘六龍」、

以「御天」也，「雲行雨施」、天下平也。君子以成德為行，日可見之行也。「潛」之為言也，隱而未見，行而未成，是以君子「弗用」也。

君子學以聚之，問以辯之，寬以居之，仁以行之。《易》曰「見龍在田、利見大人」，君德也。

九三重剛而不中，上不在天，下不在田，故「乾乾」因其時而「惕」，雖危「无咎」矣。

九四重剛而不中，上不在天，下不在田，中不在人，故「或」之。「或」之者、疑之也，故「无咎」。

夫「大人」者、與天地合其德，與日月合其明，與四時合其序，與鬼神合其吉凶，先天而天弗違，後天而奉天時。天且弗違，而況於人乎？況於鬼神乎？

「亢」之為言也，知進而不知退，知存而不知亡，知得而不知喪。其唯聖人乎！知進退存亡而不失其正者，其唯聖人乎！

B. 坤

《坤》至柔而動也剛，至靜而德方，後得主而有常，含萬物而化光。坤道其順乎，承天而時行。

積善之家，必有餘慶；積不善之家，必有餘殃。臣弒其君，子弒其父，非一朝一夕之故，其所由來者漸矣，由辯之不早辯也。《易》曰「履霜、堅冰至」，蓋言順也。

「直」其正也，「方」其義也。君子敬以直內，義以方外，敬義立而德不孤。「直、方、大、不習无不利」，則不疑其所行也。

陰雖有美「含」之以從王事，弗敢成也。地道也，妻道也，臣道也。地道「无成」而代「有終」也。天地變化，草木蕃。天地閉，賢人隱。《易》曰「括囊、无咎无譽」，蓋言謹也。

君子「黃」中通理，正位居體，美在其中而暢於四支，發於事業，美之至也。

陰疑於陽必「戰」，為其嫌於无陽也，故稱「龍」焉。猶未離其類也，故稱「血」焉。夫「玄黃」者、天地之雜也。天玄而地黃。

九・五 說卦

第一章

昔者聖人之作易也，幽贊於神明而生蓍，參天兩地而倚數，觀變於陰陽而立卦，發揮於剛柔而生爻。和順於道德而理於義，窮理盡性以至於命。

第二章

昔者聖人之作易也，將以順性命之理，是以立天之道曰陰與陽，立地之道曰柔與剛，立人之道曰仁與義，兼三才而兩之，故易六畫而成卦。分陰分陽，迭用柔剛，故易六位而成章。

第三章

天地定位，山澤通氣，雷風相薄，水火不相射，八卦相錯，數往者順，知來者逆，是故易逆數也。

第四章

雷以動之，風以散之，雨以潤之，日以烜之，艮以止之，兌以說之，乾以君之，坤以藏之。

第五章

帝出乎震，齊乎巽，相見乎離，致役乎坤，說言乎兌，戰乎乾，勞乎坎，成言乎艮。

萬物出乎震，震，東方也。齊乎巽，巽，東南也。齊也者，言萬物之絜齊也。離也者，明也。萬物皆相見，南方之卦也。聖人南面而聽天下，嚮明而治，蓋取諸此也。坤也者，地也。萬物皆致養焉，故曰致役乎坤。兌，正秋也，萬物之所說也，故曰說言乎兌。戰乎乾，乾，西北之卦也，言陰陽相薄也。坎者，水也，正北方之卦也，勞卦也，萬物之所歸也，故曰勞乎坎。艮，東北之卦也，萬物之所成終而所成始也，故曰成言乎艮。

第六章

神也者，妙萬物而為言者也。動萬物者莫疾乎雷，撓萬物者莫疾乎風，燥萬物者莫熯乎火，說萬物者莫說乎澤，潤萬物者莫潤乎水，終萬物始萬物者莫盛乎艮。故水火相逮，雷風不相悖，山澤通氣，然後能變化，既成萬物也。

第七章

乾健也，坤順也，震動也，巽入也，坎陷也，離麗也，艮止也，兌說也。

第八章

乾為馬，坤為牛，震為龍，巽為雞，坎為豕，離為雉，艮為狗，兌為羊。

第九章

乾為首，坤為腹，震為足，巽為股，坎為耳，離為目，艮為手，兌為口。

第十章

乾，天也，故稱乎父。坤，地也，故稱乎母。震，一索而得男，故謂之長男。巽，一索而得女，故謂之長女。坎，再索而得男，故謂之中男。離，再索而得女，故謂之中女。艮，三索而得男，故謂之少男。兌，三索而得女，故謂之少女。

第十一章

乾為天，為圜，為君，為父，為玉，為金，為寒，為冰，為大赤，為良馬，為老馬，為瘠馬，為駁馬，為木果。

坤為地，為母，為布，為釜，為吝嗇，為均，為子母牛，為大輿，為文，為眾，為柄，其於地也為黑。

震為雷，為龍，為玄黃，為旉，為大塗，為長子，為決躁，為蒼筤竹，為萑葦。其於馬也，為善鳴，為馵足，為作足，為的顙。其於稼也，為反生。其究為健，為蕃鮮。

巽為木，為風，為長女，為繩直，為工，為白，為長，為高，為進退，為不果，為臭。其於人也，為寡髮，為廣顙，為多白眼，為近利市三倍。其究為躁卦。

坎為水，為溝瀆，為隱伏，為矯輮，為弓輪。其於人也，為加憂，為心病，為耳痛，為血卦，為赤。其於馬也，為美脊，為亟心，為下首，為薄蹄，為曳。其於輿也，為多眚，為通，為月，為盜。其於木也，為堅多心。

離為火，為日，為電，為中女，為甲冑，為戈兵。其於人也，為大腹，為乾卦。為鱉，為蟹，為蠃，為蚌，為龜。其於木也，為科上槁。

艮為山，為徑路，為小石，為門闕，為果蓏，為閽寺，為指，為狗，為鼠，為黔喙之屬。其於木也，為堅多節。

兌為澤，為少女，為巫，為口舌，為毀折，為附決。其於地也，為剛鹵，為妾，為羊。

九‧六　序卦

A. 序卦上篇

有天地，然後萬物生焉，盈天地之間者唯萬物，故受之以屯，屯者盈也，屯者物之始生也。物生必蒙，故受之以蒙，蒙者物之稚也。

物稚不可不養也，故受之以需，需者飲食之道也。飲食必有訟，故受之以訟。訟必有眾起，故受之以師，師者眾也。眾必有所比，故受之以比，比者比也。

比必有所畜，故受之以小畜。物畜然後有禮，故受之以履。履而泰，然後安，故受之以泰，泰者通也。物不可以終通，故受之以否。

物不可以終否，故受之以同人。與人同者物必歸焉，故受之以大有。有大者不可以盈，故受之以謙。有大而能謙必豫，故受之以豫。

豫必有隨，故受之以隨。以喜隨人者必有事，故受之以蠱，蠱者事也。有事而後可大，故受之以臨，臨者大也。物大然後可觀，故受之以觀。

可觀而後有所合，故受之以噬嗑，嗑者合也。物不可以苟合而已，故受之以賁，賁者飾也。至飾然後亨則盡矣，故受之以剝，剝者剝也。物不可以

終盡剝，窮上反下，故受之以復。

復則不妄矣，故受之以无妄。有无妄然後可畜，故受之以大畜。物畜然後可養，故受之以頤，頤者養也。不養則不可動，故受之以大過。

物不可以終過，故受之以坎，坎者陷也。陷必有所麗，故受之以離，離者麗也。

B. 序卦下篇

有天地然後有萬物，有萬物然後有男女，有男女然後有夫婦，有夫婦然後有父子，有父子然後有君臣，有君臣然後有上下，有上下然後禮義有所錯。

男女之道，不能无感也，故受之以咸，咸者感也。夫婦之道，不可以不久也，故受之以恒，恒者久也。

物不可以久居其所，故受之以遯，遯者退也。物不可以終遯，故受之以大壯。物不可以終壯，故受之以晉，晉者進也。進必有所傷，故受之以明夷，夷者傷也。

傷於外者必反其家，故受之以家人。家道窮必乖，故受之以睽，睽者乖也。乖必有難，故受之以蹇，蹇者難也。物不可以終難，故受之以解，解者緩也。

緩必有所失，故受之以損。損而不已必益，故受之以益。益而不已必決，故受之以夬，夬者決也。決必有所遇，故受之以姤，姤者遇也。

物相遇而後聚，故受之以萃，萃者聚也。聚而上者謂之升，故受之以升。升而不已必困，故受之以困。困乎上者必反下，故受之以井。

井道不可不革，故受之以革。革物者莫若鼎，故受之以鼎。主器者莫若長子，故受之以震，震者動也。物不可以終動，止之，故受之以艮，艮者止也。

物不可以終止，故受之以漸，漸者進也。進必有所歸，故受之以歸妹。得其所歸者必大，故受之以豐，豐者大也。窮大者必失其居，故受之以旅。

旅而无所容，故受之以巽，巽者入也。入而後說之，故受之以兌，兌者

說也。說而後散之，故受之以渙，渙者離也。物不可以終離，故受之以節。

節而信之，故受之以中孚。有其信者必行之，故受之以小過。有過物者必濟，故受之以既濟。物不可窮也，故受之以未濟終焉。

C.序卦 遺補

有學者認為〈序卦〉有短缺，且試作補遺：

「上經」開端得補述「有太極然後有乾坤，有乾坤然後天地之位定焉，故受之以乾坤始焉」。而「下經」得在首段「……禮義有所錯。」後，補述「男女之道，不能无感也，故受之以咸。咸者，感也，相感則為夫婦」。如此補述後，〈序卦〉對「上經」與「下經」的開端理由，則可交待得更完整。此可作為一家之說。

九・七　雜卦

乾剛坤柔，比樂師憂，臨觀之義，或與或求。

屯，見而不失其居。蒙雜而著。震，起也。艮，止也。

損益，盛衰之始也。大畜，時也。无妄，災也。萃聚而升不來也，謙輕而豫怠也。

噬嗑，食也。賁，无色也。兌見而巽伏也。隨，无故也。蠱則飭也。剝，爛也。復，反也。晉，晝也。明夷，誅也。

井通而困相遇也。咸，速也。恒，久也。渙，離也。節，止也。解，緩也。蹇，難也。睽，外也。家人，內也。否泰，反其類也。

大壯則止，遯則退也。大有，眾也。同人，親也。革，去故也。鼎，取新也。小過，過也。中孚，信也。豐，多故也。親寡，旅也。

離上而坎下也。小畜，寡也。履，不處也。需，不進也。訟，不親也。大過，顛也。姤，遇也，柔遇剛也。漸，女歸待男行也。頤，養正也。既濟，定也。

　　歸妹，女之終也。未濟，男之窮也。夬，決也，剛決柔也。君子道長，小人道憂也。

附錄一　物理時空的幾何結構

在談「八卦」的「現象表象」前，我們必須了解人類的「宇宙（universe）」，而上下、前後、左右，謂之「宇」，古往今來謂之「宙」。因此，「宇宙」的概念含「位置（position）」和「時刻（instant）」，以及其中的一切「東西（things）」。兩個位置之間的差，稱「距離（distance）」；兩個時刻之間的差，稱「時間（duration, moment, time-interval, time）」。首先來回顧「空間（space）」的一般幾何概念。

附一・一　拓樸結構

在數學上，「空間（space）」是由「點（points）」構成的「序點集（ordered-point set）」，因此，「空間」最重要的幾何結構就是「序（order）」，「序」或「關聯性」，即數學所謂的「拓樸（topology）」。

「序」與「連續（continuity）」是有密切關係的兩個幾何概念。以三維立體空間裏「分立（discrete）」的「格子點（lattice points）」為例：兩個點 A 與 B 的相對上下、前後、左右，決定 A 與 B 的「序」關係。兩個格子點 A 與 B 之間，若沒有其他的格子點，則我們說 A 與 B「連（connected）」在一起。當然，「連續位置空間」在數學上為一個「連續統（continuum）」，而「連續統」指其「基數（cardinal number）」為最小「連續無窮（continuum infinity）」的「無窮集（infinite set）」。「拓樸」在數學裏，可利用「開集（open set）」的空間結構，作嚴格定義，此處不再贅言。

簡單地說，如果將空間當作是個「橡皮塊（rubber lump）」，只要不把它切開、或重新黏貼，我們將它任意擠壓、延展、扭曲、變形，在這些過程間的任何階段，這空間的「拓樸」都會保持不變。換而言之，空間裏各點間的連接關係，就是這空間的「序」或「拓樸」。因此，要描述一個「空間」，在最基本上，要知道它的「序」；在數學上，稱為這空間的「拓樸結構（topology structure）」。「橡皮實球」空間與「橡皮甜甜圈」空間，就有不同的「拓樸」。

附一‧二　可微結構

　　將某「空間」變形或扭曲成另一「空間」，也許以可將「圓形」變成「三角形」。由於圓周線是平滑的，所以沿著圓周線的所有「導數（derivative）」都存在，而沿著三角形邊線，在轉折處，導數不存在。如果在空間變形前後，空間在轉折處的「可微性（differentiability）」改變了，則前後這兩「空間」的「可微性」不同。因此，「可微性」也是「空間」的一種性質。由此可知，要描述一個空間，除了要知道其「拓樸性」，也得說明其「可微結構（differentiable structure）」。

附一‧三　平直結構

　　再其次，要知道在這個「空間」裏，是否存在連接任意兩點但不超出此空間外的「直線（straight line）」。在數學上，這稱為「平直結構（affine structure）」。有些「空間」的序，滿足這項幾何結構，而有些「空間」的序不滿足。例如，在球面上的二維空間，就不具有「平直結構」。

附一‧四　量度結構

　　「空間」變形後，其兩點間的距離有可能改變。因此，任意兩點間的距離，也是「空間」的一種性質。這就是空間的「量度結構（metrical structure）」。

附一‧五　歐空間

　　綜合以上談到的，「空間」的一般性質有

　　　（一）拓樸結構

　　　（二）可微結構

　　　（三）平直結構

　　　（四）量度結構

當然，在數學上，此外還有其他結構。

　　為明確起見，以上提到的「空間結構」，若賦予某些特定的性質，就可定義為數學上的某個「規範空間」，為「空間」的一個範例。一般常見的一個「規範空間」為「歐幾里德空間（Euclidean space）」，簡稱「歐空間」。在日常情況下，我們生存的三維位置空間，就是「三維歐空間」的一個特例。「歐空間」在數學上也有嚴格的定義，由於一般幾何書上都會提到，此處也就不再贅言。

附一‧六　閔空間

　　現在回來談人類所處的宇宙，由「時刻」與「位置」以及「萬物」所組合成的「空間」，到底有什麼結構？ 以目前物理上的認知，我們的「位置空間」，都當作是「歐空間」。只有在探討「相對論（theory of relativity）」的情況下，我們將三維的「宇（position）」，與一維的「宙（time）」，合成四維的「宇宙（position-time）」，在物理上稱為「閔可夫斯基時空（Minkowski space）」，簡稱「閔空間」。這就是中國古籍裏談到的「太虛」。「閔空間」與四維的「歐空間」很相似，但又不同，因此，可稱「閔空間」為「擬歐空間（pseudo-Euclidean space）」，是「非歐空間（non-Euclidean space）」的一種。

附一‧七　宇宙

　　「宇宙」裏充滿「能量（energy）」，「能量」可「凝結（condense）」為可觸摸得到的「物質（material）」，「物質」又可「聚集（bundle）」成大小不一的「天體（heavenly bodies）」，如太空中稀薄的氣體、灰塵、凍塊，以及「地

球」、「月球」、「行星」、「彗星」、「太陽」、…、「黑洞」等等。「天體」又可分為「發光」與「不發光」兩類；所謂「不發光」是指發出的「光」微弱到人類的「肉眼（naked eye）」看不到。「太陽」為「發光」的天體，「地球」、「月球」、「行星」、「黑洞」等屬「不發光」天體，而「月光」主要是「月球」反射的「太陽光」。我們的「太陽」加上環繞它的「行星」，與鄰近範圍的小型「天體」，以及太空裏物質構成的碎塊，總稱為「太陽系（solar system）」。太陽系的範圍非常大，「光」要穿越太陽系，得花上一整年，而「光」走的速率非常非常快，為一秒鐘繞地球七圈半。

　　億萬個像我們這樣的「太陽系」，約 10^{12} 個或兆個，組合成一個「星系（galaxy）」，而我們的「太陽系」所屬的星系，特稱為「銀河系（Milky Way）」。在人類可觀測到的宇宙裏，有億萬個，約 10^{12} 個或兆個，像「銀河系」這樣的「星系」。因此，仰望白晝與黑夜的天空，共有約 10^{24} 個或兆兆個「太陽」，就像一顆小水滴裏有 10^{24} 或兆兆個原子。這個有趣的「類比」巧合，至今沒有人能解釋為什麼！

附一‧八　天圖

　　在夜晚，人類在地球上可觀測到佈滿星星的天空，數千年來變化不大。由於「宇宙」非常非常非常的大，即使每顆發光的「星（star）」運行速度都很快，但「星」與「星」之間的距離非常遙遠，由一顆「星」發出的「光」，至少要數年後才能到達靠得最近的「星」，而「光」的速率是一秒鐘繞「地球」七圈半。因此，「星」與「星」之間的相對距離，數千年來改變不大。

　　天上的「星」「星」又可分為兩大類：(一)有如我們的「太陽（sun）」的「星」，這些全是我們「銀河系」裏會發光的「天體」，每顆這樣的「天體」，往往都會構成自己的「太陽系」。如前所述，我們「銀河系」裏約有一兆個這樣的「太陽系」。其次，(二)有如我們的「銀河系」的「星」，由於距離我們太遙遠，約一兆個「太陽」合起來看，只是天空中的一個小光點，「星」。

　　像「銀河系」的「星」,數萬年來在天上看起來都沒什麼改變位置。假想在遙遠的天上有一個大圓殼,我們稱這個圓殼為「天球」,而在我們「地球」表面形成的圓殼,叫作「地球」。我們將像「銀河系」的「星」,畫在「天球」上的定點位置,就構成了「天圖」,就像在「地球」表面上標定街道、城市、山川、海洋,就構成「地圖」。

　　像「太陽」的「星」,比起像「銀河系」的「星」,由於距離我們比較近很多,因此,在「天圖」上,數千年來會有些微移位。當然在數十年或數百年的時間內,這些移位都小到可以忽略。然而像「銀河系」的「星」,在「天圖」上看起來,變動實在太小,都可當成是固定不動的。因此,我們都稱這些「星星」為「恒星(fixed star)」。

　　總而言之,大體上我們可以將這些「星」「星」,不論是像「太陽系」或更大像「銀河系」的「星」,都畫在「天圖」上,而這樣構成的「天圖」,數千年來,改變不會太大。

附一‧九　時間與位置

　　在中國遠古時期的「時間」概念裏,是以天上「日」與「月」周而復始的運行來計「時」,「日」和「月」就像是「天鐘」的「年針」和「月針」,有如「鐘錶」的「時針」和「分針」。在我們所處的「空間位置」裏,有「上下、前後、左右」的「三維」概念,一個「單卦」有「三爻」,猜想是對應於「三維」位置空間。以天地分「上下」,以日月升降的方位分「東西」。由於「中原」地處北半球,因此以靠近「日月軌跡」的地平線為「南」,而有「坐北朝南」、「天南地北」、「南天門」的說法。更將觀測到的天上星座分為「二十八宿」,左邊東方七宿稱「青(蒼)龍」(以綠色代表),右邊西方七宿稱「白虎」(以白色代表),前面南方七宿稱「朱雀(鳥、鶉)」(以紅色代表),後面北方七宿稱「玄武(龜、龜蛇)」(以黑色代表)。

附一‧十　天干與地支

　　現在來談〝為何中華道統以「天干」與「地支」相配來紀年，而得六十年為一「花甲子」的循環？〞本書提供一個科學解釋：假使「太陽系」相對於「二十八宿」的位置，數千年來，在比例上改變很少，可假設「太陽系」在億萬年內，在「天圖」的比例上為「靜止」。則若以「地球」繞「太陽」一周為一年，特稱為「恆星年」，「木星」繞「太陽」一周約 11.86 年，「土星」繞「太陽」一周約 29.5 年。因此，以「木星」與「土星」相對於「太陽」在「天圖」上某「特定相對位置」相會為起點開始，「木星」繞「太陽」一周約需 12 年，與「月亮」一年約繞「地球」十二周是個巧合現象，此應為「十二地支」循環觀念的由來。此外，約五十九年半後，「地球、木星、土星」回到原來「特定相對位置」。若以最接近的「整數」來計數，以「十天干」配合「十二地支」來紀年最為簡單。

　　換句話說，由「甲子年」到「丙子年」為十二年，再到「戊子年」又十二年，到「庚子年」再十二年，如此，待循環到下一個「甲子年」，正好是五個 12 年，共六十年為一「甲子」。此時「木星、土星」相對位置幾乎回到六十年前，在地球上的視角差僅約 6°，相當於「時鐘」面上的一分鐘，肉眼僅堪可分辨。

　　若由「太陽」的觀點看來，從木星與土星在「天圖」上某特定位置相會開始，木星完成繞「行」太陽五圈，也就是六十年後，木星與土星第三次再度相會，這次大約在「天圖」上的相同特定位置，在視角上僅超前約一分；要經過六十個「甲子」，也就是三千六百年後，才會再重新「大循環」。這天文現象的「六十進位」是個很有趣的巧合，這巧合現象的「道」，就歸結為簡單的「天干地支」！

　　「天干地支」編序是一種「相絞序」，不同於一般「行列序」。「行列序」將兩類「編碼」分別以「行」與「列」稱之，因此，其一為「行號」為「經」，而另一為「列號」為「緯」，經緯垂直交織成一方陣。排序時，不同「行」可

以依「行號」排前後，各「行」之內再依「列號」排前後。

　　「相絞序」，或許與遠古時代製作繩索的工藝有關，其方法是將兩類「編碼」各自循環首尾相接，排列成無限長的兩「股」，再將兩「股」絞成一無限長的繩。繩上每一點各有「兩碼」，相鄰兩點皆不同，如「甲子」與「乙丑」，相鄰且兩碼皆異，甲與乙不同，子與丑不同，極易分辨。

後地支／前天干	子	丑	寅	卯	辰	巳	午	未	申	酉	戌	亥
甲	1		51		41		31		21		11	
乙		2		52		42		32		22		12
丙	13		3		53		43		33		23	
丁		14		4		54		44		34		24
戊	25		15		5		55		45		35	
己		26		16		6		56		46		36
庚	37		27		17		7		57		47	
辛		38		28		18		8		58		48
壬	49		39		29		19		9		59	
癸		50		40		30		20		10		60

附錄二　卦序分析

附二・一　卦序

　　《周易》將六十四重卦「一分為二」，分置於「上經」與「下經」:「上經」
自「乾坤」至「坎離」共三十卦，而「下經」自「咸恒」至「既濟未濟」共三
十四卦。南宋朱熹為此順序編組，寫了一首「卦名次序歌」;

　　上經

　　乾坤屯蒙需訟師，比小畜兮履泰否。
　　同人大有謙豫隨，蠱臨觀兮噬嗑賁。
　　剝復无妄大畜頤，大過坎離三十備。

　　下經

　　咸恆遯兮及大壯，晉與明夷家人睽。
　　蹇解損益夬姤萃，升困井革鼎震繼。
　　艮漸歸妹豐旅巽，兌渙節兮中孚至。
　　小過既濟兼未濟，是為下經三十四。

　　本書將《周易》通行本的「通行卦序（received order of hexagrams）」，解
讀如次:

　　(一)「上經」以表徵「主事」與「成事」的「乾坤」啟始，以表徵「艱
　　　　險」與「附驪」的「坎離」終結;而「下經」以表徵「感應」與
　　　　「持恆」的「咸恒」為前導，以表徵「事終結」而「功未成」的
　　　　「既濟未濟」首尾呼應。這是很樸實方便的排序，更暗喻人類文明
　　　　的傳承有如接力賽，「一棒已盡賽未了」或「壯志未酬身先死」。

　　(二) 在上下經裏，各以「乾」、「咸」為「始卦」，選定「前卦」後，擇

「續卦」的普遍規律可歸納為三條：

(1) 首選「前卦」的「錯卦」，但須滿足「新」與「自綜」兩條
件。

(2) 若首選不得，次選「前卦」的「綜卦」，但須為「新」卦。

(3) 首次選皆不得，則逐選「前卦」的「聯卦」但須為「新」
卦。

(三)「聯卦」指以「因果關係」或「發展進程」，前後關聯的兩
「卦」。而依照《周易》通行本中〈序卦傳〉的說法，此乃依卦
名、卦圖、卦象，以及卦義理來論述的。這種說法雖然樸實簡便，
但尚有甚多牽強及邏輯不一致之處。

六十四重卦的「卦名」、「卦序」以及其表徵事物的原由，從來是千古之
謎。雖然對此的研究，數千年來有些進展，但歷代古聖先賢們皆是「既濟」
而「未濟」。《周易》的神秘面紗，一層裹著一層，撥雲見日的時刻，或許不
易到來。然而，只要六十四重卦遍及一切「現象」，或遍及「事態」各層面及
其進程，而確實沒有遺漏——以現代科學語言來說，就是包括「事態」一切
可能的發展，或達到描述事態的「完備性（completeness）」，既可滿足「預測
學」上的基本要求。

附二・二　伏羲圓鐘

在分析六十四重卦的「卦序」前，首先將「重卦」編個「卦號」，有如學
生的「學號」，以方便之後作「統計學（statistics）」上的處理。最客觀的編號，
是利用「數學」，以「六爻」對應的「二進數」為其「卦號」。由於「卦號」為
一長串 0 與 1，不易分辨，我們另定義其對應的「八進數」為此「重卦」的
「位」，標示其在「伏羲方陣」裏的「位置」；再定義其對應的「十進數」為
此「重卦」的「值」，表示其在「伏羲圓鐘」上「刻度」的值。例如，

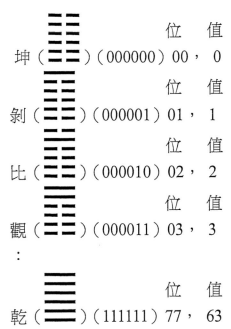

坤（☷）（000000）00， 0

剝（☶）（000001）01， 1

比（☵）（000010）02， 2

觀（☴）（000011）03， 3

：

乾（☰）（111111）77， 63

因此，可依重卦的「值」，作一個「六十四」刻度的鐘面，此即傳統上的「伏羲圓鐘」：

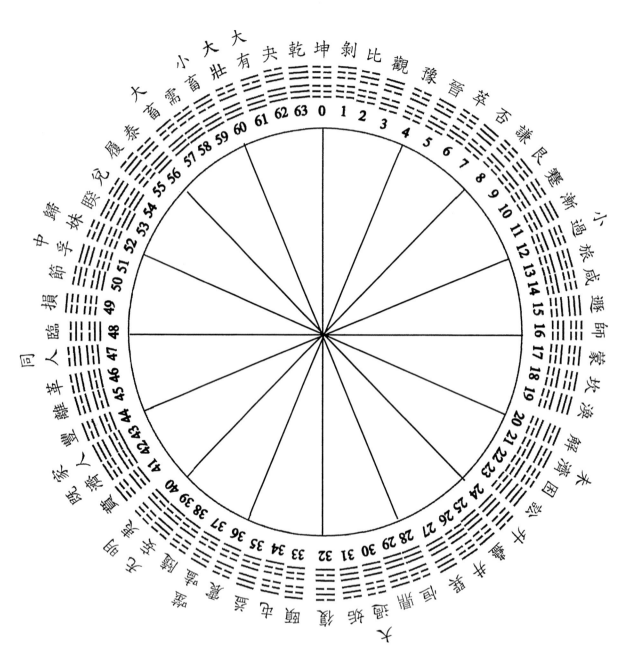

在《周易》的經文裏，將六十四「重卦」依序排列，且分「上經」與「下經」，上經有三十卦，含 29 個前後卦之間的「聯係」，下經有三十四卦，含 33 個「聯係」；因此，共有 62 個「聯係」需說明排序理由。雖《易傳‧序卦》以「因果鏈」的進程來解釋，然而「重卦」的命名，本身就已經不容易說明，因此，似乎有許多牽強附會之處。本文嘗試直接由「卦象」來推敲。

　　在此所謂的「通行卦序」裏，除了於形式上可說明的 8 個「錯變」或「亦錯亦綜」與 25 個「綜變」關係外，未能進一步作適當解釋的「聯係」共有 29 個。這裏將需要解釋的 29 個「聯係」列於下兩表：

名	1乾	2坤	3屯	4蒙	5需	6訟	7師	8比	9小畜	10履	11泰
象											
值	63	00	34	17	58	23	16	02	59	55	56
位	77	00	42	21	72	27	20	02	73	67	72
聯		34		41		57		57		1	

名	11泰	12否	13同人	14大有	15謙	16豫	17隨	18蠱	19臨	20觀	21噬嗑
象											
值	56	7	47	61	8	4	38	25	48	3	37
位	72	07	57	75	10	04	46	31	60	03	45
聯		40		11		34		23		34	

名	21噬嗑	22賁	23剝	24復	25无妄	26大畜	27頤	28大過	29坎	30離
象										
值	37	41	1	32	39	57	33	30	18	45
位	45	51	01	40	47	71	41	36	22	55
聯		24		7		40		52		

名	31咸	32恆	33遯	34大壯	35晉	36明夷	37家人	40解	41損	42益	43夬
象											
值	14	28	15	60	5	40	43	20	49	35	42
位	16	34	17	74	05	50	53	24	61	43	76

（粗體差值）32-33：51　34-35：9　36-37：3　40-41：29　42-43：27

名	43夬	44姤	45萃	46升	47困	48井	49革	50鼎	51震	52艮	53漸
象											
值	62	31	6	24	22	26	46	29	36	9	11
位	76	37	06	30	26	32	56	35	44	11	13

（粗體差值）44-45：39　46-47：62　48-49：20　50-51：7　52-53：2

名	53漸	54歸妹	55豐	56旅	57巽	58兌	59渙	60節	61中孚	62小過	63既濟
象											
值	11	52	44	13	27	54	19	50	51	12	42
位	13	64	54	15	33	66	23	62	63	14	52

（粗體差值）54-55：56　56-57：14　58-59：29　60-61：1　62-63：30

若將六十四「重卦」依「伏羲圓鐘」編排，此上兩表中，粗體數字為兩重卦間「順時」旋向的「差值」，此 29 個「差值」的統計分布如下圖：

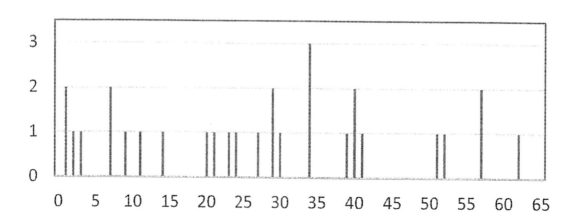

於「通行卦序」裏，此 29 個「聯係」，如果隱含「卦象」間的某種特定規律，似乎無法由此表看出端倪。

附二・三　卦序簡陣

　　前面提到，六十四「重卦」看來稀奇古怪的「卦名」，也許已經難以考證其來由，而其背後代表的含義更是撲朔迷離。在少數情況下，可能顯而易見，但一般說來，古今中外學者皆莫衷一是，留下甚多耐人尋味的疑點。這些只有留待學者專家再去仔細推敲索驥；本文僅在「通行卦序」的基礎上，分析其規律性。

　　依照「通行卦序」，我們如今將六十四重卦「圖象」列為一方陣。為方便分析，以作統計處理，我們將八個「獨卦」與二十八對「互綜卦」，各別視為一個「圖象單元」，再將此三十六個「圖象單元」列為六乘六的正方陣如下，稱之為「卦序簡陣」：

63　1 乾　126　63 乾　63	0　2 坤　0　0 坤　0	34　3 屯　51　17 蒙　4	58　5 需　81　23 訟　6	16　7 師　18　2 比　8	59　9 小畜　114　55 履　10
56　11 泰　63　7 否　12	47　13 同人　108　61 大有　14	8　15 謙　12　4 豫　16	38　17 隨　63　25 蠱　18	48　19 臨　51　3 觀　20	37　21 噬嗑　78　41 賁　22
1　23 剝　33　32 復　24	39　25 无妄　96　57 大畜　26	33　27 頤　66　33 頤	30　28 大過　60　30 大過	18　29 坎　36　18 坎	45　30 離　90　45 離
14　31 咸　42　28 恆　32	15　33 遯　75　60 大壯　34	5　35 晉　45　40 明夷　36	43　37 家人　96　53 暌　38	10　39 蹇　30　20 解　40	49　41 損　84　35 益　42
62　43 夬　93　31 姤　44	6　45 萃　30　24 升　46	22　47 困　48　26 井　48	46　49 革　75　29 鼎　50	36　51 震　45　9 艮　52	11　53 漸　63　52 歸妹　54
44　55 豐　57　13 旅　56	27　57 巽　81　54 兌　58	19　59 渙　69　50 節　60	51　61 中孚　102　51 中孚	12　62 小過　24　12 小過	42　63 既濟　63　21 未濟　64

　　現說明上圖裏數字的含義如次：將此「圖象方陣」正立，可標上 36 個「卦名」，再將其倒立，亦可標上 36 個「卦名」；總共得 72 個「卦名」。由於其中有八個「圖象單元」，「正立」與「倒立」為同一圖象，因此共得 64 個不同圖象，也就是 64 個不同「卦名」。

　　每一「重卦」對應一個「十進數」，稱為此「重卦」的「值」，將正倒兩卦的「值」相加，得此「圖象單元」的「總值」。例如，

乾（正看）
乾（倒看）

將「乾」圖象右傾橫置，

乾＝｜｜｜｜｜｜

　＝111111　　＝　63

　　號(二進數)　值(十進數)

因為將正倒兩個卦的「值」相加，所以

　　總值＝63＋63＝126

另例如，

同人（正看）
大有（倒看）

將「同人」與「大有」圖象皆右傾橫置，

同人＝｜｜｜｜｜｜　＝　101111　＝　47

大有＝｜｜｜｜｜｜　＝　111101　＝　61

　　總值＝47＋61＝108

由以上兩例，得兩「圖象單元」的標示：

47　13　同人	63　1　乾
108	126
61　14　大有	63　乾

注意，「圖象單元」是「二維旋轉對稱」的：

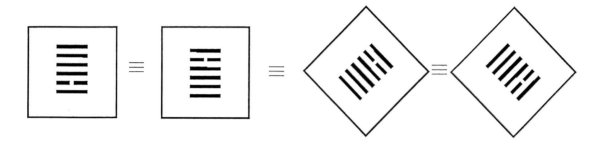

若將此「卦序簡陣」，僅標示各單元「總值」得如下「方陣」：

126	0	51	81	18	114
63	108	12	63	51	78
33	96	66	60	36	90
42	75	45	96	30	84
93	30	48	75	45	63
57	81	69	102	24	63

有趣的是，若將此「卦序簡陣」，依下述所劃對稱粗線，分割兩區，每區的「值」總和皆各得 1134，而全部「值」總和為 2268。如此的「對稱平分」總共有 12 種，以下僅列舉四例。

(1)

126	0	51	81	18	114
63	108	12	63	51	78
33	96	66	60	36	90
42	75	45	96	30	84
93	30	48	75	45	63
57	81	69	102	24	63

(2)

126	0	51	81	18	114
63	108	12	63	51	78
33	96	66	60	36	90
42	75	45	96	30	84
93	30	48	75	45	63
57	81	69	102	24	63

(3)

126	0	51	81	18	114
63	108	12	63	51	78
33	96	66	60	36	90
42	75	45	96	30	84
93	30	48	75	45	63
57	81	69	102	24	63

(4)

126	0	51	81	18	114
63	108	12	63	51	78
33	96	66	60	36	90
42	75	45	96	30	84
93	30	48	75	45	63
57	81	69	102	24	63

因此，「通行卦序」的編排，或許有統計上的某種對稱性。

附二‧四　卦序陣

　　為了進一步探討「通行卦序」的編排原則，將 64「重卦」由左到右，由上而下，依「通行卦序」一「重卦」一單元，排成「卦序陣」如次：

1 HH 63 **77** 乾 $_6^5 A_7^8$	2 EE 00 **00** 坤 $_2^1 A_3^4$	3 TW 34 **42** 屯 G^4	4 WM 17 **21** 蒙 $_2 G$	5 HW 58 **72** 需 $_5 P^8$	6 WH 23 **27** 訟 $_6 P_7$	7 WE 16 **20** 師 $_2 I_3$	8 EW 02 **02** 比 $_1 I^4$
9 HS 59 **73** 小畜 J^8	10 LH 55 **67** 履 $_6 J$	11 HE 56 **70** 泰 $_2^5 X_3^8$	12 EH 07 **07** 否 $_6^1 X_7^4$	13 FH 47 **57** 同人 $_6 I_7$	14 HF 61 **75** 大有 $_5 I^8$	15 ME 08 **10** 謙 $_2 J$	16 ET 04 **04** 豫 J^4
17 TL 38 **46** 隨 $_6 M^4$	18 SM 25 **31** 蠱 $_2 M^8$	19 LE 48 **60** 臨 $_2 Q$	20 ES 03 **03** 觀 Q^4	21 TF 37 **45** 噬嗑 N^4	22 FM 41 **51** 賁 $_2 N$	23 EM 01 **01** 剝 $_1 J$	24 TE 32 **40** 復 J_3
25 TH 39 **47** 无妄 Q_7	26 HM 57 **71** 大畜 $_5 Q$	27 TM 33 **41** 頤 $_2 F^4$	28 SL 30 **36** 大過 $_6 F^8$	29 WW 18 **22** 坎 $_2^1 C_3^4$	30 FF 45 **55** 離 $_6^5 C_7^8$	31 ML 14 **16** 咸 $_6^1 Y$	32 ST 28 **34** 恒 Y_3^8
33 MH 15 **17** 遯 $_6 Q$	34 HT 60 **74** 大壯 Q^8	35 EF 05 **05** 晉 $_1 P^4$	36 FE 40 **50** 明夷 $_2 P_3$	37 FS 43 **53** 家人 G_7	38 LF 53 **65** 睽 $_5 G$	39 MW 10 **12** 蹇 $_1 G$	40 WT 20 **24** 解 G_3
41 LM 49 **61** 損 $_2^5 Y$	42 TS 35 **43** 益 Y_7^4	43 HL 62 **76** 夬 $_5 J$	44 SH 31 **37** 姤 J_7	45 EL 06 **06** 萃 $_1 Q$	46 SE 24 **30** 升 Q_3	47 WL 22 **26** 困 $_6 N$	48 SW 26 **32** 井 N^8
49 FL 46 **56** 革 $_6 G$	50 SF 29 **35** 鼎 G^8	51 TT 36 **44** 震 B_3^4	52 MM 09 **11** 艮 $_2^1 B$	53 MS 11 **13** 漸 $_1 M_7$	54 LT 52 **64** 歸妹 $_5 M_3$	55 FT 44 **54** 豐 N_3	56 MF 13 **15** 旅 $_1 N$
57 SS 27 **33** 巽 B_7^8	58 LL 54 **66** 兌 $_6^5 B$	59 WS 19 **23** 渙 N_7	60 LW 50 **62** 節 $_5 N$	61 LS 51 **63** 中孚 $_5 F_7$	62 MT 12 **14** 小過 $_1 F_3$	63 FW 42 **52** 既濟 $_2^5 Z_3^8$	64 WF 21 **25** 未濟 $_6^1 Z_7^4$

「卦序陣」裏各「重卦圖」，詳細解說如下：

單卦名	坤	艮	坎	巽	震	離	兌	乾
卦象	☷	☶	☵	☴	☳	☲	☱	☰
號	000	001	010	011	100	101	110	111
位	0	1	2	3	4	5	6	7

「重卦」的數列：初(下)卦左，末(上)卦右，範例如次。

序	名	象		號 (二進數)	位 (八進數)	值 (十進數)
		文	爻			
1	乾	HH	䷀	111111	77	63
7	師	WE	䷆	010000	20	16
50	鼎	SF	䷱	011101	35	29

若僅列重卦的「值」，則得「卦序陣」的「值陣」：

63	00	34	17	58	23	16	02
59	55	56	07	47	61	08	04
38	25	48	03	37	41	01	32
39	57	33	30	18	45	14	28
15	60	05	40	43	53	10	20
49	35	62	31	06	24	22	26
46	29	36	09	11	52	44	13
27	54	19	50	51	12	42	21

為初步了解此「值陣」數值的「統計分佈」，我們分作簡單的「$m \times n$ 矩陣 ($m \times n$ matrix)」分析，而 m 與 n 分別為 1、2、4、8；因此，共有 $4 \times 4 = 16$ 個不同區分的「$m \times n$ 矩陣」，我們以 16 個「分區值陣」表達如次。

2016	999
	1017

1131	885

564	435
567	450

651	480	582	303

336	228	330	105
315	252	252	198

336	315	293	187	271	311	157	146

199	137	171	57	160	170	39	66
137	178	122	130	111	141	118	80

510
489
501
516

213
297
225
264
246
255
240
276

291	219
273	216
297	204
270	246

114	99
177	120
114	111
159	105
120	126
177	78
120	120
150	126

177	114	189	30
159	114	141	75
159	138	126	78
156	114	126	120

63	51	81	18
114	63	108	12
63	51	78	33
96	63	63	42
75	45	96	30
84	93	30	48
75	45	63	57
81	69	63	63

122	55	90	24	105	84	24	6
77	82	81	33	55	86	15	60
64	95	67	71	49	77	32	46
73	83	55	59	62	64	86	34

63	00	34	17	58	23	16	02
59	55	56	07	47	61	08	04
38	25	48	03	37	41	01	32
39	57	33	30	18	45	14	28
15	60	05	40	43	53	10	20
49	35	62	31	06	24	22	26
46	29	36	09	11	52	44	13
27	54	19	50	51	12	42	21

附二・五　值陣對稱平分

由於是「一重卦一單元」，將數值「對稱」地平分兩區域的可能性更多。

先前學者已有如下的六種「對稱平分」：

(1)

63	00	34	17	58	23	16	02
59	55	56	07	47	61	08	04
38	25	48	03	37	41	01	32
39	57	33	30	18	45	14	28
15	60	05	40	43	53	10	20
49	35	62	31	06	24	22	26
46	29	36	09	11	52	44	13
27	54	19	50	51	12	42	21

(2)

63	00	34	17	58	23	16	02
59	55	56	07	47	61	08	04
38	25	48	03	37	41	01	32
39	57	33	30	18	45	14	28
15	60	05	40	43	53	10	20
49	35	62	31	06	24	22	26
46	29	36	09	11	52	44	13
27	54	19	50	51	12	42	21

(3)

63	00	34	17	58	23	16	02
59	55	56	07	47	61	08	04
38	25	48	03	37	41	01	32
39	57	33	30	18	45	14	28
15	60	05	40	43	53	10	20
49	35	62	31	06	24	22	26
46	29	36	09	11	52	44	13
27	54	19	50	51	12	42	21

(4)

63	00	34	17	58	23	16	02
59	55	56	07	47	61	08	04
38	25	48	03	37	41	01	32
39	57	33	30	18	45	14	28
15	60	05	40	43	53	10	20
49	35	62	31	06	24	22	26
46	29	36	09	11	52	44	13
27	54	19	50	51	12	42	21

(5)

63	00	34	17	58	23	16	02
59	55	56	07	47	61	08	04
38	25	48	03	37	41	01	32
39	57	33	30	18	45	14	28
15	60	05	40	43	53	10	20
49	35	62	31	06	24	22	26
46	29	36	09	11	52	44	13
27	54	19	50	51	12	42	21

(6)

63	00	34	17	58	23	16	02
59	55	56	07	47	61	08	04
38	25	48	03	37	41	01	32
39	57	33	30	18	45	14	28
15	60	05	40	43	53	10	20
49	35	62	31	06	24	22	26
46	29	36	09	11	52	44	13
27	54	19	50	51	12	42	21

本書再提供另八種「對稱平分」：

(7)

63	00	34	17	58	23	16	02
59	55	56	07	47	61	08	04
38	25	48	03	37	41	01	32
39	57	33	30	18	45	14	28
15	60	05	40	43	53	10	20
49	35	62	31	06	24	22	26
46	29	36	09	11	52	44	13
27	54	19	50	51	12	42	21

(8)

63	00	34	17	58	23	16	02
59	55	56	07	47	61	08	04
38	25	48	03	37	41	01	32
39	57	33	30	18	45	14	28
15	60	05	40	43	53	10	20
49	35	62	31	06	24	22	26
46	29	36	09	11	52	44	13
27	54	19	50	51	12	42	21

(9)

63	00	34	17	58	23	16	02
59	55	56	07	47	61	08	04
38	25	48	03	37	41	01	32
39	57	33	30	18	45	14	28
15	60	05	40	43	53	10	20
49	35	62	31	06	24	22	26
46	29	36	09	11	52	44	13
27	54	19	50	51	12	42	21

(10)

63	00	34	17	58	23	16	02
59	55	56	07	47	61	08	04
38	25	48	03	37	41	01	32
39	57	33	30	18	45	14	28
15	60	05	40	43	53	10	20
49	35	62	31	06	24	22	26
46	29	36	09	11	52	44	13
27	54	19	50	51	12	42	21

(11)

63	00	34	17	58	23	16	02
59	55	56	07	47	61	08	04
38	25	48	03	37	41	01	32
39	57	33	30	18	45	14	28
15	60	05	40	43	53	10	20
49	35	62	31	06	24	22	26
46	29	36	09	11	52	44	13
27	54	19	50	51	12	42	21

(12)

63	00	34	17	58	23	16	02
59	55	56	07	47	61	08	04
38	25	48	03	37	41	01	32
39	57	33	30	18	45	14	28
15	60	05	40	43	53	10	20
49	35	62	31	06	24	22	26
46	29	36	09	11	52	44	13
27	54	19	50	51	12	42	21

(13)

63	00	34	17	58	23	16	02
59	55	56	07	47	61	08	04
38	25	48	03	37	41	01	32
39	57	33	30	18	45	14	28
15	60	05	40	43	53	10	20
49	35	62	31	06	24	22	26
46	29	36	09	11	52	44	13
27	54	19	50	51	12	42	21

(14)

63	00	34	17	58	23	16	02
59	55	56	07	47	61	08	04
38	25	48	03	37	41	01	32
39	57	33	30	18	45	14	28
15	60	05	40	43	53	10	20
49	35	62	31	06	24	22	26
46	29	36	09	11	52	44	13
27	54	19	50	51	12	42	21

　　如此的「對稱平分」總共有一千兩百四十三（1243）種，以上僅列舉 14
例。

附錄三　重卦胺基酸表象

附三・一　　動物胺基酸

地球上有「生命（life）」的東西，稱為「生物（biology）」，可分為三類，或稱「三界（three kingdoms）」：「動物（Animalia）」、「植物（Plantae）」、「原物（Protista）」。地球上生物的特徵就是含「胺基酸（amino acid）」，目前在「生物」裏發現的「胺基酸」有一百多種，但「動物」含的「胺基酸」只有二十種。這「二十」與〈第六・六節〉與〈第六・七節〉裏提到的「二十卦」應非巧合，是該有更深層的意義，例如，這「二十卦」通過簡單的「逆變」與「伴變」，可得到全部六十四個不同的「重卦」。現先將「動物」體內的二十種「胺基酸」列於下表：

<table>
<tr><th colspan="6">動物胺基酸表</th></tr>
<tr><td>胺基酸</td><td colspan="2">簡稱</td><td>胺基酸</td><td colspan="2">簡稱</td></tr>
<tr><td>Alanine</td><td>ala</td><td>A</td><td>Leucine</td><td>leu</td><td>L</td></tr>
<tr><td>Arginine</td><td>arg</td><td>R</td><td>Lysine</td><td>lys</td><td>K</td></tr>
<tr><td>Asparagine</td><td>asn</td><td>N</td><td>Methionine</td><td>met</td><td>M</td></tr>
<tr><td>Aspartic Acid</td><td>asp</td><td>D</td><td>Phenylalanine</td><td>phe</td><td>F</td></tr>
<tr><td>Cysteine</td><td>cys</td><td>C</td><td>Proline</td><td>pro</td><td>P</td></tr>
<tr><td>Glutamic Acid</td><td>glu</td><td>E</td><td>Serine</td><td>ser</td><td>S</td></tr>
<tr><td>Glutamine</td><td>gln</td><td>Q</td><td>Threonine</td><td>thr</td><td>T</td></tr>
<tr><td>Glycine</td><td>gly</td><td>G</td><td>Tryptophan</td><td>trp</td><td>W</td></tr>
<tr><td>Histidine</td><td>his</td><td>H</td><td>Tyrosine</td><td>tyr</td><td>Y</td></tr>
<tr><td>Isoleucine</td><td>ile</td><td>I</td><td>Valine</td><td>val</td><td>V</td></tr>
</table>

附三‧二　基因密碼

　　地球上一切「生物」的繁衍，都依循同樣的「基因密碼（genetic code）」。其中最簡單的單元叫「核酸基（nucleotide base）」，有 U、C、A、G 四種，我們姑且稱其為「文（letter）」。在「華語」裏，由一個或數個「文（letter，部首或邊傍或字母）」，可組合成一個「字（root 或 prefix 或 suffix）」，一個或數個「字」可組合成一個「詞（word）」。由一個或數個「詞」可更組合成「句（sentence）」或「成語（idiom 或 phrase 或 story）」，而「句」可表達單一完整的「意思（idea）」。在「英語」裏，通常沒有明顯的成「字」過程，而直接由 ABC 字母組合成「詞」。

　　在「基因語（genetic language）」裏，四個「文」U、C、A、G 中任選三個可構成「詞」，而一串「詞」可構成一個「句」。在「生物學」裏，「詞」叫做「碼（codon）」，「句」叫做「基因（gene）」。

附三‧三　遺傳密碼表

　　由於三個「文」構成一個「碼」，而每個「文」皆可有｛U、C、A、G｝四種不同的選擇，因此，4×4×4＝64，共有六十四「碼」，而每一「碼」可對應於一種「胺基酸」。我們將此六十四碼組合製作為「遺傳密碼表」，這正好就是此前提到的「伏羲方陣」：

遺傳密碼表（逆讀方向 z / x y）。各格內容為：卦名＋卦序（序號）/ 密碼子 二進碼 / 胺基酸標記 / x y z（四進）· 八進碼。

z＼x y	行7 G	行6 A	行5 C	行4 U	行3 G	行2 A	行1 C	行0 U
列0 / U	否 12 (7) UCG 000111 $^1_6X^4_7$ S 0 1 3 · 07	萃 45 (6) UCA 000110 ^1Q S 0 1 2 · 06	晉 35 (5) UCC 000101 $^1P^4$ S 0 1 1 · 05	豫 16 (4) UCU 000100 J^1 S 0 1 0 · 04	觀 20 (3) UUG 000011 Q^4 L 0 0 3 · 03	比 8 (2) UUA 000010 $^1T^4$ L 0 0 2 · 02	剝 23 (1) UUC 000001 ^1J F 0 0 1 · 01	坤 2 (0) UUU 000000 $^1_2A^4_3$ F 0 0 0 · 00
列1 / U	遯 33 (15) UGG 001111 $_6Q$ W 0 3 3 · 17	咸 31 (14) UGA 001110 ^1Y Z 0 3 2 · 16	旅 56 (13) UGC 001101 ^1N C 0 3 1 · 15	小過 62 (12) UGU 001100 $^1F^3$ C 0 3 0 · 14	漸 53 (11) UAG 001011 $^1M^7$ Z 0 2 3 · 13	蹇 39 (10) UAA 001010 ^1G Z 0 2 2 · 12	艮 52 (9) UAC 001001 ^2B Y 0 2 1 · 11	謙 15 (8) UAU 001000 ^1I Y 0 2 0 · 10
列2 / C	訟 6 (23) CCG 010111 $_6P^7$ P 1 1 3 · 27	困 47 (22) CCA 010110 $_6N$ P 1 1 2 · 26	未濟 64 (21) CCC 010101 $^1Z^7$ P 1 1 1 · 25	恆 32 (20) CCU 010100 G^3 P 1 1 0 · 24	巽 57 (19) CUG 010011 N^7 L 1 0 3 · 23	坎 29 (18) CUA 010010 $^2C^4_3$ L 1 0 2 · 22	蠱 18 (17) CUC 010001 ^2G L 1 0 1 · 21	師 7 (16) CUU 010000 $^2_1I^3_3$ L 1 0 0 · 20
列3 / C	姤 44 (31) CGG 011111 J_7 R 1 3 3 · 37	大過 28 (30) CGA 011110 $_6F^8$ R 1 3 2 · 36	鼎 50 (29) CGC 011101 G^8 R 1 3 1 · 35	益 42 (28) CGU 011100 Y^8_3 R 1 3 0 · 34	解 40 (27) CAG 011011 B^7 Q 1 2 3 · 33	井 48 (26) CAA 011010 N^8 Q 1 2 2 · 32	蒙 4 (25) CAC 011001 $^2M^8$ H 1 2 1 · 31	升 46 (24) CAU 011000 Q_3 H 1 2 0 · 30
列4 / A	无妄 25 (39) ACG 100111 Q_7 T 2 1 3 · 47	隨 17 (38) ACA 100110 $_6M^4$ T 2 1 2 · 46	噬嗑 21 (37) ACC 100101 N^4 T 2 1 1 · 45	震 51 (36) ACU 100100 B^4_3 T 2 1 0 · 44	家人 37 (35) AUG 100011 Y^7 M 2 0 3 · 43	屯 3 (34) AUA 100010 G^4 I 2 0 2 · 42	頤 27 (33) AUC 100001 $^2F^4$ I 2 0 1 · 41	復 24 (32) AUU 100000 J_3 I 2 0 0 · 40
列5 / A	同人 13 (47) AGG 101111 $_6L^7$ R 2 3 3 · 57	革 49 (46) AGA 101110 $_6G$ R 2 3 2 · 56	離 30 (45) AGC 101101 $^5C^8$ S 2 3 1 · 55	豐 55 (44) AGU 101100 N_3 S 2 3 0 · 54	渙 59 (43) AAG 101011 G^7 K 2 2 3 · 53	既濟 63 (42) AAA 101010 $^5Z^8_3$ K 2 2 2 · 52	賁 22 (41) AAC 101001 ^2N N 2 2 1 · 51	明夷 36 (40) AAU 101000 $^2P_3$ N 2 2 0 · 50
列6 / G	履 10 (55) GCG 110111 $_6J$ A 3 1 3 · 67	兌 58 (54) GCA 110110 ^5B A 3 1 2 · 66	睽 38 (53) GCC 110101 ^5G A 3 1 1 · 65	歸妹 54 (52) GCU 110100 $^5M_3$ A 3 1 0 · 64	中孚 61 (51) GUG 110011 J^7 V 3 0 3 · 63	節 60 (50) GUA 110010 ^5N V 3 0 2 · 62	損 41 (49) GUC 110001 ^5Y V 3 0 1 · 61	臨 19 (48) GUU 110000 ^2Q V 3 0 0 · 60
列7 / G	乾 1 (63) GGG 111111 $^5_6A^8_7$ G 3 3 3 · 77	夬 43 (62) GGA 111110 ^5J G 3 3 2 · 76	大有 14 (61) GGC 111101 $^5I^8$ G 3 3 1 · 75	大壯 34 (60) GGU 111100 Q^8 G 3 3 0 · 74	小畜 9 (59) GAG 111011 J^8 E 3 2 3 · 73	需 5 (58) GAA 111010 $^5P^8$ E 3 2 2 · 72	大畜 26 (57) GAC 111001 ^5Q D 3 2 1 · 71	泰 11 (56) GAU 111000 $^5X^3_3$ D 3 2 0 · 70

此表的對應規則為：

文	U	C	A	G
爻	⚏	⚎	⚍	⚌
數	0	1	2	3

在上述「遺傳密碼表」裏，每「碼」由左讀到右，由下往上建構，如

$$
\begin{array}{c}
\text{C} \\
\text{UAC} \quad = \quad \text{A} \quad = \quad \text{☶} \quad = \quad 艮 \quad = \quad 碼名 \quad = \quad 卦名 \\
\text{U}
\end{array}
$$

$$= \quad 0\,2\,1\,（四進數） \qquad = \quad 碼位 \quad =卦值$$

$$= \quad 1\,1\,（八進數） \qquad = \quad 卦位 \quad =卦值$$

$$= \quad 9\,（十進數） \qquad = \quad 卦值$$

若將「卦值」以「四進數」表達，就正好是「基因魔方（codon cube 或 Gene Magic Cube）」裏，「碼」的「幾何座標」$(x, y, z) = 0\,2\,1$，可稱為「碼位」。在表中，「卦名」右下標的數字，為另有定義的「卦序」。各「卦圖」的解說如下例：

卦名 卦序	泰 11	56	卦值 (十進數)
基因碼	GAU	$_2^5 X_3^8$	綱目名
卦號 (二進數)	111000	D	胺基酸
碼位 (四進數)	3 2 0	7 0	卦位 (八進數)
	x y z	列行	

注意，此解說中，「卦值」扮演「變色龍」──「易」的角色。「泰卦」的「卦值」為「十進數」56，但也可用二四八進數表達：

$$56\,(十進數) \;=\; 111000\,(二進數) \;=\; 320\,(四進數) \;=\; 70\,(八進數)$$

$$\quad 卦值 \qquad\qquad 卦號 \qquad\qquad\qquad 碼位 \qquad\qquad\qquad 卦位$$

因此，「卦值」56 身兼四職(卦值、卦號、碼位、卦位)。此外，同一種「胺基酸」可由數個不同「基因碼」標定，在多數情況下，重卦「基因碼」的前兩個「文」已可決定對應的「胺基酸」；這是否意味著，「基因碼」第三「文」的原始功能已經退化了呢？另外還有標示「終止」架構「胺基酸串」的「基因碼」(UAA, UAG, UGA) ，以 Z 簡示。

　　這裏再附加說明：「生物」體內各式各樣的「蛋白質」，其最基本的結構就是「胺基酸串（chain of amino acids）」。以「纖維」或「繩」來「類比」作「胺基酸串」，最初的「結繩記事」、「繅絲製綢」，到後來的「結網」、「縫衣」、…「花邊」、「百褶裙」…、「雙螺旋結構」、「碳纖維管」、…、甚至有如「百轉迴腸」、看似「一團亂麻」的「成品」，就是 RNA 製作出的最終成品「蛋白質」。由此也可見「蛋白質」的結構，是很難以「三言兩語」描述清楚的。

附三・四　基因魔方

　　利用「基因碼位」為座標(x, y, z)，我們可以架構重卦的「胺基酸表象」，或稱「基因魔方」，如次兩圖。

（一）基因魔方右半：

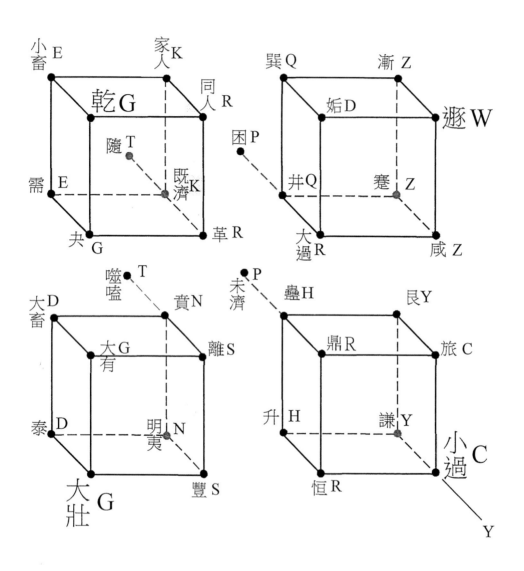

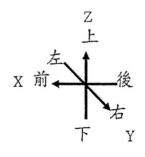

（二）基因魔方左半：

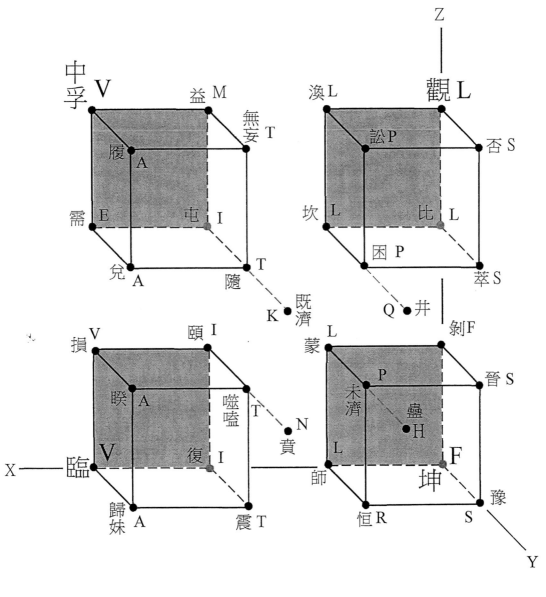

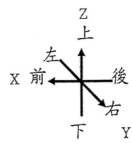

(三) 基因魔方也可分上下四層標示如下。

表層：　　左

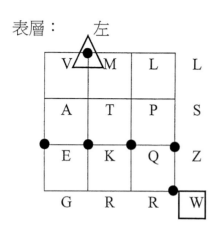

右

中下層：

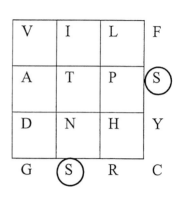

中上層：　左

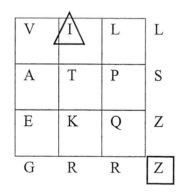

底層：　　右

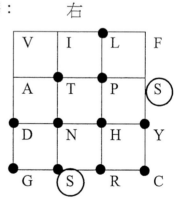

說明：(1)「表層」與「中上層」相似；除了標示「三角框」△與「正
　　　　　方框」□的(M, I)與(W, Z)外，其餘皆相同。

　　　(2)「中下層」與「底層」完全相同；且 S 重複兩次。

　　　(3) 標示為「節點」的為二十種不同「胺基酸」及「終止符」
　　　　　Z。

(四) 利用市售的 3x3x3 或 4x4x4「魔方（Magic Cube）」，可以改標成「基
　　　因魔方」來把玩。

附錄四　宮卦對稱方陣

附四‧一　逆伴陣

　　為方便討論第六章介紹的「宮卦陣」的對稱性，我們僅列其「綱目名」於如下簡表：

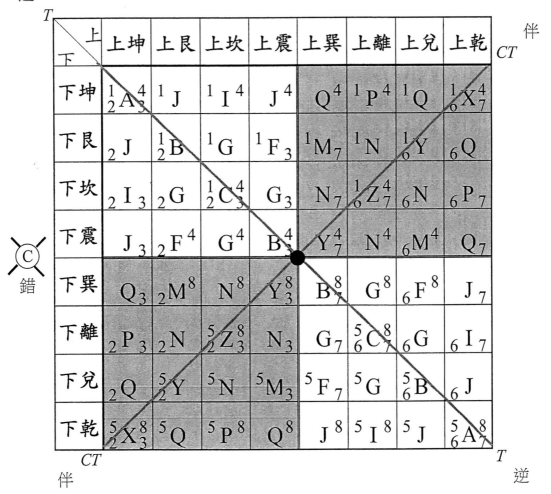

　　由「綱目」之間的對稱性得知，此陣含「逆」與「伴」兩個「稱軸（symmetry axes）」，以及「錯」一個「稱心（symmetry center）」。因此，「宮卦陣」又稱為

「逆伴陣」。此外，八「豎行（column）」依序為「八上宮」：上坤宮、上艮宮、上坎宮、上震宮、上巽宮、上離宮、上兌宮、上乾宮；而八「橫列（row）」依序為「八下宮」：下坤宮、下艮宮、下坎宮、下震宮、下巽宮、下離宮、下兌宮、下乾宮。這在前面的章節裏皆有提到。至於如何記憶何為「行」何為「列」？ 由「行列」的華語發音「嘴型」，即可分辨！由英語發音「嘴型」，也可勉強分辨！

附四・二　綜反陣

若將上節「宮卦陣」的「上艮宮」與「上震宮」對調，以及將「上巽宮」與「上兌宮」也對調，則得「異宮陣」。我們將此陣以「綱目名」展示如次。

由「綱目對稱」可知，此陣含「綜」與「反」兩個稱軸，以及「錯」一個稱心。因此，我們又稱此「異宮陣」為「綜反陣」：

坤	豫	比	剝	萃	晉	觀	否
謙	小過	蹇	艮	咸	旅	漸	遯
師	解	坎	蒙	困	未濟	渙	訟
復	震	屯	頤	隨	噬嗑	益	無妄
升	恆	井	蠱	大過	鼎	巽	姤
明夷	豐	既濟	賁	革	離	家人	同人
臨	歸妹	節	損	兌	睽	中孚	履
泰	大壯	需	大畜	夬	大有	小畜	乾

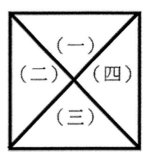

配上各重卦的「卦圖」，再標示「上宮」與「下宮」，則得下圖。

下宮＼上宮	坤	震	坎	艮	兌	離	巽	乾
坤	2 坤	16 豫	8 比	23 剝	45 萃	35 晉	20 觀	12 否
艮	15 謙	62 小過	39 蹇	52 艮	31 咸	56 旅	53 漸	33 遯
坎	7 師	40 解	29 坎	4 蒙	47 困	64 未濟	59 渙	6 訟
震	24 復	51 震	3 屯	27 頤	17 隨	21 噬嗑	42 益	25 無妄
巽	46 升	32 恆	48 井	18 蠱	28 大過	50 鼎	57 巽	44 姤
離	36 明夷	55 豐	63 既濟	22 賁	49 革	30 離	37 家人	13 同人
兌	19 臨	54 歸妹	60 節	41 損	58 兌	38 睽	61 中孚	10 履
乾	11 泰	34 大壯	5 需	26 大畜	43 夬	14 大有	9 小畜	1 乾
上宮＼下宮	坤	震	坎	艮	兌	離	巽	乾

　　請特別注意，將先前「逆伴陣」裏「上艮宮」與「上震宮」對調，以及「上巽宮」與「上兌宮」對調，即得此處的「綜反陣」：

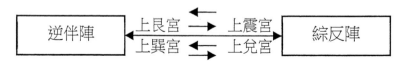

換句話說，「綜反陣」的「上宮」與「下宮」順序如下表：

	三陰	二陰一陽	一陰二陽	三陽
上宮	坤	震坎艮	兌離巽	乾
下宮	坤	艮坎震	巽離兌	乾

　　有如前「逆伴陣」，在「綜反陣」裡也可將六十四重卦分成四個區。若以 A 代表區（一）中的某卦，則區（二）、（三）、（四）裡，相應的卦分別為 { $\underline{A}$ 、 A^{*} 、 A^{-} }。這四個重卦之間關係為：

$$\underline{A}=綜（A）\quad A=綜（\underline{A}）\quad A^{-}=綜（A^{*}）\quad A^{*}=綜（A^{-}）$$

$$A^{*}=錯（A）\quad A^{-}=錯（\underline{A}）\quad A=錯（A^{*}）\quad \underline{A}=錯（A^{-}）$$

$$A^{-}=反（A）\quad A^{*}=反（\underline{A}）\quad \underline{A}=反（A^{*}）\quad A=反（A^{-}）$$

或改排列為：

$$\underline{A}=綜（A）\qquad A^{*}=錯（A）\qquad A^{-}=反（A）$$

$$A=綜（\underline{A}）\qquad A^{-}=錯（\underline{A}）\qquad A^{*}=反（\underline{A}）$$

$$A^{-}=綜（A^{*}）\qquad A=錯（A^{*}）\qquad \underline{A}=反（A^{*}）$$

$$A^{*}=綜（A^{-}）\qquad \underline{A}=錯（A^{-}）\qquad A=反（A^{-}）$$

這對應關係可利用下圖表示：

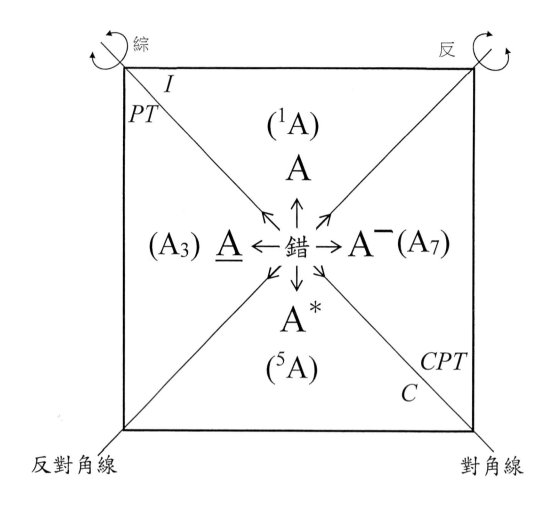

在「綜反陣」裡，重卦間的關係為：

（1）對角線兩邊，卦互「綜」。

（2）對角線上，卦「自綜」。

（3）反對角線兩邊，卦互「反」。

（4）反對角線上，卦「自反」。

（5）相對中心，卦互「錯」。

附錄五　雜卦對稱方陣

附五・一　綱目對稱性

為了介紹其他式樣的「重卦對稱陣」，我們將先前提到的「綱目對稱」，以重卦的「字母名」綜合如次。

變	本	逆	綜	倒	錯	伴	反	鏡
符	I	T	PT	P	C	CT	CPT	CP
卦名	A	$\tilde{A}$	$\underline{A}$	A'	A^*	$A^\dagger$	A^-	A^+
卦號	A_1	A_2	A_3	A_4	A_5	A_6	A_7	A_8
立體卦號	^1A	$_2A$	A_3	A^4	^5A	$_6A$	A_7	A^8

或以立體簡圖表達，

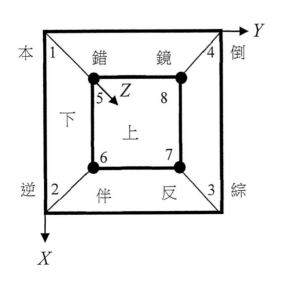

(俯視)

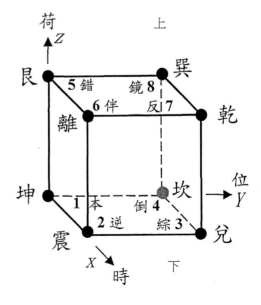

(平視)

為方便參閱，再將重卦間的「對稱轉換」列如下簡表，

逆	T	(1,2)	(3,4)	(5,6)	(7,8)
綜	PT	(1,3)	(2,4)	(5,7)	(6,8)
倒	P	(1,4)	(2,3)	(5,8)	(6,7)
錯	C	(1,5)	(2,6)	(3,7)	(4,8)
伴	CT	(1,6)	(2,5)	(3,8)	(4,7)
反	CPT	(1,7)	(2,8)	(3,5)	(4,6)
鏡	CP	(1,8)	(2,7)	(3,6)	(4,5)

此處我們將「重卦」間的「對稱轉換」，改寫成同一「綱」內各「目數」的對調轉換。

「重卦」在「對稱轉換」下的「不變性（invariance）」，可由標示在其四角的「目數」得知。例如：

(1)坤卦：$_2^1 A_4^3$，$A_1 = A_2 = A_3 = A_4$，「綱」A 之「目」1,2,3,4 皆同為「坤」。

自逆（豎）、自綜（斜）、自倒（橫）。屬「經系」的「坤象」。

(2)乾卦：$_6^5 A_7^8$，$A_5 = A_6 = A_7 = A_8$，「綱」A 之「目」5,6,7,8 皆同為「乾」。

自逆（豎）、自綜（斜）、自倒（橫）。屬「經系」的「乾象」。

(3)否卦：$_6^1 X_7^4$，$X_1 = X_6 = X_7 = X_4$，「綱」X 之「目」1,6,7,4 皆同為「否」。

自伴（豎凸）、自反（凸斜）、自倒（橫）。屬「緯系」的「否象」。

(4)泰卦：$_2^5 X_3^8$，$X_5 = X_2 = X_3 = X_8$，，「綱」X 之「目」5,2,3,8 皆同為「泰」。自伴（豎凸）、自反（凸斜）、自倒（橫）。屬「緯系」

的「泰象」。

（5）艮卦：$_2^1B$，$B_1 = B_2$，「綱」B 之「目」1,2 皆同為「艮」。自逆（豎）。
　　　屬「經系」的「坤象」。

（6）震卦：B_4^3，$B_3 = B_4$，「綱」B 之「目」3,4 皆同為「震」。自逆（豎）。
　　　屬「經系」的「坤象」。

（7）小過卦：$^1F_3$，$F_1 = F_3$，「綱」F 之「目」1,3 皆同為「小過」。自綜
　　　（斜）。屬「經系」的「坤象」。

（8）頤卦：$_2F^4$，$F_2 = F_4$，「綱」F 之「目」2,4 皆同為「頤」。自綜（斜）。
　　　屬「經系」的「坤象」。

（9）歸妹卦：$^5M_3$，$M_5 = M_3$，「綱」M 之「目」5,3 皆同為「歸妹」。
　　　自反（凸斜）。屬「緯系」的「泰象」。

（10）革卦：$_6G$，「綱」G「目」6 為「革」。屬「經系」的「乾象」。

（11）鼎卦：G^8，「綱」G「目」8 為「鼎」。屬「經系」的「乾象」。

（12）「革」與「鼎」同為「G 綱」，且「互綜」（斜）。

（13）益卦：Y_7^4，$Y_7 = Y_4$，「綱」Y 之「目」7,4 皆同為「益」。自伴（凸
　　　豎）。屬「緯系」的「否象」。

（14）損卦：$_2^5A$，$Y_5 = Y_2$，「綱」Y 之「目」5,2 皆同為「損」。自伴（凸
　　　豎）。屬「緯系」的「泰象」。

（15）「益」與「損」同為「綱」Y 但不同「目」，且「益」與「損」彼
　　　此「互綜」（斜）、互鏡（凸橫）。

由「重卦」的「綱目名」即可看出其「綱目」、「象」、「對稱性」，以及兩「重卦」之間的「對稱關係」。

性質	變	符	代數		幾何	卦		符名
基	本	I	(1)(2)(3)(4)(5)(6)(7)(8)			^1A	A	坤
時	逆	T	(12)(34)	(56)(78)	‖ 竪	$_2A$	A	震
宇時	綜	PT	(13)(24)	(57)(68)	✕ 斜	A_3	$\underline{A}$	兌
宇	倒	P	(14)(23)	(58)(67)	＝ 橫	A^4	A'	坎
荷	錯	C	(15)(26)	(37)(48)	⋮ 凸	^5A	A^*	艮
荷時	伴	CT	(16)(25)	(38)(47)	‖ 凸竪	$_6A$	$A^\dagger$	離
荷宇時	反	CPT	(17)(28)(35)(46)		✕ 凸斜	A_7	A^-	乾
荷宇	鏡	CP	(18)(27)(36)(45)		＝ 凸橫	A^8	A^+	巽

此處八個「變符」的符名命名法則如下：

附五・二　對稱方陣

如果「重卦」不再依循「宮卦行列」方式來組合，則利用「重卦」的「綱目名」，我們可以很容易地建構出其他各式各樣的「對稱方陣」。此節列舉一些實例。

(1) 逆伴倒錯陣

(2) 逆反倒鏡陣

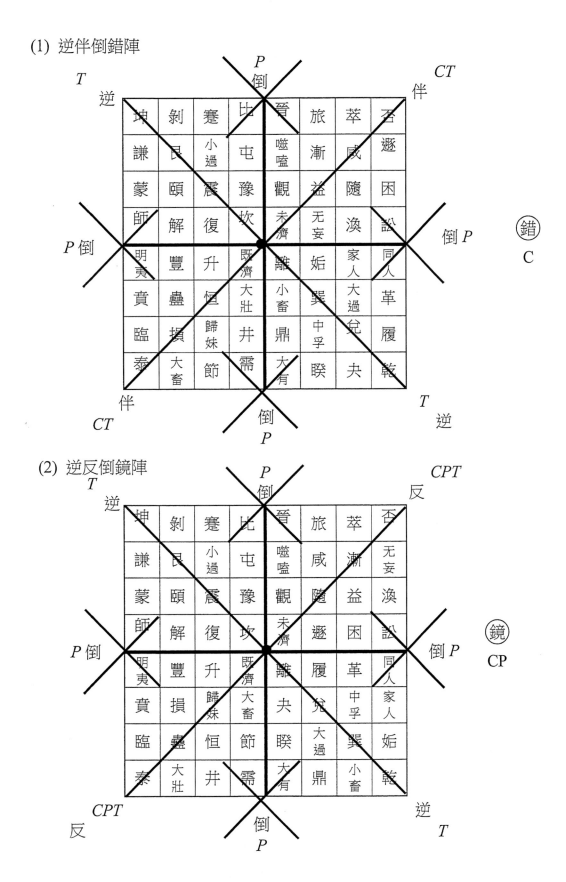

(3) 綜反倒錯陣

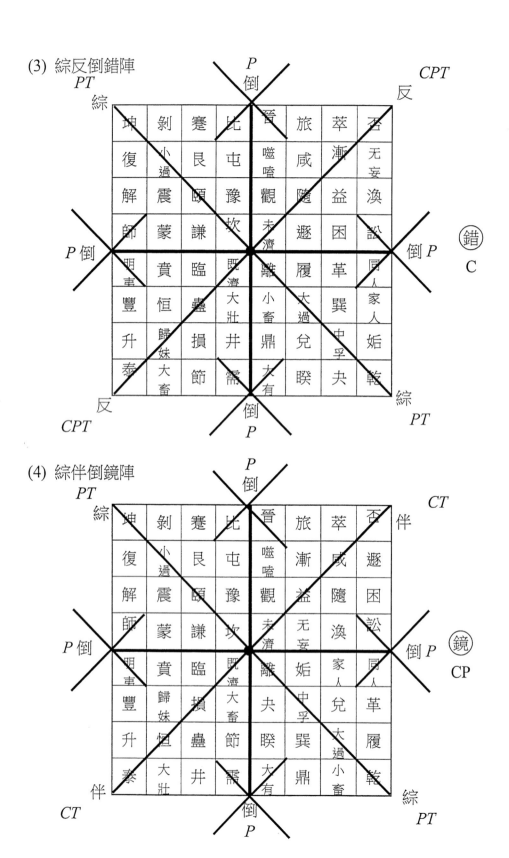

(4) 綜伴倒鏡陣

(5) 綜反伴逆錯陣

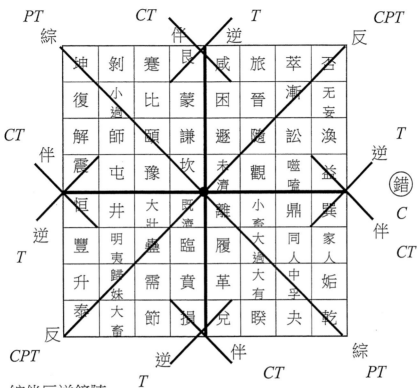

(6) 綜伴反逆鏡陣

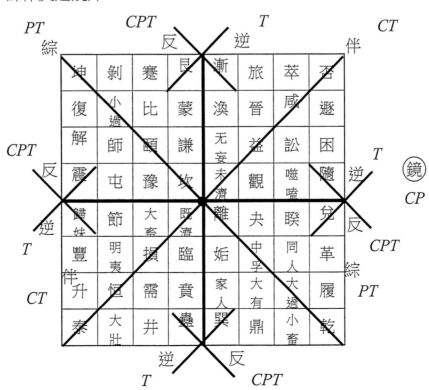

(7) 逆伴反綜錯陣

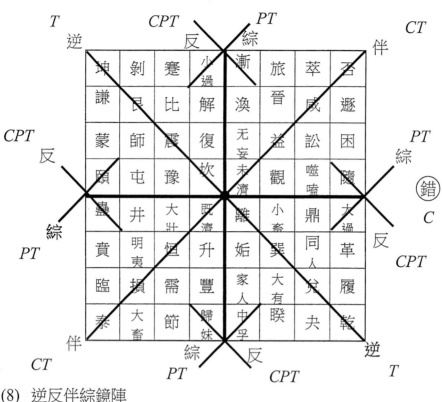

(8) 逆反伴綜鏡陣

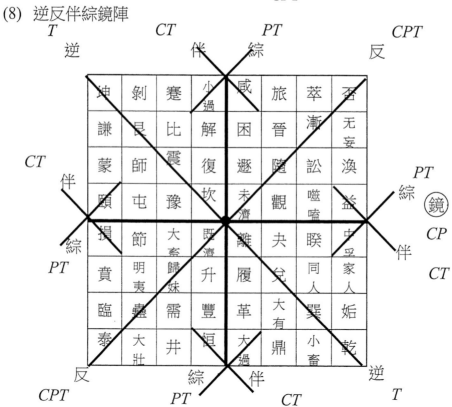

(9) 倒綜鏡錯陣

(10) 倒綜錯鏡陣

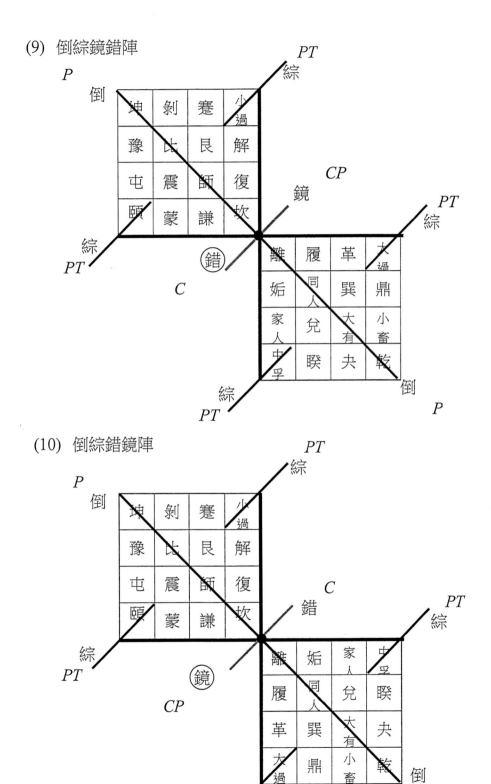

(11)　倒綜伴反陣

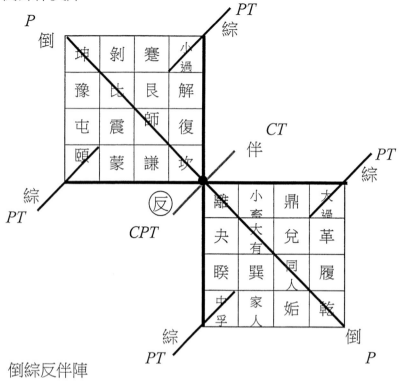

(12)　倒綜反伴陣

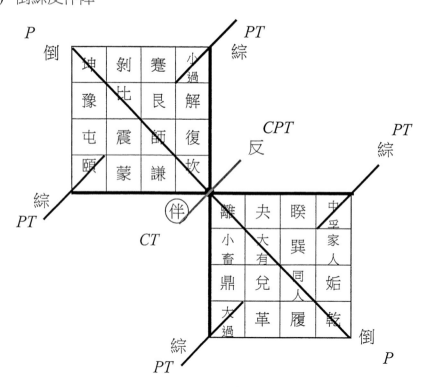

(13) 反倒鏡錯陣

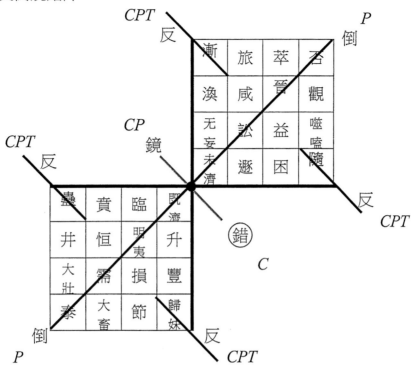

(14) 反倒錯鏡陣

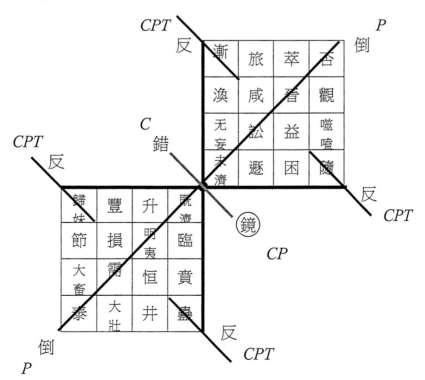

(15) 反倒綜逆陣

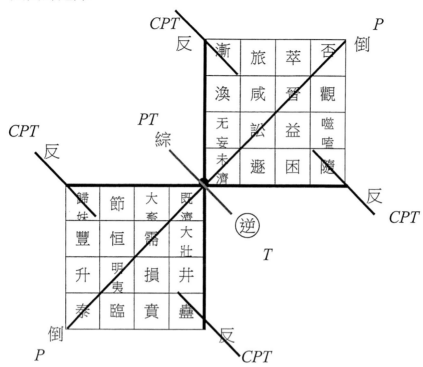

(16) 反倒逆綜陣

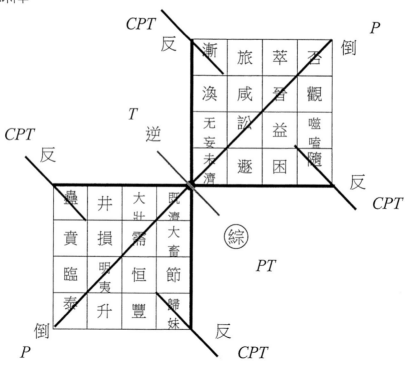

附錄六　宮卦爻圖

若將「陰爻」以「黑方塊」代表，而「陽爻」以「白方塊」代表，則可將上下宮卦鋪陳如下。

附六・一　上宮卦爻圖

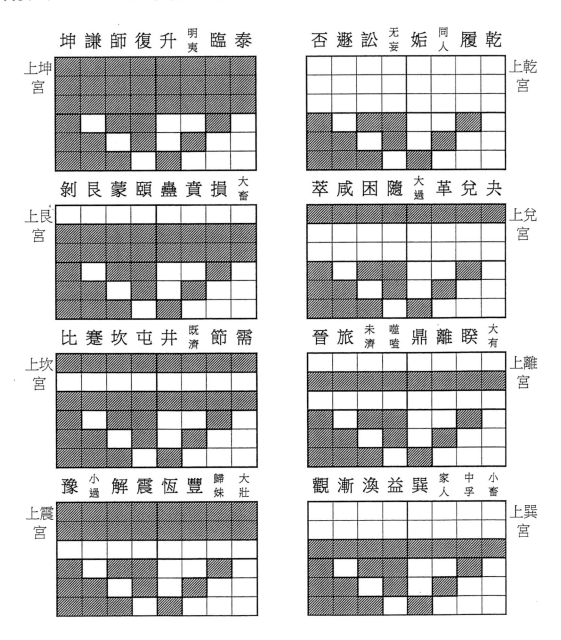

附六·二　下宮卦爻圖

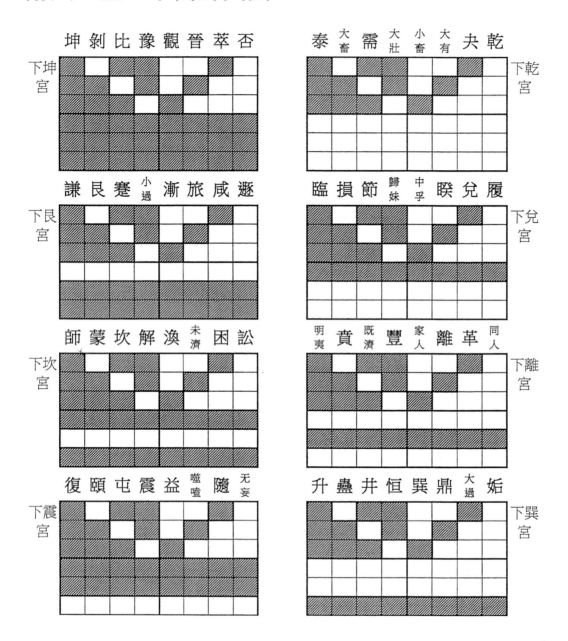

附錄七　大衍之數

　　為何「大衍之數」為四十九？前人有許多不同說法，這裏提出另外三個不同的可能解說。

附七‧一　宮卦說

　　若視六十四重卦為占卜之「標的（outcome target）」，有如射擊的「標靶」，則可將六十四重卦鋪陳為一方陣，八道「經線」八道「緯線」將此標靶共分割成五十區塊，六十四個「交點」為六十四「重卦」。「大衍之數」49，似乎可由此劃分的「大衍陣圖」躍躍欲出：

1 11	2 12	3 13	4 14	5 15	6 16	7 17
8 21	9 22	10 23	11 24	12 25	13 26	14 27
15 31	16 32	17 33	18 34	19 35	20 36	21 37
22 41	23 42	24 43	25 44	26 45	27 46	28 47
29 51	30 52	31 53	32 54	33 55	34 56	35 57
36 61	37 62	38 63	39 64	40 65	41 66	42 67
43 71	44 72	45 73	46 74	47 75	48 76	49 77

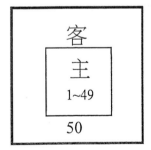

客
主
1~49
50

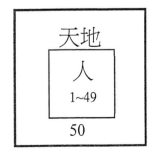

天地
人
1~49
50

大衍對聯：

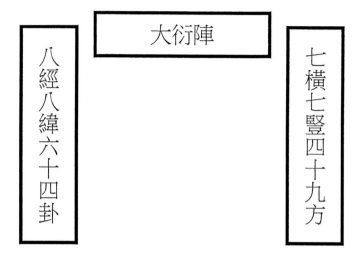

如前「大衍陣圖」所展示，「宮卦陣」可分 49 區塊，每一小「區塊」四角各有一「重卦」。若每一「區塊」代表一種可能「情境」，則「事物」的發展可能有四十九種「情境」，而每一種「情境」由四角「重卦」來解說。

附七・二　經緯說

六十四「重卦」可分「經系」與「緯系」，兩「系」之卦，各不相屬，而各「系」皆可細分七綱。若將「經系」與「緯系」交叉組合，可有七七四十九種「情境」，每一「情境」為一「經綱」與「緯綱」的組合。

附七・三　型態說

在傳統的「卜筮法」下，不論是「蓍草占」或「金錢占」，有 4096 種可能結果，以本書〈第七・七節〉介紹的七種「型」與七種「態」來分，可有 7 × 7 = 49 種不同的「型態」，這也許是「大衍之數」49 最好的解釋。

附錄八　卦爻辭對照例

附八‧一　卦辭對照

本附錄嘗試以「下乾宮」裡八個「重卦」的「自然表象」為例來論述：

下乾宮 重卦名	卦辭	簡義
泰 11	小往大來，吉，亨。	舒泰
大畜 26	利貞。不家食吉，利涉大川。	積德
需 5	有孚光，亨。貞吉，利涉大川。	需求
大壯 34	利貞。	強盛
小畜 9	亨。密雲不雨，自我西郊。	蓄財
大有 14	元亨。	大獲
夬 43	揚于王庭，孚號有厲。 告自邑，不利即戎，利有攸往。	果決
乾 1	元亨。利貞。	剛健

（1）地天「泰 11」：初乾末坤，由整體熱能、機能、與質能皆流暢的「絢
　　　　　　　　 爛」，歸於「寧靜」，基本上表徵「舒泰」的情境，可為
　　　　　　　　 退休後的心態寫照。

（2）山天「大畜 26」：初乾末艮，由「絢爛」變成以「質能轉移」為主要機
　　　　　　　　　 制，地動山搖、冰川飄移，為萬物休養生息、伺機而
　　　　　　　　　 動的「寒冬」或「冰河期」，是所謂「大畜」的情
　　　　　　　　　 境。

（3）水天「需 5」：初乾末坎，由「絢爛」變成以「機能轉移」為主要機
　　　　　　　　 制。換句話說，以漁牧農業氣候環境的變化，為主宰因

素，是「仰賴、期待」的「需求」情境。

（4）雷天「大壯 34」：初乾末震，由「絢爛」變成以「熱能轉移」為主。陽光雷電是基本觸發因素，生命的創造、基因的突變皆為其效應，是為「創新、突變」的「大壯」情境。

（5）風天「小畜 9」：初乾末巽，由「絢爛」變成以「質能」與「機能」轉移為主，「風雨雲霧」為其表徵，而陽光等「熱能」轉移不彰，是「春暖花開」的「小畜」情境。

（6）火天「大有 14」：初乾末離，由「絢爛」變成以「質能」與「熱能」轉移為主，而風起雲湧的「機能」轉移不彰。火山噴發或熾熱的「炎夏」情境差可比擬，萬物「大發、大有」。

（7）澤天「夬 43」：初乾末兌，由「絢爛」變成以「機能」與「熱能」轉移為主，山崩地裂、隕石撞擊的「質能」轉移不顯著。雷電暴雨、河流潮水孕育的「熱帶雨林」可為代表，「果決反應」的情境，為叢林的生存準則。

（8）「乾 1」為天：初乾末乾，天行健，君子以自強不息。

附八・二　爻辭對照表

下乾宮		初爻(熱) 初九	二爻(機) 九二	三爻(質) 九三
重卦	下卦			
泰 11	乾	拔茅茹，以其彙，征吉。	包荒，用馮河，不遐遺。 朋亡，得尚于中行。	無平不陂，無往不復。 艱貞，无咎。 勿恤其孚，于食有福。
大畜 26	乾	有厲，利已。	輿說輹。	良馬逐，利艱貞。 曰閑輿衛，利有攸往。
需 5	乾	需于郊，利用恆，无咎。	需于沙，小有言，終吉。	需于泥，致寇至。
大壯 34	乾	壯于趾，征凶，有孚。	貞吉。	小人用壯，君子用罔， 貞厲。
小畜 9	乾	復自道，何其咎，吉。	牽復，吉。	輿說輻，夫妻反目。
大有 14	乾	無交害，匪咎，艱則无咎。	大車以載，有攸往，无咎。	公用亨于天子，小人弗克。
夬 43	乾	壯于前趾，往不勝，為咎。	惕號，莫夜有戎，勿恤。	壯于頄，有凶。 君子夬夬，獨行遇雨， 若濡有慍，无咎。
乾 1	乾	潛龍勿用。	見龍在田，利見大人。	君子終日乾乾。 夕惕若，厲，无咎。

下乾宮		四爻(熱)	五爻(機)	上爻(質)
重卦	下卦			
泰 11	坤 ☷	翩翩，不富以其鄰。不戒以孚。	帝乙歸妹，以祉，元吉。	城復于隍，勿用師，自邑告命，貞吝。
大畜 26	艮 ☶	童牛之牿，元吉。	豶豕之牙，吉。	何天之衢，亨。
需 5	坎 ☵	需于血，出自穴。	需于酒食，貞吉。	入于穴，有不速之客三人來，敬之，終吉。
大壯 34	震 ☳	羝羊觸藩，羸其角，貞吉，悔亡。藩決不羸，壯于大輿之輹。	喪羊于易，無悔。	羝羊觸藩。不能退，不能遂。無攸利，艱則吉。
小畜 9	巽 ☴	有孚，血。去，惕出，无咎。	有孚攣如，富以其鄰。	既雨既處，尚德載。婦貞厲。月幾望，君子征凶。
大有 14	離 ☲	匪其彭，无咎。	厥孚交如，威如，吉。	自天祐之，吉，無不利。
夬 43	兌 ☱	臀無膚，其行次且。牽羊悔亡，聞言不信。	莧陸夬夬，中行，无咎。	无號，終有凶。
乾 1	乾 ☰	或躍在淵，无咎。	飛龍在天，利見大人。	亢龍有悔。

　　「重卦」的六條「爻辭」必須從「整體（holistic）」的觀點來看待。例如，在「下乾宮」的八個重卦：「泰、大畜、需、大壯、小畜、大有、夬、乾」裏，雖然皆以「單卦」乾為下卦，但其各重卦的「爻辭」卻各有不同的說詞。因此，「重卦」裏各「爻」陰陽所表徵的意義，應依所搭配的「上卦」不同，而做彈性調整說明；這可由本附錄的對照表裏明顯看出。

　　然而，我們如果將「易學」當成像「科學」一樣的「活泉」、可以「與時俱進」，不斷地「改良修正」，那麼在「對照」的檢視中，若發現有矛盾或不合理之處，也不宜「固步自封」，似乎可依現實的「人情世故」，作適當的「調整」。

　　總之，我們可將六十四個「重卦」，當成是古聖先賢提供的六十四個「錦囊妙計」，以應對六十四種可能的「進程情境」。原先的「卦辭」與「爻辭」，也可當作是發生過的「歷史事件」，或作為參考的「虛擬案例」，有如古希臘的《伊索寓言》，而我們可在這六十四個「成語故事」的隱喻裏，學到教訓。不然歷史的「道」就是：

人們於一再重複的歷史裏，總是屢次學不到教訓。

附錄九　易經之前衛數學結構

附九・一　前言

　　「幾何（geometry）」源自古埃及。當時尼羅河畔，經常因山洪暴發、河水氾濫，在洪水退後，為整修重劃土地，而發展出一套測量土地的方法。而後古希臘哲人將「幾何」推廣應用，歐幾里德更將其建立在「公理系統（axiom system）」上。「代數（algebra）」也許最早發展於兩河流域，algebra 在阿拉伯語系裏為「拼骨」的意思。而在華夏文化裏，「代數」則源於《河圖》與《洛書》。

　　在西方「文藝復興（Renaissance）」後的科學發展裏，笛卡兒首先結合「幾何」與「代數」，使得「代數」具有「拓樸結構（topological structure）」，而「幾何」裏「長度」、「面積」、「體積」則具有「方位數值（oriented magnitude）」。不久，「微積分（calculus）」與「集合論（set theory）」的發展，彌補了原先「幾何」與「代數」之不足。近世「幾何代數（geometric algebra）」的引進與建立，更統合了傳統「複數（complex number）」、「四元數（quaternion）」、「矩陣（matrix）」、「向量（vector）」、「張量（tensor）」、「旋量（spinor）」等，使描述「物理世界（physical world）」的數學更臻完善。

　　由於現代傳統的數學教學裏，從未提到這相當「前衛」的「數學」——「幾何代數」，因此對一般人來說有點陌生。因此，我們首先非常簡要地介紹何謂「幾何代數」。詳見作者之英文專著《Quantum Statistical Thermodynamics》及其參考文獻。

附九‧二　幾何代數

A. 數值乘積

兩個數「（number）」最簡單的「乘（multiplication）」為「算術積（arithmetic product）」，也就是「九九乘法表」所羅列的乘積。

B. 向量乘積

「數」可推廣為「數組（set of numbers）」，而「數組」可構成「向量（vector）」。兩「向量」a 與 b 相乘分四類：

（一）「內積（inner product）」或稱「陰積（yin product）」：

$$a \cdot b \equiv ab \cos \theta$$

此處 $a \equiv |a|$、$b \equiv |b|$，而 $\cos\theta$ 為「餘弦函」，θ 為 a 與 b 夾角。

（二）「向量積（vector product）」：

$$a \times b \equiv c$$

此處 c 右旋垂直於 a 與 b，而 $|c| \equiv ab\,|\sin\theta|$，$\sin\theta$ 為「正弦函」。

（三）「旋積（spin product）」或稱「陽積（yang product）」：

$$a \wedge b \equiv p\,ab\sin\theta$$

此處 p 為「單位右旋二向量（unit right-hand bivector）」。

（四）「幾何積（geometric product）」：

$$ab \equiv a \cdot b + a \wedge b$$

這裡所提到的「旋積」與「幾何積」為「幾何代數」架構裏，所新引進的「數學量」。我們可以將「幾何積」看成是「算術積」的「推廣（generalization）」；或者將「算術積」當成是「幾何積」的「特例（special case）」。

C. *K* 向量

假設 $a_1, a_2, \cdots, a_k$ 為 k 個線性獨立向量，則「k 向量（k–vector）」定義為

$$M_k \equiv a_1 \wedge a_2 \wedge \cdots \wedge a_k$$

在 N 維空間裏，最高「階（grade）」的「k 向量」，為「N 階（Nth grade）」的「N 向量（N–vector）」。「零階向量」即「標量（scalar）」或稱「純量」，「一階向量」即一般所謂的「向量」，其次高階向量有「二向量」、「三向量」等。

D. 幾何空間

任意 k 向量的組合 M，稱「複合向量（multivector）」或「美量（mector）」，

$$M \equiv \sum_{k=0}^{N} M_k \equiv M_0 + M_1 + M_2 + \cdots + M_N$$

「美量」又可分為「美量$+$（mector$+$）」與「美量$-$（mector$-$）」，

$$M \equiv M_+ + M_-$$

$$M_+ \equiv M_0 + M_2 + \cdots \quad 偶階和$$

$$M_- \equiv M_1 + M_3 + \cdots \quad 奇階和$$

在 N 維「歐空間（Euclidean space）」E_N 裏，一切線性獨立的「美量」，構成一個 2^N 維的線性「幾何空間（geometric space）」$G_N(2^N)$。此「幾何空間」又可分為兩個線性空間的和，即「偶空間」與「奇空間」的和：

$$G_N(2^N) = G_{N+}(2^{N-1}) + G_{N-}(2^{N-1})$$

或亦可分為「階空間（grade space）」的和：

$$G_N(2^N) = \sum_{g=0}^{N} G_N^g(C_g^N)$$

$$2^N = \sum_{g=0}^{N} C_g^N$$

此處 C_g^N 代表「組合數（combination number）」或稱「二項式係數（binomial coefficient）」。

附九・三　八卦之數學意象

　　易經「八卦」與「幾何代數」之間，有可以意會、但難以言喻的「對應」。令 $\hat{1}, \hat{2}, \hat{3}, \cdots, \hat{N}$ 代表 N 維空間裏，互相垂直的 N 個「單位向量（unit vector）」，則以下僅以數圖表示其「對應」。

A. 卦爻與幾何空間之對應

$$E_N \rightarrow G_N(2^N) \equiv G_{\text{爻數}}（卦數）$$

B. 四象圖 $G_2(4)$

此 $G_{2+}(2)$ 為「旋空間（spin space）」，其「代數」等同於「複數代數」。

C. 八卦圖 $G_3(8)$

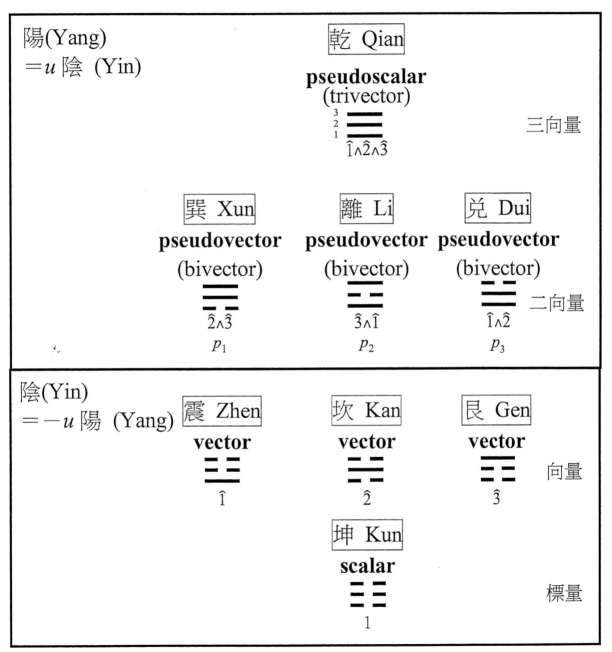

此處表裏有「擬標量（pseudoscalar）」、「擬向量（pseudovector）」，以及「二向量（bivector）」、「三向量（trivector）」、「四向量（quadrivector）」。

D. 世界陰陽圖　$G_4'(16)$

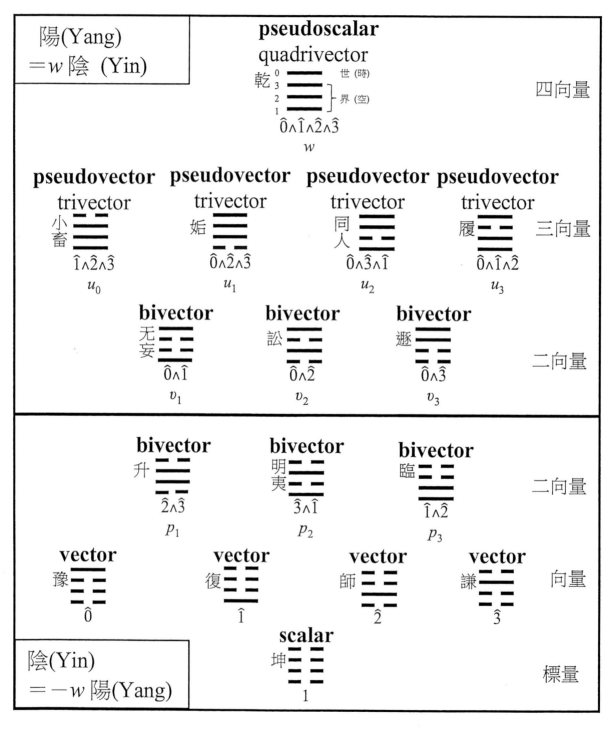

延伸閱讀書目

———— 盡信書、讀無書 ————

1. 姚建,《圖解國學常識一本通》(安徽人民出版社,合肥,2012)

2. 楊永盛主編,《國學經典》(外文出版社,北京,2012)

3. 殷美滿編譯,《圖解朱熹解易》,朱熹原著《周易本義》前六卷,《易經》經文部分(內蒙古文化出版社,呼倫貝爾,2011)

4. 方克立,《中國哲學小史》(木鐸出版社,台北,1986)

5. 朱伯崑,《易學哲學史》(藍燈文化事業,台北,1991)四卷,修訂本

6. 董光壁,《易學與科技》(沈陽出版社,沈陽,1997)

7. 馬可迅,《零基礎學中醫》(大是文化,台北,2017)

8. 馮戈,《漫畫易經》(石油工業出版社,北京,2014)

9. 黃克寧,《無窮與集合》(香港徐氏基金會,台北,1970)修訂本

10. 黃克寧,《量子力學──哲學概念與數學基礎》(俊傑書局,台北,2004)

11. K.-N. Huang (黃克寧), *Quantum Statistical Thermodynamics —Mathematics and Glossary* (Springer-Verlag, Berlin, 2018) (出版中)

12. 施維主編,《周易八卦圖解》(四川出版集團·巴蜀書社,成都,2005)

13. 許頤平,《易經──圖文百科 1000 問》(陝西師範大學出版社,西安,2013)

14. 郭楊,《易經求正解》(廣西人民出版社,南寧,1990)

15. F. Capra, *The Tao of Physics*, (Shambhala, Boston, 2000) 4*th* ed.

16.　K. Huang(黃克孫), *I-Ching —the Oracle* (World Scientific, Singapore, 1984)

17.　R. Rutt, *The Book of Changes* (Routledge, London, 2007)

18.　M. Schonberger, *Verborgener Schlüssel zum Leben: Welt—formel I Ching in Geneti Code* (Minchen, Bernbarth, 1973)

19.　R.A. Uritam, *American Journal of Physics* **43**, 136 (1975)

索引

字體

一、**大號正體**為「**章**」名或「**附錄**」名。

二、**中號楷書**為「**節**」名。

三、中號正體為「小節」名或「圖表」名。

四、小號正體為一般關鍵詞。

排序

一、按「首字」之「漢語拼音」、「聲調」及「筆畫數」，依序編排。

二、前述皆同，則依「起筆形」：橫(一)、豎(｜)、撇(ノ)、捺(丶)、
點(丶)、順折(フ)、逆折(乚)。

三、前述皆同，則依「次筆形」。

四、前字同，則依「次字」。

國家圖書館出版品預行編目(CIP) 資料

《易經》之科學：上帝也擲骰子 / 黃克寧著. -- 初
版. -- 臺北市 ：元華文創, 民 108.02

　　　面 ；　公分

　ISBN 978-986-393-927-6(平裝)

1.易經　2.研究考訂

121.17　　　　　　　　　　106014642

《易經》之科學——上帝也擲骰子

黃克寧　著

發 行 人：陳文鋒
出 版 者：元華文創股份有限公司
聯絡地址：100 臺北市中正區重慶南路二段 51 號 5 樓
電　　話：(02) 2351-1607
傳　　真：(02) 2351-1549
網　　址：www.eculture.com.tw
E-m a i l：service@eculture.com.tw
出版年月：2019 年 02 月 初版
定　　價：新臺幣 780 元

ISBN：978-986-393-927-6（平裝）

總 經 銷：易可數位行銷股份有限公司
地　　址：231 新北市新店區寶橋路 235 巷 6 弄 3 號 5 樓
電　　話：(02) 8911-0825　　傳　　真：(02) 8911-0801